PRÉCIS

DE

PHILOSOPHIE ÉLÉMENTAIRE

Tout exemplaire qui ne sera pas revêtu des trois signatures ci-dessous sera réputé contrefait.

Les Éditeurs,

CHEZ LES MÊMES ÉDITEURS

Leçons de langue française. 4 vol. — (Cours élémentaire, moyen, supérieur, complémentaire.)

Grammaire de la langue française.
Grammaire abrégée de la langue française. — Extrait du précédent, correspondant au cours moyen et au cours supérieur des *Leçons de langue française*.
Grammaire élémentaire. — Extrait du précédent, correspondant au cours préparatoire et au cours élémentaire des *Leçons de langue française*.

Cours de littérature; in-12.
Cours abrégé de littérature; in-12.
Précis d'histoire littéraire; in-12.
Recueil de compositions françaises; in-8°.
Morceaux choisis de littérature française. 3 Recueils :
  1er *Recueil*. A l'usage des écoles primaires, et des classes de 6e et de 5e de l'Enseignement secondaire moderne.
  2e *Recueil*. A l'usage des cours primaires supérieurs, et des classes de 4e et de 3e de l'Enseignement secondaire moderne.
  3e *Recueil*. A l'usage des classes de 2e et de 1re de l'Enseignement secondaire moderne.
Morceaux choisis de littératures étrangères anciennes et modernes; in-16.

Cours de philosophie (Progr. du Baccalauréat Lettres-Philosophie).
Éléments de philosophie (Progr. du Baccalauréat Lettres-Mathématiques et Lettres-Sciences).
Résumés de leçons de philosophie; in-8° (Extrait du *Cours de Philosophie*).
Précis de philosophie élémentaire (Progr. du Baccalauréat supérieur et du Baccalauréat Lettres-Mathématiques et Lettres-Sciences).

PRÉCIS
DE
PHILOSOPHIE ÉLÉMENTAIRE

Psychologie. — Logique. — Théodicée. — Morale.
Notions d'Économie politique.
Sujets de devoirs et de dissertations.

A L'USAGE

DES ASPIRANTS AU BREVET SUPÉRIEUR
ET AUX BACCALAURÉATS LETTRES-MATHÉMATIQUES ET LETTRES-SCIENCES

Par F. F.

CHEZ LES ÉDITEURS

TOURS	PARIS
ALFRED MAME & FILS	CH. POUSSIELGUE
IMPRIMEURS-LIBRAIRES	RUE CASSETTE, 15

Tous droits réservés.

ARCHEVÊCHÉ
DE
TOURS

Tours, le 17 février 1897

RAPPORT

sur l'ouvrage intitulé *Précis de philosophie élémentaire*
Par F. J.

1º La doctrine est inattaquable et au-dessus de tout soupçon.

2º Comme manuel, cet ouvrage réunit toute la perfection désirable. Il est clair et précis. On ne peut mettre plus de substance en moins de pages.

3º Le plus bel éloge qu'on puisse faire de ce livre, c'est qu'il tend surtout à réaliser cette parole de Mgr Dupanloup : « Le but de la philosophie ce n'est pas le *bien savoir*, c'est le *bien faire.* »

La diffusion de cet ouvrage ne peut que contribuer puissamment à former des hommes éclairés et vertueux.

IMPRIMATUR

Tours, le 17 février 1897.
† René-François, Arch. de Tours.

AVERTISSEMENT

Les élèves de l'*Enseignement primaire supérieur* et ceux de l'*Enseignement secondaire moderne* trouveront dans ce petit volume, résumées avec précision et simplicité, toutes les notions de *philosophie élémentaire* qu'ils ont besoin de connaître.

La philosophie, — quand elle est fortement empreinte de l'esprit chrétien, — contribue plus qu'aucune autre science à former l'intelligence par les habitudes de réflexion qu'elle lui communique, par les lumières qu'elle projette sur toutes choses. Elle affermit dans le cœur la croyance aux grandes vérités religieuses et morales, en montrant l'accord de la raison et de la foi; elle inspire à l'homme l'amour du vrai, du beau et du bien.

Que nos jeunes lecteurs se livrent donc à l'étude d'une science si noble, avec toute l'application dont ils sont capables; qu'ils cherchent à *comprendre* plus encore qu'à retenir de mémoire : c'est la condition de leur perfectionnement intellectuel et moral, et, par surcroît, de leur réussite aux examens.

PROGRAMMES OFFICIELS

I. — ENSEIGNEMENT PRIMAIRE SUPÉRIEUR

Programme du brevet supérieur et des Écoles normales primaires.

NOTIONS ÉLÉMENTAIRES DE PSYCHOLOGIE

Objet de la psychologie. Ses rapports avec la pédagogie et avec la morale, 5-6. — Description générale des facultés humaines, 7-11.

L'activité physique. — Les mouvements, les instincts, les habitudes corporelles, 47-53.

La sensibilité. — Le plaisir et la douleur. Sensibilité physique : les besoins et les appétits. Sensibilité morale : sentiment de famille ; sentiments sociaux et patriotiques ; sentiment du vrai, du beau et du bien ; sentiment religieux, 11-17. — La passion, 17-21.

L'intelligence. — La conscience ; les sens ; perceptions naturelles et perceptions acquises. — La mémoire et l'imagination. — L'attention ; l'abstraction et la généralisation ; le jugement et le raisonnement, 21-27, 33-44. — Les principes de la raison, 28-32.

La volonté. — La liberté ; l'habitude, 47-54.

Conclusions de la psychologie. — Dualité de la nature humaine. L'esprit et le corps ; la vie animale et la vie intellectuelle et morale, 68-82.

Application des notions de psychologie à l'éducation, 86-87.

MORALE THÉORIQUE. — PRINCIPES

Introduction. — Objet de la morale, 155-156.

La conscience morale. — Discernement instinctif du bien et du mal ; comment il se développe par l'éducation, 156-163.

La liberté et la responsabilité. — Conditions de la responsabilité ; ses degrés et ses limites, 163-168.

L'obligation et le devoir. — Caractères de la loi morale, 159-161. — Insuffisance de l'intérêt personnel comme base de la morale. — Insuffisance du sentiment comme principe unique de la morale, 169-181.

Le bien et le devoir pur, 162-163, 183. — Dignité de la personne humaine, 167.

Les sanctions de la morale. — Rapports de la vertu et du bonheur. — Sanction individuelle (satisfaction morale et remords). — Sanctions sociales. — Sanction supérieure ; la vie future et Dieu, 170-176, 141-153.

MORALE PRATIQUE. — APPLICATIONS

Devoirs individuels. — Leur fondement. — Principales formes du respect de soi-même. Les vertus individuelles (tempérance, prudence, courage, respect de la vérité, de la parole donnée, etc.), 185-197.

Devoirs de famille. — La famille : son importance morale et sociale. Devoirs domestiques, 199-208.

Devoirs généraux de la vie sociale. — Le droit. Rapports des personnes entre elles. Division des devoirs sociaux, 208-210.

Devoirs de justice. — Respect de la personne dans sa vie ; dans sa liberté ; dans son honneur et sa réputation ; dans ses opinions et ses croyances ; dans ses biens ; caractère sacré des promesses et des contrats, 210-220. — Devoirs professionnels, 219-220.

Devoirs de charité. — Obligation de défendre les personnes menacées dans leur vie, leur liberté, leur honneur, leurs biens. — La bienfaisance, le dévouement, le sacrifice, 221-222. — Devoir de bonté envers les animaux, 236-237.

Devoirs civiques. — L'État, fondement de l'autorité publique. — La souveraineté nationale. Sa légitimité. Ses limites : la liberté de conscience ; la liberté individuelle ; la propriété. — Son exercice : le suffrage universel. — Ses agents : le pouvoir législatif, exécutif et judiciaire, 223-228.

Devoirs des citoyens : le patriotisme ; l'obéissance aux lois ; l'impôt ; le service militaire ; le vote ; l'obligation scolaire, 228-233.

Devoirs des nations entre elles, 233-236.

Devoirs religieux et droits correspondants. — Liberté des cultes, 237-243.

Rôle du sentiment religieux en morale, 141-150.

Application des principes de la morale à l'éducation, 243-244. (Voir aussi, 133 et 153.)

NOTIONS D'ÉCONOMIE POLITIQUE

Production de la richesse. — Les agents de la production : la matière, le travail, l'épargne, le capital, la propriété, 244-248.

Circulation et distribution des richesses. — L'échange, la monnaie, le crédit, le salaire et l'intérêt, 248-252.

Consommation de la richesse. — Consommations productives et improductives ; la question du luxe ; dépenses de l'État ; l'impôt ; le budget, 252-253.

II. — ENSEIGNEMENT SECONDAIRE MODERNE
Classe de quatrième.

MORALE PRATIQUE

Notions préliminaires. — Premières données de la conscience, 156-172.

Devoirs domestiques. — Devoirs des parents envers les enfants. — Devoirs des enfants envers les parents. — Devoirs des frères et sœurs, 203-208.

Devoirs sociaux. — Respect de la vie humaine, 210-213. — Respect de l'honneur et de la réputation. Les outrages, la calomnie, la médisance. Condamnation de la délation et de l'envie, 214-215. — Respect de la propriété. — Le vol et la fraude sous toutes leurs formes, 215-217. — Caractère sacré des promesses et des contrats. — Équité. — Reconnaissance, 217-220. — La bienfaisance : l'aumône, l'obligation d'assister ses semblables dans le péril, le dévouement, le sacrifice. — Devoirs de l'amitié. — Respect de la vieillesse. — Respect des supériorités morales, 221-222.

Devoirs à l'égard des animaux, 236-237.

Devoirs réciproques des maîtres et des serviteurs, 207.

Devoirs civiques. — La patrie et le patriotisme, 231-233.

L'obéissance aux lois; le respect des magistrats; l'impôt; le service militaire; le vote, 227-231.

Devoirs personnels. — Devoir de conservation personnelle, 188. — Le suicide, 192-194. — Principales formes du respect de soi-même : Tempérance, 194. — Prudence, 189. — Courage, 191. — Respect de la vérité. — Sincérité vis-à-vis de soi-même, 190-191. — Devoir de cultiver et de développer toutes nos facultés, 187-192. — Le travail, sa nécessité, son influence morale, 197-199.

Devoirs religieux et droits correspondants, 237-243.

Classe de première (LETTRES)

Introduction. — La science, les sciences. — La philosophie. — Objet et division de la philosophie, 1-4.

PSYCHOLOGIE. — Objet de la psychologie; caractères propres des faits qu'elle étudie : les faits psychologiques et les faits physiologiques, 5, 7-8.

Méthode de la psychologie : Méthode subjective : la réflexion; méthode objective : les langues, l'histoire, etc. De l'expérimentation en psychologie, 5-6, 117.

Classification des faits psychologiques : Sensibilité, intelligence, volonté, 8-11.

Sensibilité. — Plaisir et douleur. — Sensation, sentiments, 11-17. — Les inclinations, les passions, 17-21.

Intelligence. — Acquisition, conservation, élaboration de la connaissance. — Les données de l'expérience et l'activité de l'esprit, 21-

23. — Les sens et la conscience, 23-25. — La mémoire. — L'association. — L'imagination, 33-39. — L'abstraction et la généralisation, 39-43. — Le jugement et le raisonnement, 43-45.

Principes directeurs de la connaissance. — Peut-on les expliquer par l'expérience, l'association ou l'hérédité, 25-32, 45-47.

La volonté. — Instinct; liberté; habitude, 47-59.

Expression des faits psychologiques : les signes et le langage, 59-62.

Le beau et l'art, 63-67. — Les rapports du physique et du moral, 73-77. — Notions très sommaires de psychologie comparée. — L'homme et l'animal, 83-86.

LOGIQUE. — **Logique formelle.** — Des termes, des propositions. — Des différentes formes du raisonnement, 88-99.

Logique appliquée. — Méthode des sciences exactes : axiomes; définitions; démonstration, 99-108.

Méthode des sciences physiques et naturelles : observation; expérimentation; hypothèse, induction; — classification, analogie, définitions empiriques, 105-106, 108-116.

De la méthode dans les sciences morales. — Le témoignage des hommes; la méthode historique, 117-123.

Des erreurs et des sophismes, 123-126.

MORALE. — **Principes de la morale.** — La conscience, 158. — Le bien, 161-163.

Le devoir, 163-166. — Examen des doctrines utilitaires, 176-185. — La responsabilité, 168. — Sanction, 173-176.

Les devoirs. — Devoirs envers soi-même : sagesse, courage, tempérance, 186-197.

Devoirs envers nos semblables : le droit et la justice; la charité, 199-222.

Devoirs particuliers envers la famille, 200-208. — Éducation, 203-204, 208.

Devoirs envers la patrie : obéissance aux lois. — L'éducation des enfants, l'impôt, le vote, le service militaire. — Dévouement à la patrie, 223-236.

Des rapports de la morale et de l'économie politique. — Le travail, le capital, la propriété, 244-253.

Éléments de métaphysique. — De la valeur objective, de la connaissance, dogmatisme, scepticisme, probabilisme, 128-132. — De l'existence du monde extérieur, 130. — De la nature en général : diverses conceptions sur la matière et sur la vie, 137-140.

De l'âme : matérialisme et spiritualisme, 68-78. — Dieu, la Providence, le problème du mal, 141-150. — L'immortalité de l'âme, 79-82. — La religion naturelle, 237-243.

Classe de première (SCIENCES ET MATHÉMAT. ÉLÉM.)

ÉLÉMENTS DE PHILOSOPHIE SCIENTIFIQUE. — La science. Les sciences. — Classification et hiérarchie des sciences, 1-4.

Les sciences mathématiques : leur objet, leurs principales divisions. — Méthode : définitions, axiomes, démonstrations, 102-108.

Les sciences de la nature : leur objet, leurs principales divisions, leurs méthodes; l'expérience; les méthodes d'observation et d'expérimentation. — La classification. — L'hypothèse. — L'induction, 108-116. — Rôle de la déduction dans les sciences de la nature, 116.

Les sciences morales : leur objet, leurs caractères propres, leurs principales divisions. — Méthode : l'induction et la déduction dans les sciences morales, 117-118.

Rôle de l'histoire dans les sciences morales : la critique historique 118-123.

Exposé sommaire des principales hypothèses générales dans les différents ordres des sciences, 114.

ÉLÉMENTS DE PHILOSOPHIE MORALE. — Les faits de l'ordre moral, leurs caractères propres; la liberté et la responsabilité; la personne morale, 155-168.

Les fins de la vie humaine, le bonheur, l'utilité, le devoir, 163-167, 169-170. — Platon, les stoïciens, Kant, 176-185.

L'individu. — Devoirs envers la personne morale. — La dignité humaine, 185-199.

La famille. — Sa constitution morale. — Esprit de famille, 199-207.

L'autorité dans la famille, 207-208.

La société. — Le droit et les droits, 163-166. — Respect de la personne dans les autres hommes. — L'esclavage. — Le servage. — Les abus de pouvoir. — Respect de la personne dans ses croyances et ses opinions; liberté religieuse et philosophique, tolérance. — Respect de la personne dans ses biens. — Principe de la propriété, 208-220.

La justice et la charité. — Formes diverses de la charité. — Le dévouement, 221-222.

La patrie, la nation, ce qui la constitue. — La puissance publique. — L'État et les lois. — Fondement de l'autorité publique. — Le gouvernement. — Devoirs et droits des gouvernants, 223-237.

Sanction de la morale, 173-176. — Dieu, 141-153. — La religion naturelle, 237-243.

L'astérisque, qui accompagne certains noms d'auteurs, renvoie aux notices biographiques placées à la fin du volume, p. 265 et suivantes.

PRÉCIS
DE PHILOSOPHIE ÉLÉMENTAIRE

INTRODUCTION

Objet de la philosophie. — L'objet de la philosophie [1] n'a pas toujours été exactement le même. Quelques écoles de l'antiquité, mais surtout le moyen âge, comprenaient sous le nom de philosophie toutes les sciences humaines; dans les temps modernes, la philosophie s'occupe spécialement des *principes*, des *causes*, des *lois*, des *idées générales* : l'étude particulière des *faits* est l'objet des diverses sciences qu'on appelle positives.

Définition de la philosophie. — On peut définir la philosophie : *la science des principes et des causes; — la science des choses par leurs causes les plus élevées; — la science rationnelle de l'homme, de la nature et de Dieu.*

D'abord, la philosophie est une *science* : elle en a le caractère propre, qui est de remonter aux causes et aux principes [2].

---

[1] Grec *philos*, ami; *sophia*, sagesse : *amour de la sagesse* ou *de la science*.

[2] **Définition de la science.** — La science est un ensemble de connaissances *certaines*, *générales* et *méthodiques* sur un même objet.

Savoir : c'est connaître le *pourquoi*, c'est-à-dire la cause ou le principe, et le *comment*, c'est-à-dire la loi des choses. — On appelle cause d'un phénomène la *force qui le produit*; et loi la *manière constante dont il se produit*, ou, en d'autres termes, le rapport invariable qui unit la conséquence au principe ou l'effet à la cause.

La science universelle. — La connaissance de toutes les propriétés des êtres et de l'action de toutes les causes constituerait la science *universelle* et *parfaite*. La science parfaite n'appartient qu'à Dieu.

Les sciences particulières. — La science humaine se décompose en autant

Elle est une science *rationnelle* : elle ne s'appuie que sur les lumières naturelles de la raison, ce qui la distingue de la théologie, fondée sur la vérité révélée. Enfin, elle est la science de l'*homme*, de la *nature* et de *Dieu*.

On peut connaître ces objets de deux manières : d'une connaissance simple, vulgaire, telle que tout homme peut l'acquérir; ou d'une connaissance *réfléchie*, propre aux intelligences qui remontent aux *principes* des choses et à leurs *causes* les plus

de sciences particulières que notre intelligence peut se proposer de *propriétés essentielles* ou de *causes spéciales* à connaître.

Classification des sciences. — Il existe plusieurs essais de classification des sciences, tous plus ou moins imparfaits, car, selon le mot de Pascal : « Nous ne connaissons le tout de rien. »

ARISTOTE* distribuait les sciences d'après leur but : 1° en sciences *théoriques* ou *spéculatives* (physique, mathématiques et philosophie première ou métaphysique), qui s'occupent de la connaissance pure, sans aucune préoccupation pratique; 2° en sciences *pratiques* (morale, politique, économique), qui ont pour but de diriger nos actions; 3° en sciences *poétiques* (poétique, rhétorique), qui donnent des préceptes pour la réalisation d'œuvres extérieures.

FRANÇOIS BACON* les divisait en trois classes, correspondant aux facultés de l'âme : 1° sciences de *mémoire* (histoire); 2° sciences d'*imagination* (poésie ou littérature, beaux-arts); 3° sciences de *raison* (philosophie).

AMPÈRE* les partage, d'après leur objet, en deux grandes classes : 1° les sciences *cosmologiques*, qui ont pour objet le monde des corps; 2° les sciences *noologiques*, qui ont pour objet le monde des esprits.

Les sciences *cosmologiques* se subdivisent en sciences *mathématiques* (arithmétique, algèbre, géométrie, mécanique); en sciences *physiques* (physique, chimie, astronomie); en sciences *naturelles* (géologie, physiologie, botanique, zoologie).

Les sciences *noologiques* renferment les sciences *métaphysiques* (théodicée, métaphysique); les sciences *psychologiques* (psychologie, logique, morale, histoire, politique, législation, grammaire, littérature, poétique).

AUGUSTE COMTE* groupe les sciences d'après le degré de simplicité et de généralité que présentent les idées, les faits ou les lois; d'où cette série de sciences fondamentales : les *mathématiques*, l'*astronomie*, la *physique*, la *chimie*, la *biologie* et la *sociologie*, disposées par ordre de simplicité et de généralité décroissantes, de complexité et de difficulté croissantes.

Division adoptée par les programmes. — Actuellement les programmes distribuent les sciences en quatre groupes : 1° sciences *mathématiques* ou *exactes*; 2° sciences *physiques* et *naturelles*; 3° sciences *morales et politiques*; 4° sciences *historiques*. (Voir *Logique*, p. 102, Méthodes particulières.)

Hiérarchie des sciences. — Par hiérarchie des sciences, on peut entendre l'ordre de *dignité* de chacune d'elles : à ce point de vue, les sciences philosophiques tiennent le premier rang; ou bien, l'ordre de leur *complexité croissante*.

D'après ce principe, on aura la classification suivante : 1° les sciences *abstraites* (arithmétique, géométrie, algèbre); 2° les sciences *abstraites-concrètes* (mécanique, astronomie); 3° les sciences *concrètes* (sciences physiques : physique, chimie, géologie, minéralogie; sciences naturelles ou biologiques : botanique, zoologie, anatomie, physiologie; sciences psychologiques ou morales.)

élevées : « L'homme vraiment habile et sage doit connaître non seulement les vérités qui dérivent des principes, mais les principes eux-mêmes » (Aristote*) : c'est là la connaissance philosophique.

Mais les principes se rapportent ou bien à *un ordre de connaissances spéciales*, ou à *l'ensemble de la science humaine*. Les premiers constituent la philosophie de telle ou telle science [1] ; les seconds seuls sont l'objet de la philosophie proprement dite.

Utilité de la philosophie. — 1° La philosophie nous apprend à nous connaître, à cultiver nos facultés, à nous servir de notre intelligence, à juger, à raisonner ; elle nous éclaire sur notre nature, notre origine, notre destinée et les moyens de la remplir. Or, « tout ce qui force l'homme à se recueillir, tout ce qui l'appelle à méditer les mystères de son âme l'élève et le perfectionne en le détachant des intérêts matériels ». (Joubert*.)

2° La philosophie complète et dirige toutes les autres sciences : toutes les sciences reposent sur certaines notions fondamentales, sur certains principes ou axiomes, et la philosophie éclaire, précise ces notions, établit la certitude et la valeur de ces axiomes ; toute science a sa méthode, c'est-à-dire une certaine voie que l'esprit doit suivre sous peine de s'égarer, et la philosophie assigne à chaque science la méthode qui lui convient.

Division de la philosophie élémentaire. — La philosophie aurait, d'après sa définition, trois objets distincts d'étude : l'*homme*, la *nature* et *Dieu*.

Mais la philosophie élémentaire omet l'étude de la nature et celle du corps humain ; elle se borne à l'étude de l'âme et ne considère le corps que dans ses rapports avec l'âme. Toutefois, l'homme, la nature et Dieu impliquant également la notion de l'*être* en général, la philosophie élémentaire étudie les questions les plus importantes qui se rattachent à cette notion.

La philosophie élémentaire comprend donc : — 1° l'étude de l'*âme*, objet de la **psychologie**, de la **logique** et de la **mo-**

---

[1] Toute science a sa philosophie. Il y a une philosophie de l'*histoire*, qui explique les événements politiques par les causes qui les produisent : tel est le but de l'*Histoire universelle* de Bossuet ; une philosophie des *mathématiques*, qui établit la légitimité et la valeur des axiomes et des définitions ; une philosophie du *droit*, qui juge les motifs des lois ; une philosophie des *sciences naturelles*, qui se propose d'expliquer les phénomènes physiques, etc.

rale; — 2º l'étude de l'*être* considéré en lui-même et dans ses rapports, objet de la **métaphysique**; — 3º l'étude de *Dieu*, objet de la **théodicée**.

Ordre à suivre. — Les auteurs ne s'accordent pas sur l'ordre qu'il convient de suivre dans l'étude des diverses parties de la philosophie. Nous adoptons l'ordre suivant : I, *psychologie et esthétique*; II, *logique*; III, *métaphysique et théodicée*; IV, *morale*.

La *psychologie* vient en premier lieu, parce que, pour procéder rationnellement, il faut d'abord connaître les facultés intellectuelles, qui sont les instruments indispensables de toute science.

La *logique* suit naturellement la psychologie, parce que, les facultés intellectuelles une fois connues, il s'agit de les diriger vers la vérité.

La *métaphysique* précède la théodicée.

La *théodicée* vient après la psychologie, la logique et la métaphysique : après la psychologie et la logique, parce que la connaissance de l'âme conduit à la connaissance de Dieu ; après la métaphysique, parce qu'elle en est le point culminant.

La *morale* présuppose la psychologie et la théodicée : la psychologie, parce qu'on ne peut établir les lois des actions humaines sans connaître les facultés morales (la volonté, la liberté); la théodicée, car il est nécessaire de connaître l'existence et les perfections de Dieu pour en déduire les rapports qui nous unissent à lui.

QUESTIONNAIRE. — Quel est l'objet de la philosophie? — Comment peut-on définir la philosophie? — (Qu'est-ce que la science? — Citez les principales classifications des sciences. — Qu'entend-on par hiérarchie des sciences?) — A quoi sert la philosophie? — Comment divise-t-on la philosophie élémentaire? — Comment peut-on classer les diverses parties de la philosophie élémentaire ?

PREMIÈRE PARTIE

PSYCHOLOGIE

PRÉLIMINAIRES

Objet de la psychologie. — La psychologie[1] est la *science qui a pour objet l'étude de l'âme :* elle en fait connaître les *phénomènes*, les *facultés*, l'*origine*, la *nature* et la *destinée*.

Son importance. — La psychologie est la première partie et comme la base de la philosophie : elle donne la connaissance des facultés que la *logique* et la *morale* doivent régler ; elle distingue dans l'intelligence humaine les notions essentielles sur lesquelles repose la conception de Dieu et de ses attributs, et par là elle prépare la *théodicée*. Elle fournit des données indispensables à la *pédagogie*, à l'*histoire*, à la *politique*, à la *législation*, en un mot, à toutes les sciences morales.

Sa méthode. — La méthode de la psychologie est la méthode **expérimentale ou d'observation**. « Cette méthode consiste, dit Bossuet, à *observer* ce que chacun de nous peut reconnaître, et à faire réflexion sur ce qui arrive tous les jours à nous-mêmes ou aux autres hommes, semblables à nous. » Il y a donc deux modes d'observation : l'observation *interne* ou *subjective* et l'observation *externe* ou *objective*.

L'observation **interne** ou **subjective** consiste à interroger la *conscience psychologique*. — On appelle ainsi la faculté que possède notre âme de se connaître immédiatement et de nous révéler ce qui se passe en nous.

---

[1] Grec *psukhê*, âme ; *logos*, discours : *science de l'âme*.

L'observation **externe** ou **objective** consiste à observer les hommes d'*aujourd'hui*, et ceux d'*autrefois* (par l'étude de l'histoire, des langues, des législations, des monuments, etc.), pour essayer d'induire de leurs actes et de leurs paroles ce qu'ils ont pensé, voulu, senti, désiré.

Les données diverses de l'observation externe servent à compléter et à contrôler celles de l'observation de soi-même par la *conscience*, qui demeure le fondement principal et essentiel de toute étude psychologique.

Remarque. — Réfléchir sur ses propres pensées, étudier les faits psychologiques au moment même où ils se produisent, se rendre compte de l'*influence* des institutions sociales sur les peuples, des *conséquences* de telle loi pour la moralité ou la richesse publique, des *avantages* ou des *inconvénients* des différents systèmes d'éducation, etc., constitue, en psychologie, non plus une simple observation, mais une *expérimentation véritable*.

Division de la psychologie. — Cette science se divise en deux parties : — 1° en psychologie **expérimentale**; — 2° en psychologie **rationnelle**.

Distinctes par leur objet, ces deux parties d'une même science diffèrent encore par leur méthode : la première fait usage de l'*observation*; la seconde, sans négliger les données de l'expérience, fait surtout usage du *raisonnement*.

QUESTIONNAIRE. — Quel est l'objet de la psychologie ? — Quel rang occupe la psychologie dans les études philosophiques ? — Quelle méthode doit-on suivre en psychologie ? — Comment divise-t-on la psychologie ?

I. — PSYCHOLOGIE EXPÉRIMENTALE

Objet de la psychologie expérimentale. — La psychologie expérimentale a pour objet l'étude des *faits psychologiques* et des *facultés de l'âme*.

I. — FAITS PSYCHOLOGIQUES

Faits dont notre âme est le principe. — Notre âme est le principe de tous les faits *vitaux* (V. p. 68), qui s'accomplissent en nous. Mais tous ces faits ne sont pas indistinctement l'objet de la psychologie : les uns, purement *organiques*, n'affectent que le corps; les autres, purement *spirituels*, sont propres à l'âme; d'autres enfin, qu'on peut appeler *mixtes*, se rapportent au composé humain.

Les *faits organiques*, tels que la respiration, la croissance, la digestion, la sécrétion, l'assimilation, etc., sont l'objet exclusif de la physiologie et sont appelés **physiologiques**.

Les *faits spirituels*, tels que la pensée sous ses différentes formes, le jugement, le raisonnement, les résolutions de la volonté, etc., et les *faits mixtes*, tels que le plaisir, la douleur, les passions, etc., font l'objet propre de la psychologie. On les appelle **psychologiques**, bien que ce nom ne leur convienne qu'à des degrés différents.

Distinction des faits physiologiques et des faits psychologiques. — Les phénomènes physiologiques et les phénomènes psychologiques diffèrent entre eux par leur *nature*, leur *fin* et la *manière dont nous les connaissons*.

1° **Par leur nature.** — Les phénomènes *physiologiques* affectent la matière : ils s'accomplissent dans un lieu déterminé du corps et se réduisent à des *formes* et à des *modes* de l'étendue, à des *mouvements* et à des *combinaisons* de molécules matérielles. — Les faits *psychologiques*, au contraire, participent de l'immatérialité de l'âme; on ne peut leur attribuer ni lieu, ni forme, ni étendue. Si l'on parle parfois de la hauteur, de la profondeur des pensées, de l'étendue de l'esprit, ce sont là des métaphores sur le sens desquelles personne ne se méprend.

2º Par leur fin. — Les phénomènes *physiologiques* ne tendent qu'à la *conservation* du corps par l'entretien et la nutrition de ses diverses parties. Les phénomènes *psychologiques*, d'un ordre supérieur, produisent le développement de la vie intellectuelle et morale, c'est-à-dire la connaissance de la vérité, la pratique du bien et de la vertu.

3º Par la manière dont nous les connaissons. — Nous percevons les phénomènes *physiologiques* par le moyen des sens externes (la vue, l'ouïe, le goût, l'odorat, le toucher), aidés au besoin d'instruments qui en augmentent la puissance. — Les phénomènes *psychologiques* échappent aux sens; les instruments les plus parfaits ne sauraient les atteindre; ils ne se révèlent qu'à la conscience ou sens intime, qui saisit directement toutes les actions, toutes les modifications de l'âme.

QUESTIONNAIRE. — Quel est l'objet de la psychologie expérimentale? — De quels faits notre âme est-elle le principe? — Quels sont les caractères distinctifs des faits physiologiques et des faits psychologiques?

CLASSIFICATION DES FAITS PSYCHOLOGIQUES

Principes sur lesquels repose la classification des faits psychologiques. — Les phénomènes psychologiques varient presque à l'infini. En effet, de combien de sentiments, d'émotions, de pensées, de souvenirs, de jugements, de désirs, de résolutions, l'âme humaine n'est-elle pas le théâtre ! Ces divers phénomènes apparaissent à l'observateur quelquefois *distincts* et *indépendants,* mais le plus souvent avec des points de *ressemblance* ou de *contact*. La classification des faits psychologiques repose sur cette différence et cette ressemblance

Trois classes de faits psychologiques. — D'après ces deux principes, on arrive à grouper tous les faits psychologiques en trois grandes classes. Ainsi :

1º Les *sensations*, les *sentiments*, les *émotions*, c'est-à-dire les *plaisirs* et les *peines* que produisent en nous les objets matériels ou immatériels : la chaleur ou le froid, la santé ou la maladie, la bonne ou la mauvaise conscience, l'amour ou la haine, l'espérance ou la défiance, etc., sont des phénomènes différents sans doute ; mais ils revêtent un caractère commun, celui d'affecter d'une certaine façon (agréablement ou désagréablement) le sujet qui les éprouve ; dès lors on peut les classer tous dans un premier groupe et les appeler **faits sensibles** ;

2° Les *idées,* les *souvenirs,* les *jugements,* les *raisonnements,* etc., de nature aussi très diverse, se rangent logiquement sous le titre de *connaissances.* On peut donc les classer dans un deuxième groupe et les appeler **faits intellectuels;**

3° Les *résolutions* et les *actions* par lesquelles notre âme exerce sa puissance d'*agir,* soit au dedans, soit au dehors d'elle-même, n'offrent pas moins de variété; mais chacun de ces actes est une *détermination,* une *volition.* Ils peuvent donc former un troisième groupe, celui des **faits actifs et volontaires.**

Légitimité de cette classification. — Cette classification est entière et irréductible :

Entière : tous les phénomènes psychologiques, — la conscience l'affirme, — viennent se ranger ou dans le groupe des faits sensibles, ou dans le groupe des faits intellectuels, ou dans celui des faits volontaires.

Irréductible : chacun de ces trois groupes diffère tellement des trois autres, qu'il faut nécessairement admettre trois classes séparées de phénomènes psychologiques.

Caractères distinctifs des divers groupes de faits psychologiques. — Les *faits sensibles* sont : — 1° **passifs,** c'est-à-dire que nous les subissons ; — 2° **subjectifs,** c'est-à-dire qu'ils ne subsistent que dans l'âme.

Les *faits intellectuels* sont : — 1° **actifs**: notre esprit saisit la vérité en vertu de sa force naturelle et propre; mais cette activité est *fatale :* la vérité évidente s'impose nécessairement à l'intelligence; — 2° **objectifs,** c'est-à-dire que, dans le fait de la connaissance, on trouve toujours deux termes : le sujet connaissant et l'objet connu.

Les *faits volontaires* sont : — 1° **libres,** c'est-à-dire produits à notre gré ; — 2° **personnels**: ils sont notre œuvre propre.

QUESTIONNAIRE. — Sur quels principes repose la classification des faits psychologiques? — En combien de classes divise-t-on les faits psychologiques? — Quelle est la valeur de la classification précédente? — Quels sont les caractères distinctifs des divers groupes de faits psychologiques.

II. — FACULTÉS DE L'AME

Ce qu'on entend par faculté. — On entend par faculté, en général, la *puissance physique ou morale, qui rend un être capable d'agir de certaine manière, de produire certains effets.*

La faculté proprement dite requiert trois conditions : la *spontanéité* ou *activité propre*, la *connaissance* et la *liberté*. — Le pouvoir d'éprouver passivement des modifications s'appelle *propriété* (la matière a des propriétés) ; le pouvoir d'agir d'une manière inconsciente s'appelle *fonction* (la matière organisée exerce des fonctions). — L'homme seul possède des *facultés*, parce que l'âme humaine seule est douée d'une volonté libre, qu'elle dirige et gouverne à son gré.

Définition des facultés de l'âme. — On peut définir les facultés de l'âme : les *puissances ou pouvoirs qu'elle reconnaît en elle-même d'éprouver certaines modifications ou d'accomplir certains actes, volontairement et avec connaissance.*

Détermination des facultés de l'âme. — Les facultés de l'âme se révèlent à nous par leurs opérations, c'est-à-dire par les *faits* ou *phénomènes* qu'elles produisent. Nous savons qu'il existe (V. p. 8) trois classes distinctes de faits ou phénomènes psychologiques. Or tout phénomène résulte d'une cause, et les phénomènes distincts supposent des causes distinctes. L'âme possède donc trois pouvoirs, trois facultés distinctes, qui sont : la **sensibilité**, cause des faits sensibles ou affectifs ; l'**intelligence**, cause des faits intellectuels ; la **volonté**, cause des faits volontaires ou libres [1].

Solidarité des facultés de l'âme. — Quoique dis-

---

[1] Certains philosophes prétendent que la *sensibilité* ne doit pas être rangée parmi les facultés proprement dites ; qu'elle n'est qu'une simple capacité. — On peut répondre que la volonté la dirige dans une certaine mesure, et que dès lors on ne saurait la considérer comme une capacité ou une simple fonction. D'autres admettent une quatrième faculté : la faculté motrice, à laquelle se rapporteraient tous les mouvements corporels. — Nous considérons ce pouvoir comme un simple mode de l'activité que l'âme exerce soit en elle-même, soit au dehors.

tinctes, les facultés de l'âme ne sont pas *séparables*, parce que c'est toujours le même sujet qui sent, qui connaît et qui veut. Bien plus, elles n'agissent jamais isolément, et le moindre fait psychologique peut les mettre toutes trois en exercice. Ainsi, par exemple, j'éprouve une douleur : voilà la *sensibilité*; je sais en même temps que je l'éprouve : voilà l'*intelligence*; le désir de m'en délivrer est un acte de la *volonté*.

Souvent, il est vrai, l'une de ces facultés *domine* les autres au point que celles-ci disparaissent presque entièrement; mais en réalité toutes les trois concourent à toutes les opérations de l'âme. (V. p. 58.)

Ordre de leur développement. — Les facultés de l'âme sont aussi anciennes les unes que les autres. Cependant la *sensibilité* se manifeste la première chez l'enfant, l'*intelligence* apparaît ensuite et enfin la *volonté*.

Nous étudierons dans le même ordre : 1° la *sensibilité*; 2° l'*intelligence*; 3° la *volonté*.

QUESTIONNAIRE. — Qu'entend-on par faculté? — Comment peut-on définir les facultés de l'âme? — Combien l'âme possède-t-elle de facultés? — Les facultés de l'âme opèrent-elles isolément? — Dans quel ordre se développent-elles?

I. — SENSIBILITÉ

Définition. — On définit la sensibilité : *la faculté que nous avons d'être affecté d'une manière agréable ou désagréable, et, par conséquent, de jouir ou de souffrir.*

Caractères de la sensibilité. — Les principaux caractères de la sensibilité se réduisent à cinq. Elle est : — 1° subjective, c'est-à-dire qu'elle est une simple modification intérieure, une manière d'être de notre âme; — 2° personnelle et variable, c'est-à-dire qu'elle diffère d'un individu à un autre, et dépend, en chacun, de l'âge, du tempérament, des dispositions de l'esprit et du corps; — 3° passive, c'est-à-dire indépendante de la volonté : l'homme ne crée pas ses émotions, il les subit. Lorsqu'un objet nous affecte d'une manière agréable ou désagréable, nous sentons non pas que nous faisons quelque chose, mais que quelque chose se fait en nous; — 4° **expressive**, c'est-à-dire que les jouissances ou les souffrances reçues se manifestent au dehors par des signes corporels.

Trois espèces de sensibilité. — On distingue les jouissances et les souffrances du corps, de l'esprit et du cœur. De là trois sortes de sensibilité : la sensibilité *physique*, la sensibilité *intellectuelle* et la sensibilité *morale*.

La *sensibilité physique* comprend les jouissances et les souffrances qui résultent des diverses impressions produites en notre âme par les phénomènes corporels.

La *sensibilité intellectuelle* comprend les joies et les tristesses que produisent en notre âme la connaissance ou l'ignorance de la vérité, la vue du beau ou du laid.

La *sensibilité morale* comprend les joies et les tristesses que produit en notre cœur la connaissance du bien ou du mal que nous faisons nous-mêmes, ou que nous voyons faire par nos semblables.

Plaisir et douleur. — Les faits sensibles, quelque nom qu'on leur donne, sont essentiellement *agréables* ou *désagréables*, c'est-à-dire caractérisés par le *plaisir* ou la *douleur*

Leur origine — Le Créateur, en nous donnant une destinée physique, une destinée intellectuelle et une destinée morale (V. p. 8, 2°), crée dans notre corps et dans notre âme des *tendances naturelles* qui nous poussent sans cesse vers cette triple destinée, et, en même temps, il attache le *plaisir* à l'activité qui se déploie en ce sens et la *douleur* à l'activité qui se déploie en sens contraire.

Le plaisir est donc *le fruit naturel de l'activité qui se déploie normalement*, et la douleur, *celui de l'activité, empêchée, exagérée ou faussée*.

Un plaisir *physique*, *intellectuel* ou *moral* contraire à ces tendances droites, amène tôt ou tard des compensations nécessaires : tout plaisir irrégulier du corps ou de l'esprit produira ultérieurement une douleur (physique ou morale) égale, ou la privation d'un plaisir plus grand et plus durable. — Celui qui aime ce qu'il ne doit pas aimer, s'engage infailliblement dans une voie où il rencontrera d'amères déceptions.

L'effort, au contraire, auquel on se soumet par devoir pour régler sa sensibilité et ses facultés intellectuelles, produira de même la jouissance afférente à leur développement normal.

Différence entre les plaisirs du corps et ceux de l'âme. — Entre les plaisirs du corps et ceux de l'âme, on distingue trois différences :

1º Les plaisirs du corps sont des **moyens;** les plaisirs de l'âme, des **fins.** Ainsi le plaisir qu'on éprouve en *mangeant*, en se *reposant*, est un moyen donné à l'homme pour procurer la conservation du corps. Au contraire, le plaisir qu'on éprouve à s'*instruire*, bien qu'il doive servir de moyen à l'homme pour s'élever plus haut, est déjà une fin, parce qu'il consiste dans une certaine possession de la vérité qui est la fin de l'intelligence;

2º Les plaisirs du corps, irrépréhensibles quand on ne les détourne pas de leur but, *ne sont néanmoins jamais nobles ;* et dès que, cessant de les prendre pour moyens, on les recherche pour eux-mêmes, ils deviennent **ignobles**, parce qu'ils retiennent l'homme au-dessous de sa nature. Les plaisirs de l'âme, au contraire (plaisirs de la vertu, de la science, de l'amitié, de la piété), **sont toujours nobles,** parce qu'ils acheminent l'homme vers sa perfection.

3º Les plaisirs du corps sont **passagers;** les plaisirs de l'âme, **durables** : la satisfaction, par exemple, de la connaissance acquise dure au delà du temps employé à l'acquérir.

Classification des phénomènes sensibles. — On ramène les phénomènes *sensibles* à deux grandes classes : les *émotions* et les *tendances*.

Les **émotions** de la sensibilité sont les *sensations* et les *sentiments ;* ses **tendances** sont les *inclinations* ou *penchants* et les *passions*.

QUESTIONNAIRE. — Comment définit-on la sensibilité? — Quels sont les principaux caractères de la sensibilité? — Combien distingue-t-on d'espèces de sensibilité? — Que comprend chacune d'elles? — Quelle est la marque distinctive des faits sensibles? — Quelle est l'origine du plaisir et de la douleur? — Quelle différence y a-t-il entre les plaisirs du corps et ceux de l'âme? — A combien de classes ramène-t-on les faits sensibles?

I. — SENSATIONS

Définition. — On appelle sensation *toute émotion, agréable ou désagréable, produite en nous par une modification de nos organes.*

La sensation affecte la *substance humaine*, composée d'un corps et d'une âme (V. p. 73) : le corps, séparé de l'âme, n'éprouverait pas de sensations.

Conditions de la sensation. — Toute sensation résulte d'une opération des sens et suppose quatre faits : — 1° une *impression* produite par un objet extérieur sur un organe corporel; — 2° la *transmission* de cette impression au cerveau par le nerf sensitif; — 3° l'*ébranlement* cérébral; — 4° la *modification* ou l'*émotion* de l'âme, sensation proprement dite.

Les trois premiers de ces faits sont *physiologiques;* le dernier seul est un phénomène *psychologique.*

Classification des sensations. — D'après la cause qui les produit, on distingue les sensations *internes* et les sensations *externes.*

Sensations internes. — Les sensations internes sont provoquées par les modifications, souvent inconnues, de *l'organisme.* Elles comprennent les sensations des muscles, des nerfs, de la fatigue, du repos, de la circulation du sang, de la respiration, de la nutrition, de la fièvre, etc., et se résument dans une sensation unique, qu'on peut appeler **sensation vitale**.

Sensations externes. — Les sensations externes naissent d'une impression produite par les objets extérieurs sur les *organes des sens,* et se subdivisent en autant de classes qu'il y a de sens.

Les cinq sens et leurs organes[1]. — Les sens qui mettent notre âme en rapport avec le monde extérieur sont au nombre de cinq : la *vue*, l'*ouïe*, le *goût*, l'*odorat* et le *tact* ou le *toucher*.

---

[1] Les *sens* sont des *facultés sensitives* de l'âme qui s'exercent par certains organes déterminés.

La **vue** a pour organes les yeux et les nerfs optiques; elle donne la sensation de la lumière et des couleurs. — L'**ouïe** a pour organes les oreilles et les nerfs acoustiques; elle donne les sensations des sons. — Le **goût** a pour organes les papilles de la surface supérieure de la langue, le palais et les nerfs lingual et glosso-pharyngien; il donne les sensations des saveurs. — L'**odorat** a pour organes les fosses nasales et le nerf olfactif; il donne les sensations des odeurs. — Le **toucher** a pour organes les nerfs tactiles répandus sur la surface du corps et spécialement sur la partie intérieure des mains et des doigts; il donne les sensations du chaud, du froid, de l'étendue tangible, de la résistance de la matière, c'est-à-dire de son état fluide ou solide.

En réalité, le seul et véritable organe de la sensibilité physique est le **système nerveux**, qui comprend le *cerveau*, la *moelle épinière* et les *nerfs* sensitifs.

Les *nerfs* sont de minces filets blancs qui, s'échappant en faisceaux de la base de l'encéphale ou de la moelle épinière, se ramifient dans tout le corps. On en distingue deux sortes, non à cause d'une différence de contexture, mais d'une différence de fonction; les uns servent au *mouvement*, les autres à la *sensation*.

Aussitôt que le cerveau, centre principal du système nerveux, reçoit une impression, l'âme éprouve une émotion, une sensation.

QUESTIONNAIRE. — Comment peut-on définir la sensation ? — Combien de faits suppose toute sensation? — Comment se divisent les sensations? — Quels sont les sens qui nous mettent en rapport avec le monde extérieur, et quels sont leurs organes respectifs?

II. — SENTIMENTS

Définition. — On appelle sentiment *toute émotion agréable ou pénible, que l'âme éprouve à la suite d'un fait intellectuel ou moral.*

Diverses espèces de sentiments. — On distingue les sentiments *intellectuels* et les sentiments *moraux*.

Les sentiments intellectuels naissent de la perception du

vrai et du *beau;* ils comprennent toutes les joies et toutes les tristesses qui proviennent de la connaissance ou de l'ignorance de la vérité, de la vue du beau ou du laid. La *solution* d'une difficulté, l'*audition* d'un beau discours, la *contemplation* d'un beau paysage, d'un chef-d'œuvre d'art, etc., produisent des *sentiments intellectuels.* — **Les sentiments moraux** naissent de la perception ou de la conscience du bien ; ils comprennent toutes les joies ou toutes les peines que font éprouver le souvenir ou la constatation d'un devoir accompli ou d'une faute commise, la vue d'une bonne ou d'une mauvaise action.

Différence entre la sensation et le sentiment.
— La *sensation* et le *sentiment*, tout en ayant la même origine (la sensibilité), demeurent néanmoins profondément distincts. Ainsi :

1° La *sensation* provient d'une modification organique; elle n'implique aucune opération intellectuelle. — Le *sentiment*, au contraire, a pour principe immédiat un fait intellectuel ou moral: idée, souvenir, jugement, etc.

2° La *sensation* est commune à l'homme et à l'animal. — Le *sentiment* appartient proprement à l'homme, qui seul peut éprouver des émotions intellectuelles et morales.

3° La *sensation* est localisée : la douleur réside dans le membre blessé; la sensation de l'odeur, dans les fosses nasales; la sensation de la faim, dans l'estomac, etc. — Le *sentiment* (émulation, enthousiasme, sympathie, antipathie, amour, haine) ne se localise nulle part dans le corps, il réside dans l'âme.

4° La *sensation* s'affaiblit en se répétant : la main s'habitue au contact des corps froids, l'odorat s'émousse à flairer les parfums. — Le *sentiment*, au contraire, s'accroît par l'exercice : l'amour et la recherche du vrai, du juste, du beau, l'étendent et le perfectionnent toujours davantage.

Rôle des sensations et des sentiments. — Les sensations internes ont pour fin la *vie physique;* elles nous instruisent de l'état, — sain ou morbide, — de notre corps, de son attitude, de ses mouvements, de ce qui convient ou ne convient pas dans les aliments, les vêtements, l'habitation; en un mot, de ce que nous devons rechercher ou fuir pour la conservation et l'entretien de notre santé. — Les sensations externes nous *informent de la présence des objets extérieurs*, nous excitent à la connaissance de ces objets et réveillent ainsi les facultés intellectuelles.

Les **sentiments** ont une fin plus élevée, à savoir : le développement de la *vie intellectuelle et morale*. Dans l'ordre *intellectuel*, ils nous renseignent sur l'état de notre esprit, et nous révèlent ce que nous devons rechercher ou écarter pour notre bien intellectuel : la jouissance qui suit une découverte provoque de nouvelles recherches. — Dans l'ordre *moral*, le remords est le premier châtiment du vice ; la jouissance, la première récompense de la vertu et un stimulant pour de nouveaux efforts.

QUESTIONNAIRE. — Qu'appelle-t-on sentiment ? — Combien distingue-t-on d'espèces de sentiments ? — Quelle différence existe-t-il entre les sensations et les sentiments ? — Quel est le rôle respectif des sensations et des sentiments ?

III. — INCLINATIONS

Définition. — Les inclinations ou penchants sont des *tendances naturelles, instinctives*, qui portent l'homme à *rechercher* ou à *fuir certains objets*, à *agir d'une façon plutôt que d'une autre*. — Les inclinations ou penchants sont les mobiles de l'activité, soit spontanée, soit réfléchie (V. p. 48). Les besoins physiques, par exemple, troublent le système nerveux et nous excitent à rechercher ce qui peut les satisfaire.

Division des inclinations. — Il doit y avoir autant d'inclinations ou de penchants que notre nature comporte de fins ou de rapports naturels. On les divise ordinairement, d'après leur objet, en trois groupes : inclinations *personnelles*, inclinations *sociales*, inclinations *supérieures*.

Inclinations personnelles. — Les inclinations *personnelles* nous font rechercher notre bien propre, soit corporel, soit spirituel. Nous cherchons instinctivement à satisfaire notre faim, notre soif, notre besoin de sommeil, de repos, de mouvement, etc. ; nous aimons naturellement la vie, le bien-être, les honneurs, les richesses, la vérité, l'indépendance, la perfection physique, intellectuelle et morale. — Les inclinations corporelles sont appelées *appétits*.

Les **appétits** tendent à la conservation et au développement de la vie physique. Ils sont *périodiques* ou *accidentels :* les premiers se manifestent à des intervalles réguliers (ex. : la faim, le sommeil); les seconds, à des intervalles irréguliers : le souvenir de la sensation suffit pour les faire naître.

Les appétits périodiques sont *naturels* ou *factices :* naturels, lorsqu'ils résultent de la constitution de l'organisme (ex. : besoin de nourriture, de sommeil); factices, lorsqu'ils résultent de l'habitude (ex. : besoin de fumer, de priser, de boire des liqueurs fortes).

Inclinations sociales. — Les inclinations *sociales* ou *sympathiques* nous portent à aimer les *biens* que nous offrent la société ou les *personnes* avec lesquelles nous sommes en relation. Elles comprennent : — 1° les *désirs* de l'estime, du pouvoir, de la supériorité, etc.; — 2° les *affections* de la famille, des concitoyens et des hommes en général.

Inclinations supérieures. — Les inclinations *supérieures* (*intellectuelles, esthétiques, morales* et *religieuses*) nous portent vers l'idéal et la perfection. Elles comprennent : — 1° l'amour du *vrai*, principe de la science; — 2° l'amour du *beau*, principe de l'art; — 3° l'amour du *bien*, principe de la morale; — 4° l'amour de *Dieu*, principe de la religion.

QUESTIONNAIRE. — Comment peut-on définir les inclinations ou penchants? — Comment se divisent les inclinations? — Quel rôle jouent les inclinations personnelles? — les appétits? — les inclinations sociales? — les inclinations supérieures?

IV. — PASSIONS

Nature des passions. — Le mot *passion* a deux significations différentes.

Dans la première, il désigne *tout mouvement de l'âme pour fuir un mal ou rechercher un bien*. Entendues ainsi, les passions ne sont pas mauvaises de leur nature. Ce sont des *inclinations primitives*, qu'il faut gouverner mais non détruire.

Dans la seconde, il désigne *les mouvements désordonnés de l'âme, qui troublent notre raison et paralysent notre liberté :* ce sont les passions proprement dites.

Caractères des passions proprement dites. — Les passions proprement dites sont : — 1° **violentes :** « elles ont de l'analogie avec des tempêtes sur l'océan, des orages dans l'air » (T. Reid*) ; — 2° **aveugles :** elles ne voient que l'objet de leur convoitise ; — 3° **exclusives :** elles se subordonnent toutes les autres tendances : celui qui est passionné pour le jeu, pour le vin, etc., sacrifie tout le reste, honneur, santé, fortune ; — 4° **égoïste :** elles ont pour but la jouissance, la satisfaction personnelle, le plaisir du moment, sans règle ni mesure.

Différence entre les inclinations et les passions. — Les inclinations primitives, expressions fidèles des lois de la nature, sont innées, permanentes, dociles à la raison, désintéressées, non exclusives : les diverses inclinations peuvent se développer harmonieusement. — Les passions, au contraire, ne sont pas innées, ni permanentes ; elles sont violentes, aveugles, exclusives, égoïstes.

Causes des passions. — Les passions naissent de la sensibilité : ce sont des inclinations primitives, *excitées, exagérées* et *détournées volontairement de leur but*.

Les causes qui peuvent pervertir les inclinations et les transformer en passions sont *extérieures* ou *intérieures*.

Les causes extérieures sont : — 1° le milieu où l'on vit, la position de fortune, la position sociale, les occasions ; — 2° l'âge, le régime, le tempérament ; — 3° l'éducation et les exemples : « Rien n'émeut plus les passions que les actions des hommes passionnés. Au contraire, une âme tranquille nous communique le repos. » (Bossuet*.)

Les causes intérieures sont : — 1° l'imagination, qui, avec ses fictions trompeuses, augmente l'attrait ou la répulsion que nous inspire l'objet aimé ou haï. Dans la colère, par exemple, l'imagination grossit outre mesure les raisons qui l'ont fait naître, éloigne les images qui pourraient la calmer, et ne présente que celles qui l'alimentent et l'excitent ; — 2° la volonté : soit en laissant faire, alors qu'elle devrait intervenir et empêcher ; soit en se faisant l'auxiliaire de la passion et en travaillant à la satisfaire.

Selon Bossuet*, le principe de toute passion, c'est l'*amour*. « La *haine* qu'on a pour quelque objet, dit-il, ne vient que de l'*amour* qu'on a pour un autre. Je ne hais la maladie que parce que j'aime la santé. Je n'ai d'aversion pour quelqu'un que parce qu'il est un obstacle à ce que j'aime, etc. » Ainsi, l'*amour exagéré de soi* dégénère en orgueil, en égoïsme, en lâcheté ; les *besoins corporels*, sollicités outre mesure, dégénèrent en gourmandise, en ivrognerie ; l'*abandon aux plaisirs sensuels* dégénère en intempérance ; la *crainte exagérée de la peine* dégénère en paresse, etc.

Leurs lois. — Les passions sont contagieuses : elles se communiquent par l'exemple, « de sorte que les hommes réunis éprouvent des passions beaucoup plus vives que les hommes isolés. » (P. JANET.) La vue, ou le souvenir, ou la représentation de leur objet suffit pour les faire reparaître. L'habitude les émousse, mais les transforme en besoins tyranniques.

Leur classification. — Les passions, n'étant que des inclinations perverties, peuvent, comme ces dernières, se grouper en trois classes. On distingue en effet :

1º Des **passions personnelles** : les unes *physiques*, se rapportant au corps ; les autres *morales*, se rapportant à l'âme ou à l'âme et au corps à la fois. Ainsi, la *gourmandise*, l'*ivrognerie*, naissent du besoin exagéré de manger et de boire ; la *paresse*, du besoin du repos ; l'*égoïsme*, de l'amour de soi ; l'*esprit d'indépendance*, de l'amour de la liberté ; l'*orgueil*, la *vanité*, la *passion de la gloire*, du besoin d'estime, du sentiment de l'honneur ; l'*ambition*, du besoin d'agir ; l'*avarice*, la *cupidité*, de l'instinct de propriété ; la *lâcheté*, de l'instinct de conservation, etc.

2º Des **passions sociales**, qui sont, ou *malveillantes*, comme l'*envie*, la *jalousie*, la *misanthropie*, la *haine*, la *colère*, la *vengeance* ; ou *bienveillantes*, comme le *chauvinisme* : exagération de l'amour de la patrie ; l'*esprit de parti* : déviation de l'esprit de corps ; les *passions politiques*, la *fausse amitié*, etc.

3º Des **passions supérieures**, qui sont *intellectuelles, morales, esthétiques, religieuses*, suivant qu'elles viennent de l'amour du vrai, du bien, du beau ou du sentiment religieux : telles sont la passion de la science, des beaux-arts ; l'engouement ou fausse admiration ; l'intolérance, le fanatisme, le faux zèle, le prosélytisme, etc.

Rôle des passions dans la vie. — Les passions sont des forces qui se meuvent en aveugles et qui suivent leur attrait sans tenir compte du juste et de l'honnête, de l'ordre ou du désordre. Laissées à elles-mêmes et libres de tout frein, elles sont la source des plus grands malheurs : elles troublent l'*esprit* et le rendent incapable de réflexion ; elles faussent le *jugement* en prêtant à leur objet une importance qu'il n'a pas ; elles subjuguent la *volonté*, qui finit par sacrifier entièrement le devoir aux instincts égoïstes et criminels. — Mais, bien dirigées, les passions, c'est-à-dire les attractions et les répulsions légitimes, sont un des ressorts les plus puissants de notre activité intellectuelle et morale. Quelle n'est pas leur influence sur l'esprit du savant, de l'artiste, du poète, du guerrier ! Tous les grands hommes, les héros, les saints ont été des hommes noblement et fortement passionnés.

QUESTIONNAIRE. — Quelles sont les deux acceptions principales du mot passion. — Énumérez les caractères distinctifs des passions proprement dites. — Quelles différence y a-t-il entre les inclinations et les passions ? — Comment se forment les passions ? — A quelles lois paraissent-elles soumises ? — Combien distingue-t-on de classes de passions ? — Quel est le rôle des passions dans la vie ?

II. — INTELLIGENCE

Définition. — Dans son acception la plus générale, l'intelligence ou entendement est la *faculté de connaître*, ou, plus explicitement, la *faculté d'acquérir des connaissances, de les conserver et de les élaborer*.

Il faut donc étudier l'intelligence dans ses diverses *aptitudes* à acquérir des connaissances, à les conserver, à les élaborer.

Facultés d'acquisition. — L'*intelligence*, ou faculté de connaître, est indivisible ; mais elle porte différents noms, suivant la nature des objets auxquels elle s'applique : le *monde extérieur*, le *monde intérieur* ou le *monde suprasensible*.

On appelle l'intelligence : — 1° *perception externe*, quand elle connaît le monde extérieur ou physique, c'est-à-dire les phénomènes et les propriétés de la matière ; — 2° *perception interne*, quand elle connaît le monde intérieur ou psychologique, c'est-à-dire les phénomènes, les facultés et la nature de l'âme ; — 3° *raison*, quand elle connaît le monde suprasensible, c'est-à-dire ce qui persiste sous les phénomènes.

Facultés de conservation. — Les facultés par lesquelles l'intelligence conserve et combine les connaissances sont : la *mémoire*, l'*association des idées* et l'*imagination*.

Facultés d'élaboration. — Les opérations par lesquelles l'intelligence élabore, c'est-à-dire approfondit, développe et transforme les connaissances, sont : l'*attention*[1], l'*abstraction*, la *comparaison*, la *généralisation*, le *jugement*, le *raisonnement*.

QUESTIONNAIRE. — Comment peut-on définir l'intelligence ? — Quels noms différents porte la faculté générale de connaître ? — Quelles sont les facultés d'acquisition ? — de conservation ? — d'élaboration ?

I. — PERCEPTION EXTERNE

Définition. — La perception externe est la *faculté que possède notre âme de connaître les objets extérieurs à la suite de leur action sur les organes des sens*.

Analyse de la perception externe. — La perception externe suppose trois faits : — 1° un fait *physiologique*, ou l'impression faite sur l'organe et transmise par le nerf au centre cérébral ; — 2° un fait *psychologique*, ou la sensation que l'âme éprouve par suite de l'impression organique ; — 3° un fait *intellectuel*, ou la connaissance de l'objet extérieur qui a causé l'impression sensible.

Différence entre la sensation et la perception. — 1° La sensation n'est que l'*émotion* agréable ou pénible, excitée par l'impression sensible ; la perception est la *connaissance* de l'objet qui a produit la sensation ; — 2° l'habitude *affaiblit* la sensation et rend, au contraire, la perception plus *nette* et plus *précise*.

Données particulières de chaque sens (V. p. 15). — Le toucher fait connaître la température relative des corps,

---

[1] Voyez la note de la page 38.

leur résistance, leur étendue tactile, c'est-à-dire le volume, et par suite leur forme. De là vient que les mesures primitives tirent leur nom des organes du toucher : le pied, le pouce, la coudée, etc., — La **vue** fait connaître les couleurs, l'étendue visible, c'est-à-dire la surface, la position des corps, leur état de repos ou de mouvement. — L'ouïe fait connaître les sons avec leurs nuances et leurs degrés d'intensité. — L'odorat fait connaître les odeurs. — Le **goût** fait connaître les saveurs.

Les autres connaissances sur le monde extérieur viennent des perceptions déjà *acquises*, et supposent par conséquent la coopération mutuelle des sens et des facultés intellectuelles. Ainsi je vois de loin un objet, *un arbre;* non seulement je connais sa couleur, mais souvent je puis apprécier sa distance, sa hauteur, juger de son essence, etc. Cependant la vue ne présente à l'esprit que la *lumière* et la *surface colorée;* les autres connaissances viennent des perceptions acquises précédemment par les cinq sens, associées entre elles par l'expérience et l'habitude, et conservées dans la mémoire.

Conditions de la certitude physique. — Pour que la perception extérieure soit certaine, trois conditions sont nécessaires : il faut : — 1° que les organes des sens agissent dans la *sphère* qui leur est propre et dans la *limite* de leur portée naturelle : une tour carrée paraît ronde à distance, parce qu'elle se trouve hors de la portée de l'œil ; — 2° que les organes des sens soient dans leur *état normal :* celui qui a la jaunisse voit tout en jaune; celui qui a la fièvre trouve mauvais goût à tous les aliments; — 3° que l'esprit observe attentivement la sensation produite par l'objet sensible. Préoccupé d'une pensée, je regarde autour de moi en plein jour, et je ne vois pas les objets qui m'environnent. Cependant l'image de ces objets se reproduit sur la rétine de mon œil; le phénomène de la sensation s'accomplit, mais le défaut d'attention empêche la perception.

Les prétendues erreurs des sens. — Les sens, dans les conditions dont nous venons de parler, reçoivent et transmettent toujours les impressions. L'erreur, lorsqu'elle se produit, naît de l'inattention de l'esprit et non de l'infidélité des sens. — Les *illusions* des sens sont fréquentes dans la nature; mais il n'y a pas, à proprement parler, d'*erreurs des sens*. Donc, la connaissance acquise par les sens est certaine.

QUESTIONNAIRE. — Comment définit-on la perception externe? — Combien de faits suppose la perception externe? — Quelle différence y a-t-il entre la sensation et la perception? — Quelles sont les données particulières de chaque sens? — Énumérez les conditions de la certitude physique? — Les sens peuvent-ils nous tromper?

II. — PERCEPTION INTERNE OU CONSCIENCE

Définition. — La perception interne est un acte particulier de l'intelligence; c'est la connaissance que l'âme prend d'*elle-même par la conscience*. — La conscience est donc *la faculté que possède notre âme de se connaître elle-même, de savoir ce qui se passe présentement en elle*.

Degrés de la conscience. — La conscience ne s'exerce pas toujours avec la même perfection; elle peut être *spontanée* ou *réfléchie*.

La **conscience spontanée** est un sentiment vague et confus de soi-même et de ce qui se passe en soi; elle s'appelle alors proprement *sens intime* ou conscience sensible : telle est la conscience de l'enfant et de l'homme distrait ou préoccupé. Les faits d'habitude, la réminiscence, le rêve, la rêverie, l'action continue de l'âme sur le corps qu'elle anime, sont des faits obscurs ou, plus exactement, irréfléchis. — Quant aux faits psychologiques qu'on appelle *inconscients*, il est impossible d'en affirmer la réalité, la conscience, seul témoin de ces faits, faisant complètement défaut.

La **conscience réfléchie** est un retour de l'âme sur elle-même par un effort quelconque de la volonté, pour se regarder avec attention et prendre une connaissance nette et précise des phénomènes internes qui se passent en elle. C'est alors seulement qu'elle mérite le nom de *conscience psychologique*.

Notions dues à la conscience. — La conscience psychologique nous fait connaître clairement l'existence de notre âme, son unité, son identité, ses affections et ses opérations immatérielles : sans elle, nous n'aurions absolument aucune idée du *moi*[1]; elle nous donne les idées d'unité, d'identité, de substance, de durée, de cause et de fin ; elle accompagne toutes nos facultés pour en certifier les actes : nos facultés et leurs actes n'existent pour nous que par la conscience ; elle s'étend indirectement, par l'intermédiaire obligé des sens, à notre corps et au monde extérieur.

Remarque. — Il ne faut pas confondre la conscience psychologique dont nous parlons ici avec la conscience morale qui apprécie la valeur de nos actes et dont on parlera dans la *Morale*.

Certitude de son témoignage. — Rien n'est plus certain que le témoignage de la conscience : entre les faits observés et la conscience qui les observe, il n'y a nul intermédiaire ; il y a identité entre le sujet et l'objet ; le sujet connaissant et l'objet connu ne font qu'un. Aussi la certitude de la conscience est-elle absolue. On ne saurait, sans tomber dans une absurdité manifeste, *contester* à un homme qu'il souffre, quand il sent qu'il souffre ; qu'il est occupé de telle pensée, qu'il prend telle détermination, quand il a conscience de toutes ces choses : ce qui faisait dire à Descartes que si, par impossible, l'esprit venait à révoquer en doute les autres vérités, celles de la *pensée* et de l'*existence*, attestées par la conscience, resteraient toujours incontestables : *Je pense, donc je suis (cogito, ergo sum).*

QUESTIONNAIRE. — Qu'est-ce que la perception interne ? — Comment définit-on la conscience ? — La conscience a-t-elle des degrés ? — Quelles sont les données de la conscience psychologique ? — Le témoignage de la conscience est-il certain ?

III. — RAISON

Définition. — La raison est la *faculté de connaître le suprasensible*, c'est-à-dire ce qui, de sa nature, est intellectuel

---

[1] Les animaux, on a lieu de le croire, n'ont pas l'idée d'eux-mêmes, parce qu'ils ne réfléchissent pas ; ils sont, pour ainsi dire, toujours hors d'eux-mêmes ; ils sentent, ils éprouvent des impressions, mais en quelque sorte éparses ; ils n'y réfléchissent point et n'en conservent pas l'idée nette. Ils ont conscience d'une douleur, par exemple ; mais, dès que le mal est fini, tout est oublié. L'homme seul semble avoir le privilège d'arrêter les impressions reçues, de les considérer attentivement, de les lier entre elles et de se les attribuer ; seul il se connaît comme une qualité vivante ; seul il dit : *je, moi*. (H. MARION.)

(comme Dieu et l'âme humaine) et ce qui, dans les objets physiques, ne peut être atteint par les sens (comme l'être, la substance, la bonté, la beauté). — On peut dire que la raison est la partie supérieure de l'intelligence.

Objet de la raison. — La raison pénètre au delà du sensible ; elle s'élève du *visible* à l'*invisible*, de l'*effet* à la *cause*, du *particulier* au *général*, du *fini* à l'*infini*, du *relatif* à l'*absolu*, du *contingent* au *nécessaire*[1] ; elle *éclaire* l'intelligence et la volonté, et *redresse* au besoin les données des sens ; par exemple, en dépit des apparences, la raison nous démontre que les étoiles ne sont pas de simples points lumineux ; que le soleil n'est pas un disque de 0^{m}20 de diamètre ; que le bâton plongé dans l'eau n'est pas rompu.

> Quand l'eau courbe un bâton, ma raison le redresse :
> La raison décide en maîtresse ;
> Mes yeux, moyennant ce secours,
> Ne me trompent jamais en me mentant toujours.
> (La Fontaine, *liv.* vii, *fable* 18.)

Son importance. — La raison est le plus beau privilège que l'homme ait reçu de son Créateur ; c'est elle qui le distingue de l'animal et le rend supérieur à l'animal ; par elle, l'homme s'élève jusqu'à l'idée du vrai, du bien, du juste, de l'honnête, du beau, du grand, de l'ordre, du parfait, de Dieu, cause première de tout ce qui existe.

« C'est par cette grande faculté que l'homme est capable de chercher, de découvrir, de posséder la vérité avec certitude, capable de pénétration et de discernement, de bon sens et de bon goût, capable de conseil et de prévoyance, capable, en un mot, d'apprendre, de savoir, et enfin de gouverner sa vie. »
(Dupanloup *.)

Ses limites. — La raison, bornée comme toutes nos autres facultés, ne peut comprendre l'infini, ni même connaître à fond tous les êtres créés : elle rencontre des mystères non seulement dans l'ordre surnaturel, mais encore dans l'homme et dans le monde physique. La raison, dans tout ce qui dépasse la portée de l'esprit humain, a besoin des lumières de la révélation,

---

[1] Le *contingent*, c'est ce qui pourrait ne pas être ou être autrement : tout ce qui est créé est contingent. — Le *nécessaire*, c'est ce qui ne peut pas ne pas être, ce dont on ne peut concevoir la non-existence.

comme l'œil du secours du télescope pour voir au delà de sa portée naturelle.

Certitude de son témoignage. — Le témoignage de la raison, comme celui de la conscience, engendre une certitude parfaite ; il s'affirme avec une force irrésistible, et personne ne peut fermer les yeux à sa lumière. « Il y a, dit Fénelon*, un soleil des esprits qui les éclaire tous, beaucoup mieux que le soleil visible n'éclaire les corps... Ce soleil ne se couche jamais, et ne souffre aucun nuage que ceux qui sont formés par nos passions... Il éclaire les sauvages mêmes dans les antres les plus profonds et les plus obscurs ; il n'y a que les yeux malades qui se ferment à sa lumière... Cette lumière universelle découvre et représente à nos esprits tous les objets, et nous ne pouvons rien juger que par elle, comme nous ne pouvons discerner aucun corps qu'aux rayons du soleil. »

Dénominations diverses de la raison. — La raison reçoit des noms différents, selon l'*objet* auquel elle s'applique et selon la *manière* dont elle procède.

Quand elle s'applique à la connaissance de la vérité pure et en matière scientifique, on l'appelle *raison spéculative*. Quand elle s'exerce dans le domaine des vérités morales, on l'appelle *raison pratique* ou *conscience morale*. Appliquée à l'étude de l'art et du beau, elle prend le nom de *goût* ou de *raison esthétique*. Quand elle nous révèle les vérités que tout le monde admet, les vérités premières, on l'appelle le *sens commun*.

Selon la manière dont elle procède, on distingue : la **raison intuitive**, qui perçoit immédiatement les idées et les principes nécessaires, et la **raison discursive**, qui juge les faits recueillis par l'expérience, les compare entre eux pour en déduire des vérités dérivées. — Il y a, entre la raison intuitive et la raison discursive, la même différence qu'entre la raison et le raisonnement.

Parlons d'abord de l'objet immédiat de la raison : les *notions premières* et les *vérités premières*. — Nous étudierons son travail discursif en traitant des *facultés d'élaboration*.

QUESTIONNAIRE. — Qu'est-ce que la raison ? — Quel est l'objet de la raison ? — Quel est le plus beau privilège de l'homme ? — Faites ressortir l'importance de la raison. — La raison a-t-elle des limites ? — Quels noms différents reçoit la raison ?

I. — NOTIONS PREMIÈRES

Définition. — On appelle notions premières certaines *idées que la raison conçoit par elle-même, aussitôt qu'elle s'applique à son objet propre.*

Principales notions premières. — Les principales notions premières sont les idées d'*être*, de *cause*, de *substance*, de *fin*, de *vrai*, de *beau*, de *bien*, d'*infini*, de *temps*, d'*espace*.

Idée d'être. — L'*être* seul peut devenir l'objet de la connaissance; l'esprit ne saurait percevoir le néant *absolu*, c'est-à-dire ce qui n'existe pas et ne peut pas exister.

Idée de cause. — Tout phénomène, toute chose faite suppose un *agent*, une *cause efficiente*.

Idée de substance. — Dans un être quelconque, spirituel ou corporel, il faut toujours distinguer l'*être* lui-même de ses *manières d'être*, le *sujet* de ses *attributs* ou propriétés. La substance est donc ce qui subsiste sous les phénomènes ou manières d'être, c'est l'être considéré en lui-même, indépendamment de toute modification. Cet être est perçu par la raison seule.

Idée de fin. — Toute action réfléchie suppose un *motif* qui a déterminé la volonté, une *fin* que l'agent s'est proposé d'atteindre.

Idée de vrai, de beau, de bien. — Ces idées, qui dominent la science, les beaux-arts et la morale, ne sont que des aspects particuliers de l'idée de l'*être absolu*; elles ont en Dieu leur unité et leur réalité parfaites.

Idée d'infini. — Cette idée désigne *Dieu*, auquel rien ne manque. Dieu est l'être sans limitation, la substance existant par sa vertu propre, la cause première, la fin dernière et le bien suprême de toutes les créatures, la vérité absolue, l'idéal de la beauté et de la perfection en tous genres.

Idées de temps et d'espace. — On distingue le temps et l'espace *réels*[1], et le temps et l'espace *idéals* : il ne s'agit ici que de ces derniers. Le temps *idéal* est indéfini et correspond

---

[1] Le temps *réel* (ou le contenant des faits qui se succèdent) est perçu par la conscience; l'espace *réel* (ou le contenant des corps existants) est perçu par les sens.

à la durée successive des êtres contingents possibles; l'espace *idéal* est l'étendue indéfinie que nous imaginons comme le lieu de tous les mondes qu'il pourrait plaire à Dieu de créer.

Ainsi, par la raison, nous comprenons que tout effet, tout acte, a une *cause* capable de le produire; que la qualité, le mode peut changer, mais non la *substance;* que les événements ont lieu, qu'ils se succèdent dans une durée limitée, mais que le temps est *illimité*[1]; que l'espace qui renferme tous les corps s'étend au delà de ces corps, qu'il est *immense;* que les êtres finis peuvent cesser d'exister, mais non l'être *infini;* que le vrai, le bien, le beau relatifs ne sont que des rayonnements du vrai, du bien et du beau *infinis, absolus, parfaits.*

Caractères des notions premières. — Les notions premières sont : — 1° **primitives** : elles ne dérivent d'aucune autre, et toutes les autres les supposent; l'esprit les acquiert par intuition à l'occasion d'un fait particulier [2]; — 2° **nécessaires** : elles ne peuvent pas ne pas être vraies : par exemple, un fait étant donné, on ne peut pas concevoir qu'il n'ait pas de cause[3]; — 3° **universelles** : elles sont communes à tous les hommes et président à tous les jugements; — 4° **absolues** : elles ne dépendent ni des personnes, ni du temps, ni du lieu : que les événements cessent de se produire, la durée successive est anéantie, mais la durée illimitée subsiste quand même; que les corps soient

---

[1] Il faut se garder de confondre l'éternité avec le temps. L'éternité est simultanée, le temps est successif. L'éternité mesure l'être immuable; le temps mesure le mouvement. Le temps et l'éternité ne s'appliquent pas aux mêmes êtres.

[2] Aucune idée première proprement dite ne se présente à nous d'abord isolée, mais, au contraire, unie à d'autres idées sensibles. Les idées premières ne se tirent pas des données des sens, mais sont produites avec leur concours et à leur occasion. Ex. : Un fait vient de se produire. Aussitôt l'esprit se demande quel peut bien en être l'auteur (idée de *cause*); quel motif l'a poussé à agir (*but* ou *fin*); dans quelle circonstance ce fait s'est produit (*temps* et *lieu*); quel est le degré de responsabilité de l'agent (*moralité*); quelles seront les conséquences de ce fait : car nous affirmons implicitement l'existence de la cause, de la fin, etc., même avant de les connaître.

[3] Au point de vue objectif, les idées sont *contingentes* ou *nécessaires* (voir la note 1, page 26). Les idées *contingentes* sont celles dont l'objet n'existe pas nécessairement. Les idées de *lieu,* d'*étendue,* de *forme,* de *solidité,* d'*odeur,* de *son,* de *plaisir,* de *douleur,* etc., et les idées psychologiques du *moi humain,* de mon *existence,* de mon *identité,* de ma *liberté,* de ma *sensibilité,* de mon *intelligence,* de ma *volonté,* etc., sont contingentes, car le monde et l'homme pourraient ne pas exister. — Les idées *nécessaires* sont celles dont l'objet ne peut pas ne pas exister. Les idées métaphysiques ou perceptions rationnelles de *cause,* de *substance,* etc., sont nécessaires.

détruits, l'étendue est détruite, mais non l'espace qui les renferme; que les êtres finis cessent d'exister, l'être infini existe toujours; — 5° claires par elles-mêmes : on ne les démontre pas; elles servent, au contraire, à démontrer toutes les autres.

Différence entre l'idée et l'image. — Il importe de ne pas confondre l'*idée* que nous nous formons d'un objet avec l'*image* ou la *forme sensible* sous laquelle nous nous représentons cet objet : *Imaginer* le triangle, par exemple, c'est s'en représenter un avec la longueur de ses côtés et l'ouverture de ses angles; avoir l'*idée* d'un triangle, c'est en connaître la nature et savoir en général que c'est une figure de trois côtés, sans déterminer aucune grandeur ni proportion particulière. — De même, imaginer l'homme c'est s'en représenter un qui soit de grande ou de petite taille, blanc ou noir, sain ou malade; en avoir l'idée, c'est concevoir seulement que c'est un être raisonnable, sans s'arrêter à aucune de ses qualités particulières.

L'*idée* est universelle, l'*image* singulière; l'*idée* est une (l'idée cercle est la même pour tous les cercles), les *images* des divers objets de même espèce peuvent être fort différentes; l'*idée* s'étend aux choses matérielles et spirituelles, l'*image* ne se rapporte qu'aux choses matérielles; l'*idée* répond à l'essence de l'objet, à l'ensemble des propriétés qui le constituent; l'*image* répond à sa forme extérieure.

QUESTIONNAIRE. — Qu'appelle-t-on notions premières? — Quelles sont les principales notions premières? — Quels sont les caractères des notions premières? — Quelle différence y a-t-il entre l'idée et l'image?

II. — VÉRITÉS PREMIÈRES

Définition. — Les vérités premières sont des *jugements primitifs*[1] *évidents par eux-mêmes et qui servent de base à tous les raisonnements.* Ces jugements sont exprimés par des *propositions*, dans lesquelles les notions premières entrent comme *sujet* et comme *attribut*. Ainsi, l'idée de cause est une notion première, et ce jugement : *tout phénomène a une cause*, est une vérité première.

---

[1] « Les notions et les vérités premières sont comme des germes que nous portons dans notre esprit et que certains traits de lumière y font éclore. »
(JOUBERT.)

Principes d'identité et de raison suffisante. — Les vérités premières portent le nom de *principes de raison* ou de *principes directeurs de la connaissance*. On peut les ramener à deux principes : au *principe d'identité* et à *celui de raison suffisante*.

Le principe d'identité affirme d'un être ce qui est renfermé dans son idée. On le formule de diverses manières : ce qui est, est (*principe d'identité*); une même chose ne peut pas à la fois être et n'être pas, en même temps et dans les mêmes circonstances (*principe de contradiction*); une chose est ou n'est pas, il n'y a pas de milieu (*principe du tiers* ou du *milieu exclu*).

Le principe de raison suffisante s'énonce ainsi : toute chose a sa raison d'être. (La raison d'être d'une chose, c'est tout ce qui l'explique et la rend intelligible, c'est-à-dire sa *substance*, sa *cause*, sa *fin*, sa *loi*.) — De là les subdivisions du principe de raison suffisante : tout phénomène, toute qualité suppose un être ou une substance (*principe de substance*); tout ce qui commence a une cause ou : il n'y a pas d'effets sans causes (*principe de causalité*); tout être, tout ce qui se fait a un but ou une fin (*principe de finalité*); rien n'est capricieux dans la nature, tout a des lois (*principe d'ordre*); tout être libre et intelligent doit faire le bien et éviter le mal (*principe de l'obligation morale*[1]).

Caractères des vérités premières. — Les vérités premières sont : *nécessaires, universelles, impersonnelles*.

Nécessaires. — Les vérités premières expriment des *rapports nécessaires*, c'est-à-dire qui ne peuvent pas ne pas être, ni être énoncées différemment : jamais, par exemple, il n'y aura d'*effet* sans *cause*.

Universelles. — Les vérités premières sont *vraies partout et toujours*; l'ignorance ni les préjugés ne peuvent les détruire. Ceux-là même qui les nient sont obligés de les suivre à leur insu, et de contredire dans la pratique leurs maximes spéculatives. — Entre l'intelligence d'un pâtre et celle d'un savant, il n'y a pas de différence touchant certaines vérités.

---

[1] On appelle improprement ces principes *vérités premières*, car ils ne sont pas *évidents* par eux-mêmes; on peut les démontrer en remontant jusqu'aux véritables *principes* qu'on a définis et énumérés plus haut. (V. p. 28.)

Impersonnelles. — Les vérités premières sont *indépendantes de l'intelligence qui les conçoit.* « Elles n'en existeraient pas moins, quoique nul esprit ne les connût, comme les rayons du soleil n'en seraient pas moins véritables, quand même tous les hommes seraient aveugles, et que personne n'aurait des yeux pour en être éclairé. » (Fénelon*.)

Importance des notions et des vérités premières. — Les notions et les vérités premières entrent comme éléments essentiels dans toutes les opérations de l'intelligence humaine[1]; elles servent de règle suprême à tous les esprits, de point de départ à toutes les sciences; et c'est à leur infaillible lumière que nous recourons toujours pour éclairer les autres, les convertir à nos idées et décider toutes les controverses. Elles forment le lien naturel, indissoluble, qui rattache l'homme à son auteur, et qui réunit tous les hommes de tous les pays et de tous les siècles autour d'un centre commun : la vérité divine, source de toutes les vérités, principe de tous les principes.

Ceux qui ne peuvent se servir des notions premières sont condamnés à l'idiotisme; et ceux qui contestent les principes premiers font preuve ou d'ignorance ou d'une très grande mauvaise foi. Avec eux on ne discute pas : comment s'entendre avec quelqu'un qui se croirait en droit de se contredire lui-même à tout instant ou qui penserait que les faits peuvent se produire sans aucune raison?

Les vérités premières « nous dirigent, dit Bossuet*, sans même que nous y fassions réflexion actuelle, à peu près comme nos nerfs et nos muscles nous servent à nous mouvoir sans que nous les connaissions. » (V. p. 45, les *théories* relatives à l'origine des idées.)

Questionnaire. — Comment peut-on définir les vérités premières? — Quels noms portent les vérités premières, et à combien de principes peut-on les ramener? — Qu'affirme le principe d'identité, et comment peut-on le formuler? — Comment énonce-t-on le principe de raison, et quelles sont ses subdivisions? — Quels sont les caractères des vérités premières? — Les notions et les vérités premières sont-elles bien importantes?

[1] L'animal, dépourvu de raison, ne conçoit des objets qui l'entourent que des *impressions* et des sentiments particuliers; l'âme intelligente, au contraire, en présence des mêmes objets, conçoit immédiatement des *idées générales* à l'aide desquelles elle peut définir et classer les faits particuliers.

IV. — MÉMOIRE

Définition. — La mémoire est la *faculté que possède notre âme de conserver et de rappeler les connaissances acquises.*

Objet de la mémoire. — La mémoire a pour objet les modifications passées de l'âme.

Nous ignorons par quel moyen l'âme conserve ses modifications passées. Quant au rappel, il se fait de deux manières : *spontanément*, sans effort, ou *volontairement*, c'est-à-dire par un effort volontaire. Le souvenir imparfait s'appelle *réminiscence*.

Deux sortes de mémoire. — On distingue deux sortes de mémoire : la mémoire des *choses sensibles* et celle des *choses intellectuelles;* la première, qui rappelle les images ou les sensations et qu'on appelle souvent *imaginative* ou *sensitive*, nous est commune avec l'animal; la seconde, qui rappelle les idées, se trouve uniquement chez l'homme.

Qualités d'une bonne mémoire. — Une bonne mémoire doit réunir trois qualités : la *facilité* à apprendre, la *ténacité* ou *fidélité* à retenir, et la *promptitude* à rappeler. Ces qualités vont rarement ensemble.

Analyse du souvenir. — Le souvenir suppose : — 1° une *connaissance antérieure* certaine, et la possession actuelle de cette même connaissance; — 2° l'idée d'un *temps écoulé* entre la perception passée et sa reproduction; — 3° l'idée de notre *identité personnelle*, c'est-à-dire de l'existence continue du *moi*.

Conditions du souvenir. — Les conditions du souvenir sont de deux sortes : *physiologique* et *psychologique*. — Certaines conditions physiques : l'âge, la santé et la maladie, l'état de veille et de sommeil, le régime, le vice, etc., exercent sur la mémoire une influence considérable. En effet, pour que les perceptions des sens et de la conscience se gravent dans l'esprit et y restent, il faut qu'elles soient *vives* et *nettes;* or elles ne le seront pas si l'esprit est languissant et endormi, ou si le système nerveux est affaibli. « C'est ce qui fait que la plupart des abus qui nuisent à la santé et diminuent la vitalité générale

sont mortels à l'intelligence, et tout d'abord à la mémoire. »
(H. Marion.) — Les conditions psychologiques se ramènent à
deux principales : l'*attention* et l'*association des idées*. L'attention fixe le souvenir, l'association des idées en facilite le rappel.

Importance de la mémoire. — Nécessaire pour toutes les opérations de l'esprit, la mémoire est la condition de toute instruction et de tout progrès : « C'est par la mémoire que nous avons la connaissance immédiate des objets passés. Les sens nous enseignent ce qui est actuellement ; mais leurs connaissances seraient perdues pour nous, si la mémoire ne les conservait, et nous resterions dans la même ignorance dans laquelle nous sommes nés. » (Th. Reid*.)

« Nous n'employons dans la plupart de nos raisonnements, et j'ajouterai dans la plupart de nos compositions artistiques et littéraires, que des réminiscences. C'est sur elles que nous bâtissons ; elles sont le fondement et la matière de tous nos discours. L'esprit que la mémoire cesse de nourrir s'éteint dans les efforts laborieux de ses recherches. » (Vauvenargues*.)

Moyens de la perfectionner. — La mémoire, qui ne le cède en importance à aucune autre faculté, exige des soins assidus. Si on la néglige, elle se rouille et devient stérile. Les moyens de la développer sont :

1° La **répétition** et l'**exercice journalier**. Il faut revenir souvent sur les connaissances acquises : « On ne sait bien quoi que ce soit, dit Joubert*, que longtemps après l'avoir appris, » c'est-à-dire après qu'on en a fait une habitude de l'esprit.

2° L'**ordre**, la **liaison**, le **classement** des faits et des idées. Il faut classer ses connaissances et les ramener à des principes généraux, de peur de se perdre dans les détails. On conseille pour cela d'étudier la plume à la main : « Se contenter de lire les choses, c'est écrire sur le sable ; les arranger soi-même et les digérer par écrit, selon son goût et sa méthode particulière, c'est graver sur l'airain. » (D'Aguesseau.)

Questionnaire. — Qu'est-ce que la mémoire ? — Quel est l'objet de la mémoire ? — Combien distingue-t-on de sortes de mémoire ? — Quelles sont les qualités d'une bonne mémoire ? — Que suppose le souvenir ? — Quelles sont les conditions du souvenir ? — Montrez le rôle exceptionnellement important que joue la mémoire ? — Comment peut-on développer la mémoire ?

V. — ASSOCIATION DES IDÉES

Définition. — L'association des idées est la *faculté*[1] qu'a notre esprit d'unir ses pensées de telle sorte que les unes rappellent les autres.

Lois de l'association des idées. — L'association des idées se fait en vertu de *rapports naturels* ou *arbitraires* qui existent entre elles.

Les **rapports naturels** sont ceux qui ont leur fondement dans la nature des choses. Ils sont eux-mêmes *essentiels* ou *accidentels*.

Les rapports *essentiels*, qu'on pourrait encore appeler *logiques* ou *rationnels*, s'imposent à notre esprit : tels sont les rapports de l'effet à la cause, de la conséquence au principe, du moyen à la fin, de l'espèce au genre, et réciproquement. Ainsi l'ordre de l'univers réveille l'idée d'une providence, l'œuvre rappelle l'ouvrier; la chute d'un corps remet en mémoire la loi de la pesanteur; la charrue fait penser au labourage, aux champs, aux semailles, aux moissons, etc.

Les rapports *accidentels* peuvent disparaître avec les qualités ou les états dont ils dépendent : ce sont les rapports de ressemblance, d'opposition ou de contraste, de temps, de lieu. Ainsi la mort tragique de Louis XVI rappelle celle de Charles Ier, un portrait rappelle la personne qu'il représente; la prudence de Charles V fait penser à la témérité de Jean le Bon; la morale impure du paganisme fait penser à l'enseignement pur et élevé du christianisme; la ⁀te de 1720 rappelle la peste de Marseille et le dévouement de Belzunce; la Loire fait songer aux noyades de Carrier; le Louvre, au palais des Tuileries, brûlé par la Commune en 1871, etc.

2° Les **rapports arbitraires** sont purement conventionnels; citons, comme exemples, les rapports établis entre l'olivier et la paix, le drapeau et la patrie, les mots et les idées qu'ils expriment.

---

[1] L'association des idées n'est pas, à proprement parler, une faculté, mais une opération de la mémoire, en vertu de laquelle chacune de nos pensées en réveille une ou plusieurs autres.

Son importance et ses dangers. — L'association des idées joue un rôle important dans la vie intellectuelle et morale. Elle rend plus faciles l'exercice de la mémoire et les combinaisons de l'imagination ; mais elle peut être la source d'une foule d'erreurs, de préjugés, de sympathies, d'antipathies, de crimes même et de désordres sociaux.

C'est une erreur, par exemple, d'associer l'idée de danger à celle de ténèbres, l'idée de souffrance à celle de travail, l'idée d'honneur à celle de vengeance, l'idée de courage à celle de suicide, l'idée d'esprit fort à celle d'incrédulité, l'idée de liberté au mépris des lois et de toute autorité, l'idée de bonheur à celle d'oisiveté, de richesse, de complète indépendance, etc.

L'homme éprouve souvent jusqu'à son extrême vieillesse les conséquences des associations d'idées qu'il a formées dans son enfance : *vraies* et *légitimes*, elles ont fait prendre à son esprit et à son cœur la plus heureuse et la plus saine direction ; *inexactes* et *coupables*, elles ont tout gâté, tout dépravé, tout flétri ; elles ont empoisonné sa vie. Il faut donc corriger de bonne heure, ou plutôt prévenir les mauvaises associations d'idées.

QUESTIONNAIRE. — Qu'est-ce que l'association des idées ? — En vertu de quelles lois se fait l'association des idées ? — Quel rôle joue l'association des idées dans la vie intellectuelle et morale ?

VI. — IMAGINATION

Définition. — L'imagination est la *faculté de se représenter et de combiner les images des choses qui antérieurement ont affecté les sens.*

Diverses sortes d'imagination. — L'imagination est *reproductrice*, ou *créatrice et active*.

L'imagination est **reproductrice** quand elle représente simplement les objets tels qu'ils se sont montrés. Cette imagination ne reproduit pas uniquement les qualités visibles des corps ; elle peut rappeler toutes leurs qualités sensibles : les sons, les odeurs, les saveurs, la température, la résistance, le poids.

« Sans l'aide de la vue, les aveugles-nés se représentent les choses aussi bien que nous, puisqu'ils savent se diriger et qu'ils peuvent lire des reliefs. Ils ont une géométrie tangible, comme nous une géométrie visible. Leur imagination se représente donc des figures tangibles, comme nous des figures visibles. » (P. Janet.) — Cette faculté nous est commune avec les animaux.

L'imagination est **créatrice** ou **active** quand elle conçoit le *beau* et le représente sous une forme sensible; en d'autres termes, quand elle invente un type idéal qui n'existe nulle part dans la réalité. C'est l'imagination des artistes et le principe des beaux-arts. A son degré inférieur, elle est commune à tous les hommes; mais ses créations ne sont généralement qu'une combinaison originale d'images fournies par nos connaissances particulières. C'est donc à la mémoire et à l'imagination reproductrice qu'elle emprunte ses matériaux, avec le concours de l'abstraction, de la comparaison et de l'association des idées.

Tandis que *l'être sentant* obéit à des lois d'association ou d'agrégation passive, qu'il ne fait pas et ne peut connaître, *l'être intelligent* se prescrit à lui-même des lois d'association dont il se rend compte; il choisit librement les éléments qu'il veut réunir, et tire de son esprit les modèles de ses propres combinaisons.

Avantages et dangers de l'imagination. — Les facultés de l'esprit, bien dirigées, concourent toutes à la perfection de notre nature. L'imagination, *bien gouvernée*, rend ingénieux pour le bien, améliore la vie matérielle par les inventions et les découvertes, embellit l'existence par les nobles plaisirs des arts, trompe notre douleur en faisant revivre les personnes et les choses que nous aimons et que nous avons perdues; *mal gouvernée*, « cette folle du logis, » comme l'appelle Malebranche,* brise l'économie essentielle des puissances de l'âme, fausse le jugement, vicie le cœur, aggrave nos peines en exagérant les choses, se repaît de chimères, peuple l'esprit de vains fantômes, engendre les folles joies, les vaines terreurs, les appréhensions ridicules, substitue le bizarre à la beauté ordonnée. Trop souvent même elle aboutit à l'aliénation mentale.

Il importe donc que, de bonne heure, la raison soumette l'imagination à son empire et fasse justice de ses illusions.

Questionnaire. — Qu'est-ce que l'imagination? — Que savez-vous des diverses sortes d'imagination? — Quels sont les avantages et les dangers de l'imagination?

VII. — ATTENTION

Définition. — L'attention est *l'acte par lequel notre esprit concentre ses forces sur un objet pour le mieux comprendre*[1].

Caractères de l'attention. — L'attention suppose le concours de la volonté. Pour être attentif, en effet, il ne suffit pas de voir, d'entendre, de penser, de toucher; il faut *regarder, écouter, réfléchir, palper;* ce qui suppose un acte de volonté.

L'attrait, la nouveauté, l'importance vraie ou supposée des choses excitent souvent et captivent l'attention sans effort apparent de la volonté. Cette attention spontanée mériterait plutôt les noms de *distraction, préoccupation, rêverie*, etc.

L'attention spontanée peut s'évanouir aussitôt, comme chez les enfants et les esprits légers et superficiels, ou bien être l'occasion d'une attention volontaire.

Ses effets. — L'attention agit sur la *sensibilité* et sur l'*intelligence*.

L'attention exerce une grande influence sur la *sensibilité*: tantôt elle l'active, tantôt elle l'affaiblit; elle peut même suspendre momentanément les impressions de la faim, du froid, de la souffrance: Thomas Reid* raconte qu'un vieux soldat goutteux perdait le sentiment de la douleur au jeu d'échecs. Elle offre un remède puissant contre les passions: « Le meilleur moyen de combattre n'est pas ordinairement de résister de front, mais de détourner l'esprit de l'objet qui le trouble en appliquant nos facultés à quelque autre chose. » (P. REGNAULT.)

L'attention *accroît les forces de l'intelligence*, et nous met dans les conditions les plus favorables pour comprendre et retenir. « C'est elle, dit Bossuet*, qui rend les hommes graves, sérieux, prudents, capables de grandes affaires et de hautes spéculations. » A ceux qui lui demandaient comment il avait découvert les lois de la gravitation, Newton répondait: « En y pensant toujours. »

---

[1] **Remarque.** — L'attention n'a pas d'objet propre: tout exercice actif de nos facultés la suppose; elle est la condition fondamentale de toute connaissance. Il n'y aurait donc pas lieu de la ranger, comme nous le faisons à l'exemple de la plupart des auteurs modernes, parmi les facultés intellectuelles.

Ses qualités. — Pour produire tous ses effets, l'attention doit être : 1° **Une**, c'est-à-dire se porter sur un seul objet à la fois. — L'analyse est la loi de l'attention, sans laquelle il n'y a pas de connaissance claire et précise. — 2° **Énergique** : on ne devient pas du premier coup maître de son attention; il y faut une longue habitude. — L'énergie persévérante s'appelle *application*. — 3° **Contenue** : un effort excessif produit la *contention*, « qui, dit Montaigne, met l'âme au rouet. » On évitera la contention en délassant son esprit d'une étude par une autre.

QUESTIONNAIRE. — Comment définit-on l'attention ? — Quels sont les caractères de l'attention ? — Quels sont les effets de l'attention ? — Énumérez les qualités de l'attention.

VIII. — ABSTRACTION

Définition. — L'abstraction est *l'acte par lequel notre esprit considère à part ce qui, en réalité, ne peut exister séparément.* Ainsi, quand on concentre l'attention, non plus sur un objet, mais sur sa substance à l'exclusion de ses qualités, ou sur une de ses qualités à l'exclusion des autres, on fait une abstraction.

Nécessité de l'abstraction. — L'esprit humain, à cause de son imperfection, ne peut saisir à la fois l'ensemble et les détails des objets soumis à son étude; il ne parvient à les bien connaître qu'en considérant successivement chacune de leurs propriétés; il *abstrait* continuellement.

Nous ne pouvons penser sans abstraire; nous ne pouvons pas davantage parler sans pratiquer cette opération. Parler, c'est énoncer une suite de propositions. Or, dans toute proposition, l'attribut est un terme abstrait. Il désigne une qualité abstraite. Ex. : *Dieu est bon*. L'idée de bonté nous est venue d'abord des objets physiques, du pain, du vin, du sucre, etc.; ensuite des actions des hommes, qui sont appelées *bonnes* ou *mauvaises*, d'après l'intention qui les précède et l'effet qui les suit. Nous disons d'un roi qu'il est *bon*, quand il fait le bonheur de son peuple. Nous disons que Dieu est *bon*, parce qu'il est l'auteur de tout bien.

Quant aux sujets des propositions, ils sont également abstraits, à moins qu'on ne parle d'un être réel et individuel, comme dans ces expressions: *Bossuet est éloquent; Henri IV est le modèle des princes.*

Les sciences ne portent en réalité que sur des abstractions : la géométrie abstrait l'*étendue;* la mécanique abstrait le *mouvement;* l'optique abstrait la *lumière;* l'acoustique abstrait le *son;* la morale abstrait la *volonté,* etc.

Ses avantages et ses dangers. — L'abstraction rend nos connaissances plus *claires* et plus *précises :* l'idée abstraite, étant simple, est beaucoup plus claire que l'idée concrète, qui est toujours complexe.

« Harpagon [1] s'est décidé à donner un repas. Il appelle maître Jacques... « Est-ce à votre cocher, Monsieur, ou à votre cuisinier que vous voulez parler? — Au cuisinier. — Attendez donc, s'il vous plaît. » Il ôte sa casaque de cocher et paraît vêtu en cuisinier. Harpagon veut ensuite qu'il nettoie son carrosse. Maître Jacques, changeant d'habit comme d'office, paraît aussitôt en cocher. Vous voyez qu'il entend les abstractions...

« Il n'y a personne, même dans les derniers rangs du peuple, qui ne prouve par ses discours que de pareilles abstractions lui sont familières. L'homme le moins instruit, ayant à faire une révélation à un juge, lui dira naturellement : C'est au juge que je parle et non à Monsieur; ou bien : C'est à Monsieur, et non au juge. » (LAROMIGUIÈRE[*].)

La belle abstraction de Louis XII mérite d'être citée : « Le roi de France ne venge pas les injures faites au duc d'Orléans. »

Mais l'abstraction a aussi ses dangers : elle nous expose à croire que chacune de nos idées correspond à une réalité, que les qualités séparées de leur substance ont une existence propre; en un mot, elle nous expose à *réaliser des abstractions,* ce qui serait une erreur.

QUESTIONNAIRE. — Définissez l'abstraction. — L'abstraction est-elle nécessaire? — Quels sont les avantages et les dangers de l'abstraction?

---

[1] Voy. l'*Avare* de Molière.

IX. — COMPARAISON

Définition. — La comparaison est *l'acte par lequel l'esprit met en présence deux ou plusieurs objets, pour en saisir les rapports.* — Dans cette opération, l'attention se fixe alternativement sur les objets considérés au même point de vue, et les réunit, pour ainsi dire, dans l'esprit. Le résultat est un jugement (V. p. 43.)

Conditions de la comparaison. — 1° On ne peut comparer que des objets qui offrent des *ressemblances* et des *différences :* deux objets absolument identiques, ou qui n'auraient rien de commun, ne pourraient évidemment pas être comparés. — 2° La comparaison *suppose l'abstraction ;* car, pour comparer deux objets, il faut pouvoir considérer à part ce par quoi ils se ressemblent et ce par quoi ils diffèrent.

Son importance. — La comparaison intervient dans la plupart des faits intellectuels. — 1° Elle nous fait mieux connaître les objets en nous montrant leur contraste ou leur identité : identifier et distinguer est le premier besoin de l'intelligence ; quand elle définit, elle ne fait pas autre chose qu'identifier et distinguer. — Dans le style, la comparaison donne naissance à la métaphore, à l'allégorie, à l'antithèse. — 2° Elle est la source de toutes nos idées de grandeur, de petitesse, d'égalité, d'infériorité, de changement, de progrès, etc. — 3° Elle nous permet de généraliser, de juger, de raisonner.

QUESTIONNAIRE. — Comment définit-on la comparaison ? — Quelles sont les conditions de la comparaison ? — Quelle est l'importance de la comparaison ?

X. — GÉNÉRALISATION

Définition. — La généralisation est *l'acte par lequel l'esprit forme une propriété unique et commune de plusieurs proriétés semblables qui se trouvent dans des objets différents.* Ainsi, après avoir remarqué la couleur blanche dans la neige, le lait, le papier, etc., on généralise et on forme l'idée générale de *blancheur.*

Formation de l'idée générale — L'idée générale vient de l'activité de l'esprit qui la forme à la suite des perceptions expérimentales, à l'aide de la comparaison et de l'abstraction.

Il ne faut confondre l'idée générale ni avec l'idée simplement *abstraite*, ni avec l'idée *universelle*.

L'idée simplement abstraite est *individuelle* (le talent de Pierre, la sagesse de Paul, la force de cet animal), mais susceptible de devenir *générale* (le talent, la sagesse, la force). L'idée universelle *convient à tous les êtres*; elle est nécessaire, absolue et perçue par la raison. L'idée générale, au contraire, ne convient qu'à un *genre*, qu'à une *espèce ;* elle est *contingente* et *relative*.

Diverses espèces d'idées générales. — On distingue trois espèces d'idées générales, les idées générales de *mode ou d'attribut*, et, d'après leur degré d'extension, les idées générales d'*espèce* et de *genre* [1].

Les premières n'expriment qu'une *qualité unique*, comme la couleur, le poids, l'étendue, la bonté, le plaisir, la douleur, la santé, le patriotisme, etc. Les secondes expriment *l'ensemble des caractères communs à un groupe d'êtres* (ex. : le chêne, les métaux précieux, le cheval, etc.). Les troisièmes expriment *l'ensemble des caractères communs à plusieurs espèces d'êtres* (ex. : le végétal, le minéral, l'animal, etc.).

Utilité de la généralisation. — La généralisation est indispensable à l'étude des sciences; car, sans cette opération, nous n'aurions point d'idées générales; elle groupe, abrège et vient en aide à la faiblesse de notre intelligence et à l'incapacité de notre mémoire. Elle n'est pas moins nécessaire à la science du raisonnement : comment raisonner, porter un jugement, s'élever des phénomènes à leurs lois, sans le secours des idées générales? Le langage lui-même n'est pas possible sans la généralisation : les mots *communs*, c'est-à-dire ceux qui expriment des idées générales, forment la plus grande partie du vocabulaire d'une langue.

---

[1] Les idées générales ont une double propriété : la *compréhension* et l'*extension*. — La compréhension d'une idée générale est le *nombre de qualités essentielles qu'elle représente*. Son extension est le *nombre d'individus ou de faits auxquels elle s'applique*. — Le genre renferme plus d'individus et moins de qualités (l'idée est plus *extensive*); l'espèce, plus de qualités et moins d'individus (l'idée est plus *compréhensive*).

La généralisation est un des caractères essentiels de notre raison, suffisant à lui seul pour distinguer l'âme de l'homme de l'âme de l'animal. Les connaissances de l'animal ne dépassent pas le champ restreint de ses expériences sensibles : incapable d'abstraire et de généraliser, ses connaissances sont toutes particulières et empiriques ; le domaine de l'intelligence humaine, au contraire, est illimité.

« Il faut seulement craindre de généraliser trop promptement, de regarder comme constant ce qui n'est qu'accidentel, de réunir en un seul groupe des êtres dont la ressemblance est plus apparente que réelle, ou d'attribuer à toute une espèce des caractères qui n'appartiennent qu'à un certain nombre d'individus de cette espèce. » (P. REGNAUL.)

QUESTIONNAIRE. — Qu'est-ce que la généralisation ? — Comment se forme l'idée générale ? — Combien distingue-t-on d'espèces d'idées générales ? — Quelle est l'utilité de la généralisation ?

XI. — JUGEMENT

Définition. — Le jugement est *l'acte par lequel l'esprit affirme un rapport de convenance ou d'opposition entre deux idées* ; il s'exprime par une proposition. (V. *Logique*, p. 90.) Ainsi, après avoir acquis les idées d'*homme* et de *mortel*, l'intelligence perçoit leur rapport et affirme que la seconde convient à la première : *L'homme est mortel.*

Caractère du jugement. — Le vrai caractère du jugement c'est l'*affirmation*, alors même que sa forme serait négative, car il affirme toujours qu'une chose est ou n'est pas. Ex. : Ce nombre est pair ou impair ; l'azote n'est pas combustible, ou, ce qui revient au même, l'azote est incombustible ; le soleil ne tourne pas autour de la terre, ou : le soleil est non tournant autour de la terre.

Principales sortes de jugements. — Les jugements les plus importants à considérer sont : les jugements *spontanés*, les jugements *réfléchis*, les jugements *analytiques*, les jugements *synthétiques*, les jugements *nécessaires* et les jugements *contingents*.

Les jugements spontanés ou primitifs expriment des vérités d'une évidence immédiate. Ainsi notre esprit voit d'intuition que le blanc n'est pas le noir, qu'un cercle n'est pas un triangle, que trois est plus que deux, que faire le bien est un devoir pour tout être libre.

Les jugements réfléchis ou secondaires résultent de la comparaison de deux idées. Par exemple, notre esprit ne voit pas du premier coup : que les trois angles d'un triangle équivalent à deux angles droits ; que les liquides prennent le même niveau dans des vases communiquants. — Ces vérités ne deviennent évidentes que par une comparaison formelle.

Les jugements analytiques ou explicatifs développent les propriétés renfermées dans la nature d'un être. Ex. : Tout corps est étendu, — l'infini est tout-puissant, — les rayons d'un cercle sont égaux.

Les jugements synthétiques ajoutent au sujet une propriété qui ne lui est pas essentielle. Ex. : Tout corps est pesant, — ces enfants sont studieux, les vieillards sont prudents.

Les jugements nécessaires expriment des vérités dont le contraire est impossible. Ex. : Le tout est plus grand que l'une de ses parties, — Dieu existe, — le cercle est rond.

Les jugements contingents expriment des vérités dont le contraire est possible. Ex. : Cet arbre est vert, — le triangle ABC égale le triangle DEF, — la terre tourne autour du soleil, — Charlemagne a restauré les écoles au viiie siècle.

QUESTIONNAIRE. — Qu'est-ce que le jugement ? — Quel est le vrai caractère du jugement ? — Exposez les principales sortes de jugements et donnez des exemples.

XII. — RAISONNEMENT

Définition. — Le raisonnement est une *opération par laquelle l'esprit découvre et affirme la convenance ou l'opposition qui existe entre deux idées après les avoir comparées avec une troisième.*

Éléments et principe du raisonnement. — Deux idées suffisent pour former un jugement ; le raisonnement le plus simple (le syllogisme) en implique au moins trois, puisqu'il affirme la convenance ou l'opposition de deux idées par leur comparaison avec une même troisième. Je veux savoir, par exemple, si Dieu est aimable; je ne découvre pas, du premier coup d'œil, qu'il existe un rapport entre ces deux idées; je cherche un attribut certainement aimable, et appartenant à Dieu, par exemple, la bonté. Ce qui est bon est aimable; Dieu est bon, il est donc aimable. Voilà ce qu'on appelle raisonner.

Le raisonnement est fondé sur ce principe: *Deux choses identiques à une troisième sont identiques entre elles.* (V. *Logique*, page 92, les diverses formes du raisonnement.)

Rôle du raisonnement. — Le raisonnement est tout ensemble, chez l'homme, un signe de faiblesse et de puissance : un signe de *faiblesse*, puisque nous sommes obligés de recourir à ce moyen détourné pour connaître la vérité; un signe de *puissance*, puisque nous acquérons en raisonnant un grand nombre de vérités importantes et que nous découvrons de nouvelles démonstrations des vérités déjà connues. Le raisonnement suppose nécessairement la raison qui lui fournit ses principes; il place l'homme entre Dieu et les animaux : Dieu ne raisonne pas, il voit; les animaux ne raisonnent pas, parce qu'ils ne jugent pas[1].

QUESTIONNAIRE. — Qu'est-ce que le raisonnement ? — Quels sont les éléments et quel est le principe du raisonnement ? — Quel est le rôle du raisonnement ?

COMPLÉMENT DE L'ÉTUDE DE L'INTELLIGENCE

ORIGINE DES IDÉES

État de la question. — Chercher l'origine des idées, c'est chercher comment les idées font leur apparition dans

---

[1] Le lien des choses échappe aux animaux; ils connaissent, par l'expérience, que certaines choses viennent à la suite de certaines autres choses; ils peuvent même le savoir antérieurement à toute expérience, grâce à ce sens appréciatif et inné qui les renseigne avec une étonnante précision sur tout ce qui est nécessaire à la conservation de l'individu et de l'espèce. Voilà pourquoi certaines images déterminent chez eux certains mouvements qui semblent provenir de quelque raisonnement élaboré en secret. Mais tout se passe en eux d'une façon automatique, et c'est l'imagination qui décide de tout. Ils se portent vers le bien délectable, comme la flamme monte au lieu de descendre, par la seule pente de leur nature.

l'esprit, c'est-à-dire *par quelles facultés l'esprit humain peut les acquérir*.

Théories diverses sur l'origine des idées. — Le problème de l'origine des idées est un de ceux qui ont le plus divisé les philosophes. Leurs théories diverses peuvent être ramenées à trois grands systèmes : le *sensualisme*, l'*idéalisme* et le *spiritualisme*.

1º **Sensualisme.** — Les théories *sensualistes* (*empirisme* de Locke* et de Condillac*, *sentimentalisme* de Laromiguière*, *associationisme* de Stuart Mill*, de Bain* et de Taine*, *évolutionnisme* ou *hérédilarisme* d'Herbert Spencer*, *positivisme* de Comte* et de Littré*) se résument dans ce vieil adage de Zénon* : « Il n'y a rien dans l'esprit qui n'ait passé par les sens. »

D'après cette hypothèse, nos idées, les idées *nécessaires* aussi bien que les idées *contingentes*, viendraient toutes de l'*expérience* (des sens et de la conscience), ou, selon le langage de Locke*, de la *sensation* et de la *réflexion*.

Il est absolument impossible que les idées et les vérités absolues, universelles et nécessaires tirent exclusivement leur origine de l'expérience : l'expérience ne nous dit que ce qui est, jamais ce qui doit être.

2º **Idéalisme.** — Les théories *idéalistes* (*réminiscence d'une vie antérieure* de Platon*, *innéisme* de Descartes*, *virtualité* de Leibnitz*, *vision en Dieu* de Malebranche*, *formes de la raison pure* de Kant*) n'attribuent aucune part aux sens dans la production de nos idées ; elles enseignent qu'il n'y a d'idées véritables que les idées rationnelles ; que ces idées elles-mêmes ne sont que des « formes purement subjectives ». (KANT*.)

S'il en était ainsi, nous ne pourrions affirmer l'existence d'aucun être.

3º **Spiritualisme.** — La doctrine spiritualiste reconnaît que ni l'expérience seule, ni la raison seule ne suffisent à expliquer l'origine de nos idées. Elle fait la part de l'expérience et de la raison. — La part principale appartient à la raison ; mais l'expérience lui apporte un concours important : elle fournit les matériaux de la connaissance.

Tout ce qu'il y a de **contingent** dans nos idées vient de l'expérience, c'est-à-dire des *sens*, de la *conscience psychologique* et du *travail fait par notre esprit* sur les données des sens et de la conscience. La première phase de ce travail est l'abstraction.

Tout ce qui est **nécessaire, universel, absolu** dans nos idées, vient de la raison. « Par les *sens* et la *conscience* nous ne sortons ni des lieux où nous sommes, ni du moment actuel; nous voyons ce qui se passe ici, là, à telle heure, et rien au delà. Vainement nous appelons à notre aide la mémoire et le témoignage; ce témoignage et nos souvenirs sont bornés comme nos perceptions. Vainement nous élaborons les données de l'observation; ces données ne peuvent rendre ce qu'elles ne contiennent pas, des jugements universels. » (Franck, *Dict. phil.*)

C'est par la *raison* que, à l'occasion des données de l'expérience, nous saisissons les conditions nécessaires des choses. « Pour qu'elle puisse ainsi s'élever de l'ordre sensible à l'ordre intelligible, du contingent au nécessaire, il suffit qu'il y ait entre ces deux ordres, si différents qu'ils soient, une *connexion logique*; et cette connexion existe. Pour la saisir, la raison n'a pas besoin d'un travail lent et pénible; elle analyse un seul jugement particulier, celui-ci par exemple : *Ce meurtre suppose un meurtrier;* elle comprend que, les deux termes du rapport pouvant changer indéfiniment, le rapport même subsiste universel et nécessaire. Ce rapport est celui de l'*effet* à la *cause,* et il s'exprime ainsi : Tout effet a une cause. Voilà la loi métaphysique trouvée. » (P. Regnault, *Cours de philosophie.*)

La doctrine spiritualiste s'accorde parfaitement avec la nature humaine. Chez l'homme, être intelligent et sensible, l'acte de connaître ne saurait s'accomplir ni par l'expérience séparée de la raison, ni par la raison séparée de l'expérience, mais bien par l'union, sans confusion pourtant, de l'expérience et de la raison.

Questionnaire. — Qu'est-ce que rechercher l'origine des idées? — Quelles sont les principales théories relatives à l'origine des idées? — Exposez-les sommairement.

III. — ACTIVITÉ ET VOLONTÉ

Définition de l'activité. — L'activité est le *pouvoir que possède notre âme de produire certains actes ou d'être cause.*

Agir est le propre de notre nature; toutes nos facultés sont actives : les élans de la sensibilité, les efforts de l'intelligence, les mouvements du corps, en sont autant de preuves évidentes; mais la volonté, plus que les autres, mérite le nom de puissance active, parce que seule elle agit par elle-même et dirige à son gré son action.

Modes divers de notre activité. — L'activité humaine est *spontanée* ou *réfléchie*. **L'activité spontanée** se produit sous l'influence de *l'instinct* et de *l'habitude*. **L'activité réfléchie** prend le nom de *volonté*. — Nous traiterons successivement de l'*instinct*, de la *volonté*, de l'*habitude* et de la *liberté*.

I. — INSTINCT

Définition. — L'instinct est une *impulsion naturelle et aveugle qui nous porte à faire spontanément, sans réflexion, certains actes utiles à notre conservation et à notre perfectionnement.*

Principe de l'instinct. — L'instinct est une loi providentielle qui, dans certains cas, supplée l'intelligence et prévient la réflexion. Il nous est commun avec les animaux, et, chez quelques espèces, on le trouve plus développé que chez l'homme: c'est que les animaux n'ont que l'instinct pour veiller à leur conservation, tandis que nous possédons l'intelligence, supérieure à tous les instincts[1].

Ses caractères. — Chez l'homme et surtout chez l'animal, l'instinct est :

1° **Irréfléchi :** il ne connaît ni le but qu'il poursuit, ni les moyens qu'il emploie pour l'atteindre. L'enfant qui vient de naître et qui est allaité par sa mère n'a évidemment aucune idée de la faim ni de la soif, ni de l'action bienfaisante du lait; il sent un besoin, il en souffre, et il l'apaise par son activité instinctive, irréfléchie, voilà tout.

2° **Infaillible :** il porte l'homme et l'animal à faire du premier

[1] L'instinct inconscient, aveugle et fatal, ne se trouve guère que chez les enfants et chez les animaux, dont il reste, toute leur vie, l'unique mobile. Chez l'homme adulte, l'instinct est soumis à des influences multiples : à la pure spontanéité des tendances se joint presque toujours un dessein prémédité, la prévision d'un avantage, la pensée d'un devoir ou l'entraînement d'une passion.

coup, sans tâtonnement, ce qui convient à leur nature. L'enfant n'a pas besoin d'apprendre à respirer, à remuer les lèvres, ni l'oiseau à faire son nid, ni le carnassier à reconnaître et à saisir sa proie[1].

3° **Invariable** : chez les animaux il est complet dès le premier acte; il ne progresse jamais, à moins que l'industrie de l'homme ne vienne le modifier[2].

4° **Uniforme** : qui connaît les actions d'un animal, connaît celles de tous les animaux de la même espèce.

5° **Spécial** : chaque être a son aptitude particulière : l'araignée est incapable de faire un rayon de miel, et l'abeille de tisser une toile.

Principaux actes instinctifs. — Comme les inclinations primitives, les instincts sont relatifs au *corps* ou à l'*âme*.

Les principaux actes instinctifs qui se rapportent au corps sont ceux qui ont pour but notre **conservation** : nourriture, marche, respiration, mouvements du corps pour se remettre en équilibre, action de porter les mains en avant dans une chute, de fermer les yeux, menacés d'un coup.

Les principaux actes instinctifs qui se rapportent à l'âme sont ceux qui ont pour but notre **perfectionnement intellectuel** ou **moral** : instincts intellectuels : tendances à étudier ce que nous ne savons pas; instincts sociaux : désir d'estime, du pouvoir; instincts moraux : amour du vrai, du bien et du beau[3].

QUESTIONNAIRE. — Qu'est-ce que l'activité ? — Quels sont les modes divers de notre activité ? — Qu'est-ce que l'instinct ? — Quel est le principe de l'instinct ? — Quels sont les caractères de l'instinct ? — Quels sont les principaux actes instinctifs, et quel est leur but ?

[1] L'instinct est mis en défaut chez l'animal et l'enfant lorsque leurs sens viennent à les tromper.

[2] Les animaux n'ont rien inventé, rien perfectionné : le rayon de l'abeille, la cabane du castor, la toile de l'araignée, les galeries de la fourmi, le nid de l'hirondelle, n'accusent aucun progrès; ils ne savent même pas imiter : le loup ne songe pas à se créer une bergerie, le renard un poulailler.

Chaque animal suit invariablement l'instinct propre à son espèce : le petit canard qu'une poule a couvé se jette hardiment à la nage dans la première flaque d'eau qu'il rencontre, malgré les cris de sa mère adoptive; le jeune écureuil fait sa provision de noisettes avant de connaître l'hiver.

L'homme, par le dressage, vient à bout de modifier l'instinct des animaux, et ces modifications peuvent se transmettre dans la race par la génération; mais l'instinct, modifié ou non modifié, n'en reste pas moins une impulsion aveugle de la nature.

[3] Chez les animaux, on découvre : 1° *les instincts de conservation de l'indi-*

II. — VOLONTÉ

Définition. — La volonté est *l'activité intelligente et réfléchie*. On la définit encore : la *faculté que nous avons d'agir avec réflexion et liberté, de nous décider en connaissance de cause, d'agir d'après les lumières de la raison.*

Caractères de la volonté. — Les caractères distinctifs de la volonté peuvent être opposés un à un aux caractères de l'instinct et du désir.

La volonté diffère : 1° **De l'instinct.** — En effet, la volonté est *réfléchie*, l'instinct est *spontané*; la volonté *connaît* le but à atteindre et choisit les moyens, l'instinct va au but d'une manière *aveugle*, sans connaissance du pourquoi des actes qui y conduisent ; enfin la volonté est susceptible de *progrès* et de *liberté*, l'instinct est *invariable* et *fatal*.

2° **Du désir.** — Le désir est une impulsion *spontanée* de l'âme ; il naît en nous, sans nous, même malgré nous ; il est donc originairement indélibéré, et par conséquent involontaire. La volonté, au contraire, est *parfaitement libre* de ses actes. Son rôle consiste, bien souvent, à combattre les désirs et à refuser de les satisfaire. Sans doute le désir exerce une grande influence sur la volonté, mais il ne s'ensuit pas qu'on puisse le confondre avec le vouloir. Nous ne portons la responsabilité de nos pensées, de nos sentiments, de nos désirs, qu'autant que nous les rendons volontaires par l'adhésion de la volonté.

La volonté décide seule du choix entre le bien et le mal et nous rend vertueux ou coupables, dignes d'éloge ou de blâme. Elle fait ce qu'on appelle le caractère, dont la puissance est en raison de l'énergie que nous déployons dans la lutte contre nos penchants et nos passions.

La volonté se distingue donc du *désir* et de l'*instinct*, en ce qu'elle se détermine *librement* et *après réflexion*.

vidu : les animaux savent trouver la nourriture qui leur convient ; 2° *les instincts de conservation de l'espèce :* les animaux ne se bornent pas à se conserver, ils prennent mille précautions pour conserver leurs petits ; 3° *les instincts de société :* cet instinct est merveilleux chez les abeilles, les fourmis, les castors, les animaux migrateurs.

Analyse de l'acte volontaire. — L'analyse nous révèle *quatre opérations* bien distinctes les unes des autres dans l'acte volontaire : — 1° la **possession de soi-même :** quand l'homme agit spontanément, il ne se possède pas, son action est fatale; quand, au contraire, il agit avec liberté, il se sent maître de son action ; — 2° la **conception** ou la connaissance du but et des moyens de l'atteindre; — 3° la **délibération** ou l'examen des motifs, pour ou contre, que proposent tour à tour le devoir, l'honneur, l'inclination, l'intérêt ou la passion ; — 4° la **détermination** ou la résolution d'agir ou de ne pas agir.

L'exécution qui suit ordinairement la résolution ne fait point partie essentielle de l'acte de la volonté; car elle dépend autant des *circonstances extérieures* que du *moi* lui-même. La volonté proprement dite réside tout entière dans la détermination, et rien ne saurait modifier sa valeur intrinsèque.

Remarque. — Les diverses opérations de l'acte volontaire s'accomplissent parfois si rapidement, qu'elles semblent inséparables. Ainsi la mère s'élance dès qu'elle aperçoit le danger de son enfant, et le brave d'Assas, à la vue de l'ennemi, s'écrie sans délibération apparente : « A moi, Auvergne ! c'est l'ennemi ! » — « Mais la promptitude avec laquelle s'accomplissent ces dévouements héroïques, loin d'en diminuer la valeur morale, en augmente la beauté : car ces actes résument toute une vie, et l'absence d'hésitation, dans laquelle il faut voir un heureux effet de l'habitude de faire le bien, offre une lointaine image de la puissance absolue de Dieu, de l'acte pur exempt d'incertitude, de sa volonté souverainement libre et bonne. » (T. Delmont.)

QUESTIONNAIRE. — Qu'est-ce que la volonté? — En quoi la volonté diffère-t-elle de l'instinct et du désir? — Que nous révèle l'analyse de l'acte volontaire?

III. — HABITUDE

Définition. — L'habitude est une *disposition acquise par la répétition des mêmes actes ou la continuité d'un même état*[1].

---

[1] L'habitude peut se former par un seul acte; la répétition de l'acte ne fait alors que la fortifier et la développer.

Cette disposition porte à agir comme par un mouvement spontané, instinctif, qui prévient souvent la réflexion.

C'est grâce à l'*habitude* que nous trouvons facilement les mots et les tours de phrases dont nous avons besoin pour exprimer nos pensées, que nous exécutons les mouvements complexes qui sont nécessaires pour former les lettres et les mots de l'écriture, que nous observons toutes les règles de l'orthographe, que nous calculons avec promptitude, que nous jouons d'un instrument de musique avec une agilité, une sûreté parfois merveilleuses.

Diverses espèces d'habitudes. — A différents points de vue, on distingue : — 1° Les habitudes **actives**, qui naissent de la répétition des actes. — 2° Les habitudes **passives**, que nous contractons à notre insu et souvent malgré nous (ex.: clignement des yeux, mauvaise prononciation, etc.). — 3° Les habitudes **organiques**, qui sont des dispositions acquises par un organisme vivant : l'estomac se fait à tel régime, le corps à tel climat, la main à tel travail. — 4° Les habitudes **intellectuelles**, qui se rapportent à la vie de l'esprit: habitude de la parole, du calcul, du raisonnement. — 5° Les habitudes **morales**, qui résultent du pli que nous imprimons à notre volonté, à notre caractère, à notre conduite : les bonnes habitudes morales sont des vertus; les mauvaises, des vices. (V. *Morale*, p. 170.)

Lois de l'habitude. — 1° L'habitude **affaiblit la partie émotive et passive** de la sensibilité; c'est elle qui, sous le nom de temps, émousse les douleurs les plus cruelles, allège les chagrins les plus cuisants, dégoûte des plaisirs et des spectacles les plus aimés : l'homme s'habitue à jouir comme à souffrir.

2° L'habitude **fortifie les facultés actives**; son influence sur l'activité soit motrice, soit intellectuelle, va toujours croissant : les exercices corporels développent les forces physiques, l'habitude de la réflexion perfectionne l'intelligence, l'habitude de la vertu rend la volonté plus libre, plus énergique.

Ses avantages et ses inconvénients. — Bien dirigée, l'habitude rend plus faciles et plus parfaits les actes de la vie professionnelle, intellectuelle et morale; elle est donc une condition nécessaire du *progrès* dans les arts, la science et la morale. Les bonnes habitudes amoindrissent ou suppriment l'effort ; mais elles n'amoindrissent ni ne suppriment la liberté morale : « Il n'y a que les mauvaises habitudes qui fassent perdre à l'homme une partie de sa liberté, tout ce que la morale approuve est la liberté même. » (Hegel*.)

Les mauvaises habitudes contrarient l'accomplissement du devoir et peuvent entraîner les conséquences les plus funestes. Presque toujours, le bonheur ou le malheur de la vie dépendent des *habitudes morales* que l'homme a contractées dans sa jeunesse. — La mauvaise habitude une fois enracinée est extrêmement difficile à extirper : « c'est comme une seconde nature, » suivant le mot d'Aristote. Cependant, si puissante qu'on la suppose, une habitude contraire peut toujours la modifier ou la détruire.

Questionnaire. — Qu'est-ce que l'habitude ? — Quelles sont les diverses espèces d'habitudes ? — Quelles sont les lois de l'habitude ? Quels sont les avantages et les inconvénients de l'habitude ?

IV. — LIBERTÉ

Diverses acceptions du mot liberté. — Le mot liberté peut s'entendre de plusieurs manières. Nous ne parlerons que de ses quatre acceptions principales : la liberté *physique* ou d'*action*, la liberté *civile*, la liberté *politique* et la liberté *morale* ou *libre arbitre*.

Liberté physique. — On entend par liberté *physique* ou d'*action* le *pouvoir d'exécuter extérieurement les résolutions de la volonté*. Ce pouvoir est limité par notre propre impuissance, par les autres hommes, par les lois, etc. — Le malade, l'infirme, le prisonnier, ne jouissent pas de la liberté physique.

Liberté civile. — La liberté *civile* consiste dans le *pouvoir*, garanti par l'État, d'*exercer certains droits inhérents à la nature humaine :* par exemple, le droit de choisir une profession, de s'instruire, de posséder, de transmettre ses biens par vente, échange, donation ou testament, etc. Ce pouvoir est déterminé par les lois et les conventions établies pour l'utilité commune. — L'interdit et le mineur ne jouissent pas de la plénitude de la liberté civile.

Liberté politique. — La liberté *politique* consiste dans la participation au gouvernement des affaires publiques, que la constitution politique concède aux citoyens : droit de choisir les représentants de la nation et de faire partie des assemblées publiques, droit de discussion, de pétition, etc. — L'étranger et le mineur sont privés des droits politiques.

Liberté morale ou libre arbitre. — La liberté *morale* ou *libre arbitre* est la *faculté de choisir entre plusieurs partis*. Cette liberté appartient à tout homme doué de raison, et, comme elle réside essentiellement dans la volonté, aucune puissance humaine ne peut la gêner : on contraint le corps, mais non la volonté ; cependant tous les hommes ne la possèdent pas au même degré : elle varie avec l'état des individus ; elle est nulle dans l'enfance, le sommeil, la folie, le délire, l'ivresse et dans les accès des passions violentes.

La perfection de la liberté morale consiste à choisir entre plusieurs *biens*. La faculté de faire le mal n'appartient pas à l'essence de la liberté ; elle n'est que l'abus de la liberté[1]. Depuis la faute originelle, notre volonté hésite entre le vice et la vertu ; elle incline même plus facilement vers le mal que vers le bien.

La morale a pour but de nous enseigner à bien vivre en faisant toujours un bon usage de notre libre arbitre.

QUESTIONNAIRE. — Quels sont les diverses acceptions du mot liberté ? — Qu'est-ce qu'on entend par liberté physique ? — civile ? — politique ? — morale ou libre arbitre ?

I. — DÉMONSTRATION DE LA LIBERTÉ

Preuves de la liberté morale. — Nous savons que nous sommes libres avec la même certitude que nous savons que nous existons. La liberté morale est prouvée par la *conscience*, par la *conduite du genre humain* et par les *conséquences du fatalisme*.

Preuve tirée de la conscience. — La conscience nous dit à tout moment que nous sommes libres ; elle l'affirme *avant*, *pendant* et *après* chacune de nos actions. *Avant d'agir*, nous pesons les avantages des partis contraires, nous délibérons ;

---

[1] « Celui qui commet le péché est l'esclave du péché » (*Évang. selon S. Jean*, VIII, 34.)

pendant l'exécution, nous sentons que nous pouvons continuer ou suspendre l'accomplissement de notre dessein ; *après l'action,* nous éprouvons une satisfaction morale ou un remords selon que nous avons bien ou mal agi. Or tous ces faits supposent la liberté.

Preuve tirée de la conduite du genre humain. — La conduite des hommes, dans tous les siècles et dans tous les pays, atteste leur croyance à la liberté personnelle : l'existence des *lois,* des *tribunaux,* des *peines,* des *récompenses* que l'on trouve chez tous les peuples, ne s'explique pas sans la croyance au libre arbitre. Les fatalistes eux-mêmes ne sont fatalistes qu'en théorie ; ils délibèrent, ils exhortent, ils menacent, ils conseillent, ils font des contrats comme les autres hommes. D'où l'on peut conclure que le genre humain tout entier croit *pratiquement* à la liberté personnelle.

Preuves tirées des conséquences du fatalisme. — On appelle fatalisme la *doctrine qui,* refusant de reconnaître le libre arbitre, *prétend que la nécessité domine la volonté humaine*[1]. Si les hommes ne jouissent pas de la liberté morale, s'ils sont dans la nécessité d'agir, comme le feu est dans la nécessité de brûler, l'eau de couler, le *bien* et le *mal* sont de vains mots. Le *mérite* et le *démérite* disparaissent à leur tour, car le bien est la source du mérite, comme le mal est celle du démérite. S'il n'y a ni mérite ni démérite, les *récompenses* sont ridicules et les *châtiments* injustes et odieux.

On le voit, cette doctrine entraîne comme conséquences la négation de la vertu, du devoir, de la justice, de la vie future et la ruine de la société. Donc, la conscience, la conduite du genre humain et les conséquences monstrueuses du fatalisme nous prouvent que l'homme est libre dans ses déterminations, et par conséquent responsable.

QUESTIONNAIRE. — Comment savons-nous que nous sommes libres? — Que nous apprennent la conscience? — la conduite du genre humain? — les conséquences du fatalisme, relativement à la liberté morale?

[1] *Fatalisme* (lat. *fatum,* dessin), doctrine qui soumet tout à l'*irrésistible* loi du destin, c'est-à-dire à l'aveugle *nécessité.* Le fatalisme a régné dans toutes les fausses religions et se trouve encore dans plusieurs systèmes de philosophie.

II. — SYSTÈMES QUI NIENT LA LIBERTÉ

Objections contre le libre arbitre. — Les principales objections contre le libre arbitre se tirent du fatalisme *physiologique* ou *matérialisme*, du fatalisme *psychologique* ou *déterminisme*, et du prétendu fatalisme *théologique*. De là trois sortes de *fatalisme*.

Fatalisme physiologique ou matérialisme. — Les *matérialistes*, qui ne reconnaissent que la nature matérielle et ses lois, veulent trouver dans le caractère, le tempérament, l'éducation, le climat, l'âge, le milieu, les habitudes, la configuration du cerveau, etc., la cause de toutes nos déterminations.

Réfutation. — On ne saurait nier l'*influence* plus ou moins grande que le caractère, le tempérament, l'éducation, les habitudes, etc., exercent sur la liberté morale; mais l'expérience prouve que l'homme peut modifier son caractère, dominer son tempérament, refaire son éducation, agir contre une habitude dominante; enfin qu'au milieu de ces luttes intérieures, la volonté se sent ordinairement libre de son choix et de sa détermination.

Fatalisme psychologique ou déterminisme. — Les partisans du *déterminisme* prétendent trouver dans l'âme elle-même la cause de ses déterminations. La volonté, disent-ils, ne se détermine pas sans motif, et ce motif devient la cause nécessitante de son acte. Dans le cas de motifs inégaux, la volonté choisit toujours le meilleur. Si les motifs sont égaux, la volonté reste indifférente et inactive : *l'âne de Buridan**, placé à égale distance entre deux bottes de foin aussi appétissantes l'une que l'autre, mourra de faim, n'ayant aucune raison de manger l'une plutôt que l'autre.

Réfutation. — Il est vrai que la volonté ne se détermine pas sans *motif*; mais le motif n'exerce jamais sur la volonté une action nécessitante. Le motif excite et dispose, mais la volonté peut toujours se déterminer en sens contraire. Entre plusieurs biens inégaux, la volonté peut choisir le moindre : ce qui explique le violent effort qu'elle doit faire parfois pour prendre une détermination.

Prétendu fatalisme théologique ou prescience

divine. — Le libre arbitre, disent certains fatalistes, ne peut se concilier ni avec la *prescience* divine, ni avec le *souverain domaine* de Dieu.

Première objection. — La science infinie de Dieu *prévoit* les choses à venir ; or tout ce que Dieu prévoit doit nécessairement arriver ; donc l'homme n'est pas libre.

Réfutation. — Il n'existe pour Dieu ni passé, ni avenir : tout lui est *présent*. Dieu ne *prévoit* pas, il *voit*; il est témoin de notre vie entière comme nous sommes témoins de ce qui se passe autour de nous, et sa présence ne rend pas nos actes plus nécessaires que la nôtre ne rend nécessaires les actes de ceux que nous voyons agir. Nos actes ne s'accomplissent pas parce que Dieu les voit ; mais si Dieu les voit, c'est parce que nous les accomplissons. L'homme agit donc en liberté malgré la prescience de Dieu.

Deuxième objection. — Dieu dirige tous les événements vers un *but*; or toutes les actions de l'homme doivent concourir à ce but; donc l'homme n'est pas libre.

Réfutation. — Dieu dirige vers un but des événements et des actions toujours présents ; les actions libres de l'homme n'échappent pas plus à la direction divine qu'à sa présence ; mais la direction divine ne détruit pas plus que sa présence la liberté de l'homme. Dieu, comme cause première, coopère à toute action de ses créatures et les dirige vers la fin qu'il a établie ; mais il laisse à la cause seconde son action naturelle[1] : action *nécessaire*, dans les créatures qui n'agissent qu'en vertu de l'impulsion reçue ; action *libre*, dans celles qui agissent par elles-mêmes. Notre volonté est donc la *cause réelle* de ses propres déterminations ; donc l'homme est libre.

QUESTIONNAIRE. — Quels sont les principales objections contre le libre arbitre ? — Que savez-vous du fatalisme physiologique ou matérialisme ? — du fatalisme psychologique ou déterminisme ? — du prétendu fatalisme théologique ou prescience divine ?

[1] Il y a là non une contradiction, mais seulement un ordre de vérités inaccessible à notre intelligence. Le mieux, en pareil cas, est de s'abstenir d'explications hypothétiques, et de s'en tenir aux seules vérités évidentes ; d'une part, celle qu'atteste la conscience : *l'homme est libre;* et de l'autre, celle qu'atteste la raison : *la sagesse et la puissance de Dieu sont infinies.* C'est aussi le sentiment de Bossuet, que nous ne saurions trop citer. « La vérité, dit-il, ne détruit point la vérité ; et, quand même nous ne saurions pas trouver le moyen d'accorder ces choses, ce que nous ne connaîtrions pas, dans une matière si haute, ne devrait point affaiblir en nous ce que nous en connaissons si certainement. » (BRISBARRE, *Précis de philosophie.*)

INFLUENCES RÉCIPROQUES DES FACULTÉS DE L'AME

Les facultés de l'âme sont tout à la fois distinctes et inséparables : ce qui précède nous en fournit plus d'une preuve. Voyons maintenant comment leurs opérations se combinent et comment elles agissent et réagissent l'une sur l'autre.

Concours obligé de la conscience. — D'abord les phénomènes de la sensibilité, de l'intelligence et de la volonté, n'existent pour nous qu'à la condition de nous être connus, et nous ne les connaissons que par la conscience réfléchie. (Voy. p. 24.) On ne peut sentir, en effet, sans savoir que l'on sent, ni vouloir sans savoir que l'on veut.

Influence de la sensibilité : — 1° **Sur l'intelligence.** Nos plaisirs et nos peines occupent souvent, trop souvent peut-être, nos pensées. Nous apprenons mieux et nous retenons plus facilement les choses auxquelles nous nous intéressons. Par contre, les sensations trop vives affaiblissent l'intelligence, éteignent le génie, hébètent l'esprit quelquefois jusqu'à l'idiotisme. — 2° **Sur la volonté.** Les phénomènes sensibles excitent, entraînent la volonté ; c'est souvent en conséquence de nos inclinations, de nos affections et de nos passions, que nous nous déterminons : celui qui aime sincèrement accomplit volontiers des actes difficiles. — L'homme insensible est incapable de s'élever aux grands actes de courage et de vertu ; celui qui s'émeut facilement et profondément peut aller loin dans le bien comme dans le mal.

Influence de l'intelligence : — 1° **Sur la sensibilité.** Nos sensations naissent le plus souvent de nos perceptions, de nos pensées. La culture de l'esprit procure les plaisirs les plus délicats. — 2° **Sur la volonté.** En général, la volonté s'inspire des motifs perçus et jugés par l'intelligence : nous ne sommes en état de choisir et de vouloir une chose que lorsque nous la connaissons.

Influence de la volonté : — 1° **Sur la sensibilité.** La volonté agit sur la sensibilité pour la modérer, la contenir, au besoin pour lui faire violence. Elle peut comprimer les mouvements du cœur : impatience, colère, répugnance, sympathie, etc., écarter ou rapprocher, voir ou éviter de voir ce qui provoque des émotions ; elle peut surtout et elle doit commander aux sentiments délibérés et dominer les passions. — Il est à remarquer que, lorsque la volonté nous interdit ce que nous aimons, et qu'elle nous détermine à faire ce que nous n'aimons pas, nos sentiments finissent par se modifier : nous ne faisons pas d'abord ce que nous aimons, mais nous finissons par aimer ce que nous faisons. — 2° **Sur l'intelligence.** La volonté se combine, pour ainsi dire, avec l'intelligence dans le phénomène de l'attention ; puis l'attention dirige la pensée. — De là vient qu'on est, en partie du moins, responsable de ses pensées. Les pensées non dirigées s'appellent distractions ; les distractions proviennent de la perception extérieure, des sensations physiques et de l'association des idées. La volonté est obligée de lutter contre ce mouvement irrégulier de la pensée. Elle le fait souvent en se servant des lois mêmes de l'association.

En résumé, « toutes nos facultés se tiennent » (Malebranche*) ; elles agissent les unes sur les autres ; le développement de l'une provoque le développement des autres, et l'affaiblissement de l'une, le dépérissement des autres.

QUESTIONNAIRE. — A quelle condition les phénomènes psychologiques existent-ils pour nous ? — Que savez-vous des influences de la sensibilité : sur l'intelligence et sur la volonté ? — des influences de l'intelligence sur la sensibilité et sur la volonté ? — des influences de la volonté sur la sensibilité et sur l'intelligence ?

EXPRESSION DES FAITS PSYCHOLOGIQUES

Pour manifester au dehors les faits psychologiques : *émotions, idées, jugements, raisonnements, volitions,* l'homme a besoin des signes et du langage.

LES SIGNES ET LE LANGAGE

Définition du signe. — Le signe en général est une chose sensible qui en rappelle une autre absente ou inaccessible aux sens : par exemple, l'agitation des branches des arbres, la fumée, un éclair, un cri plaintif, une parole, etc., révèlent le vent, le feu, l'électricité, la souffrance, la pensée.

Deux sortes de signes. — On distingue les signes *naturels*, et les signes *artificiels* ou *conventionnels*.

Les signes sont dits **naturels** quand le rapport qui les unit aux choses signifiées est constant, invariable et indépendant de toute convention : le rire, les larmes, les sanglots, sont les signes naturels de la joie et de la douleur.

Les signes **artificiels** ou *conventionnels* sont ceux qui n'expriment les choses qu'en vertu d'une convention : la palme, l'olivier, une croix sur la poitrine, les lettres et les mots dont se compose le langage, sont les signes conventionnels de la victoire, de la paix, de l'honneur, de la pensée. — De ces signes les uns s'adressent à l'ouïe, et les autres à la vue.

Définition du langage. Ses diverses espèces. — Le langage est l'ensemble des signes, *naturels* ou *artificiels*, par lesquelles nous exprimons nos sensations, nos sentiments, nos pensées, nos volitions; en un mot, tous les faits psychologiques.

On distingue le *langage naturel*, le *langage artificiel* et le *langage écrit*.

Langage naturel. — Le langage naturel comprend les sons inarticulés, les soupirs, les cris, le rire, les larmes, les jeux de la physionomie, — qui est le miroir de l'âme, — les attitudes du corps, les mouvements des bras et des mains.

Cette espèce de langue universelle, instinctive, que tous les hommes emploient et comprennent sans avoir besoin de l'apprendre, exprime assez fidèlement les phénomènes de sensibilité et de volonté; mais elle ne peut ni traduire avec précision les pensées, ni rien exprimer dans l'obscurité.

Langage artificiel. — Le langage artificiel se compose de tous les *signes* auxquels le consentement général attribue une valeur significative[1]. Les *signes conventionnels*, que l'on peut multiplier indéfiniment suivant le besoin, se prêtent à l'expression de tous les détails, de toutes les nuances de la pensée, à toutes les exigences de l'analyse.

---

[1] Cette convention, formelle ou tacite, était fondée peut-être à l'origine sur certaines affinités mystérieuses dont le sens est à peu près complètement perdu pour nous, et remplacé, dans la succession et la filiation des langues, par d'autres conventions qu'on peut à bon droit considérer comme arbitraires.
(J. Brisbarre.)

Ce langage comprend la *parole* et l'*écriture*.

La **parole** ou langue parlée est une combinaison de sons *articulés*, c'est-à-dire modifiés par le jeu de la langue, du gosier, du palais, des lèvres et des dents : elle forme les langues dont se servent les hommes pour exprimer leurs pensées et les communiquer à leurs semblables. Mais la parole, supérieure à toutes les autres espèces de langage, est essentiellement fugitive, et les pensées qu'elle exprime s'évanouiraient avec les sons qui frappent nos oreilles, si l'on ne pouvait la fixer par d'autres signes permanents.

L'**écriture** est un système de signes permanents, qui fixent la parole et lui permettent de franchir le temps et l'espace. — On distingue deux sortes d'écritures : l'écriture *idéographique* et l'écriture *phonétique*.

L'écriture *idéographique* représente directement les idées. Elle comprend les chiffres, les signes algébriques, les caractères chinois, les images, les peintures, l'écriture symbolique et une partie de l'écriture hiéroglyphique des Égyptiens. — L'écriture *phonétique* représente les sons et les articulations du langage parlé. Elle comprend la notation musicale et l'écriture alphabétique, la plus parfaite de toutes : à l'aide de vingt-cinq lettres, voyelles et consonnes, qui se combinent ensemble, elle peut traduire toutes les modulations de la voix humaine et, par suite, toutes nos pensées et tous nos sentiments.

Rapports du langage et de la pensée. — 1º Le langage *détermine* et *fixe la pensée*. La pensée ne se conçoit pas sans expression : le langage lui donne un corps, le rend saisissable et durable. — 2º Le langage *aide à penser*. Sans être la cause et le principe de la pensée, le langage la provoque et lui donne une perfection plus grande : c'est en parlant ou en écrivant que l'on trouve le plus d'idées.

Éléments d'une langue complète. — Les éléments essentiels d'une langue complète sont les *mots* et les *propositions*.

Les mots, composés d'un ou de plusieurs sons articulés, expriment les idées, qui toutes se résument dans les notions de *substance*, de *qualité* ou de *phénomène* et de *rapport*.

Les propositions expriment les jugements; or tout jugement

comprend trois idées : celle de substance, celle de qualité et le rapport qui les unit ou les sépare. La proposition comprend donc : le *substantif*, qui répond à l'idée de substance; l'*adjectif*, à celle de qualité; le *verbe*, à celle de rapport.

A ces trois mots il faut ajouter : la *préposition*, qui exprime le rapport de deux substances ou de deux qualités, et la *conjonction*, celui de deux jugements.

Il y a donc, en réalité, cinq espèces de mots : le *substantif*, l'*adjectif*, le *verbe*, la *préposition* et la *conjonction*. Les autres parties du discours ne sont que des notations abrégées ou des associations de ces cinq signes primitifs. (*Substantif et pronom, adjectif, article et participe; verbe substantif et attributif. — L'adverbe équivaut à un substantif joint à une préposition, et l'interjection, quand elle ne remplace pas une proposition entière, n'est qu'un cri inarticulé.*)

La grammaire étudie : — 1° les différentes espèces de mots (*lexicologie*); — 2° leur réunion en phrases et leurs variations d'accord et de complément (*syntaxe*).

Origine du langage parlé ou de la parole. — Les langues ont commencé et se sont développées, sous l'influence de circonstances particulières qui en expliquent la diversité, et d'après des lois que constatent la *linguistique*, la *grammaire comparée* et la *grammaire générale*; mais le problème de l'origine de la parole a reçu des solutions bien différentes.

Selon les uns, la parole serait une pure invention humaine; selon d'autres, elle aurait une origine divine. Or la Bible nous apprend que l'homme, sorti des mains du Créateur dans la plénitude de sa force et de son développement intellectuel, parlait comme il pensait et nommait toutes les choses par leur nom, comme il les connaissait toutes par leur nature intime. La parole n'a donc été ni une invention des hommes, ni le fruit d'une révélation surnaturelle, mais un don du Créateur, au même titre que toutes nos facultés intellectuelles.

QUESTIONNAIRE. — Comment définit-on le signe en général? — Combien distingue-t-on de sortes de signes? — Qu'est-ce que le langage? — Combien distingue-t-on d'espèces de langages? — Que comprend le langage naturel? — Le langage artificiel? — Que savez-vous du rapport du langage et de la pensée? — Quels sont les éléments d'une langue complète? — Quelle est l'origine de la parole?

ESTHÉTIQUE

Nous plaçons ici des notions sommaires d'*esthétique,* complément naturel des faits psychologiques de l'imagination et du langage.

Définition et objet de l'esthétique. — L'esthétique est la *science du beau,* ou encore : la *philosophie des beaux-arts.* Son objet est *l'être* en tant qu'il plaît à la sensibilité. Toutefois l'esthétique ne relève pas uniquement de la sensibilité : l'intelligence a une grande part dans l'appréciation et la réalisation du beau.

Divisions. — L'esthétique se divise en deux parties : 1º elle *analyse l'idée du beau* (partie théorique); 2º elle *étudie le beau dans ses différentes formes* (partie pratique).

I. — DU BEAU

Définition. — Le beau est la *qualité par laquelle une chose procure à l'homme un plaisir spécial de la vue ou de l'ouïe.*
Le plaisir du beau a pour caractères propres d'être *désintéressé* et d'exciter notre *admiration.*

Le beau est distinct de l'utile. — L'utile nous procure un profit ou la satisfaction d'un besoin. Le beau, inutile comme tel, nous procure une jouissance désintéressée. — Le beau et l'utile peuvent se rencontrer dans un même objet, mais on ne dit jamais qu'il est beau en tant qu'utile. Une colonne, une étagère, ne tirent pas leur beauté de ce qu'elles servent de support, mais des formes élégantes qui s'harmonisent avec leur rôle.

Le beau est distinct de l'agréable. — L'agréable est ce qui plaît aux sens; or le plaisir des sens n'implique pas nécessairement la beauté. Ainsi, il y a des saveurs agréables, des odeurs agréables; il n'y a ni de belles saveurs, ni de belles odeurs. L'agréable est personnel; il varie et change avec le tempérament, l'âge, etc.; l'idée du beau est objective, universelle, absolue : elle ne change pas.

Le beau est distinct du vrai et du bien. — Le vrai, le bien et le beau ont chacun leur domaine propre : le *vrai* consiste dans l'identité de l'idée avec son objet ; le *bien*, dans la conformité d'un être avec sa fin, d'un acte avec sa loi ; le *beau*, dans l'éclat du vrai resplendissant à travers des formes sensibles.

Tout ce qui est *vrai* nous donne de la satisfaction ; tout ce qui est *bien* nous inspire de l'estime ; tout ce qui est *beau* excite notre admiration.

Le vrai et le bien sont les conditions du beau : « Rien n'est beau que le vrai, » rien n'est beau que le bien. C'est toujours par quelque chose de vrai que la *fiction* elle-même nous plaît et nous instruit.

Il ne saurait exister aucune *contradiction* entre le beau, le vrai et le bien ; cependant ni le vrai ni le bien, chacun pris en soi, ne suffit à constituer le beau et à exciter l'admiration. Ainsi, par exemple : Les premiers principes, les axiomes mathématiques, sont *vrais* ; ils ne sont pas beaux, ils ne s'adressent qu'à la raison pure, ils ne nous émeuvent pas. Un débiteur acquitte ses dettes, un patron paye à ses ouvriers le salaire convenu, un riche donne une partie de son superflu : ils font une *bonne* action, non une belle action ; ils inspirent de l'*estime*, non de l'admiration.

Conditions du beau. — 1° L'idée du beau suppose avant tout quelque chose de **grand** (en *étendue*, en *délicatesse* ou en *énergie*), soit dans les choses de la nature, soit dans les œuvres de l'homme. Mais la grandeur ne suffit pas à elle seule pour constituer l'idée du beau, il faut l'**ordre** dans le déploiement de cette grandeur, c'est-à-dire, selon les cas particuliers, l'*unité*, la *variété*, l'*harmonie*, la *proportion*, la *convenance*.

2° Pour produire en nous le sentiment du beau, l'idée doit se manifester sous une *forme sensible*, frapper les sens pour éveiller l'attention et exciter l'admiration. — Le beau s'adresse à la fois aux sens et, par l'intermédiaire des sens, à la raison.

Diverses sortes de beau. — On distingue le beau *physique*, le beau *moral*, le beau *idéal* et le beau *absolu*.

Le beau **physique** se trouve çà et là : dans les êtres *inanimés* (majesté des fleuves, des montagnes, immensité des mers, splendeur des cieux) ; dans les êtres *vivants* (beauté de certaines plantes et de certains animaux, rayonnement de l'intelligence sur le visage des hommes de génie).

Le beau **moral** existe dans les actions humaines, dans l'empire de la volonté sur les appétits et les passions (charité de saint Vincent de Paul, rayonnement de la vertu sur le visage des saints).

Le beau **idéal** est une conception de la raison, qui en réunit les éléments essentiels, et de l'imagination, qui, à l'aide de la perception externe et de la mémoire sensible, invente et combine des formes variées : c'est le beau artistique. (V. plus bas : de l'*art*.)

Le beau **absolu** existe indépendamment de toute conception et de toute œuvre humaine ; il vit en Dieu, qui est la beauté parfaite, incréée, éternelle.

Variétés du beau. — On considère, en général, le *joli* et le *sublime* comme des variétés du beau. Ils ne diffèrent du beau que par les sentiments qu'ils nous inspirent. Le *joli*, le *charmant*, le *gracieux*, s'adresse plutôt à notre sensibilité qu'à notre raison ; il nous récrée, sans faire sur nous une impression profonde. Le *sublime*, c'est le beau ou le grand élevé à un degré tel qu'il semble hors de proportion avec notre nature. Il imprime une secousse brusque à notre âme, porte à la mélancolie, détache de la terre et des petites passions, et provoque l'admiration, la vénération, l'enthousiasme, le ravissement. « Toute œuvre vraiment belle et sublime *élève l'âme* vers l'infini : infini est le terme commun où l'âme aspire par le chemin du beau, comme par celui du vrai et du bien. » (V. Cousin [*].)

Le goût. Le génie. — La faculté de juger du beau porte le nom de *goût* ; celle de le reproduire s'appelle le *génie*.

Le **goût**, qui a pour objet le beau, est une faculté mixte. Il se compose de sentiment, d'imagination et de raison ; mais le rôle principal appartient à la raison. Le goût se perfectionne, comme toutes les facultés, par la réflexion, par l'exercice fréquent de la critique sérieuse, par l'étude des meilleurs modèles, par le commerce habituel avec des hommes d'un goût sûr et délicat.

Le **génie** « est avant tout inventeur et créateur... Le goût se contente d'observer et d'admirer. Le faux génie, l'imagination ardente et impuissante, se consume en rêves stériles, et ne produit rien ou rien de grand. Le génie seul a la vertu de convertir ses conceptions en créations. » (V. COUSIN*.)

QUESTIONNAIRE. — Comment peut-on définir l'esthétique? — Quel est son objet? — En combien de parties se divise l'esthétique? — Qu'est-ce que le beau? — Le beau est-il distinct de l'utile, de l'agréable, du vrai et du bien? — Que suppose l'idée du beau? — Combien distingue-t-on de sortes de beau? — Quelles sont les variétés du beau? — Qu'est-ce que le goût? — Qu'est-ce que le génie?

II. — DE L'ART

Définition. — L'art est l'*expression du beau sous une forme sensible*. Il repose sur ce principe que toute forme matérielle est le symbole plus ou moins expressif d'une idée ou d'un sentiment. — Les œuvres d'art sont donc des formes du langage : l'imagination de l'artiste parle à l'imagination du public.

But de l'art. — Le but de l'art est d'exciter dans l'âme l'émotion esthétique. Ainsi tous les artistes, en quelque genre que ce soit, doivent se proposer de produire sur nous, par la représentation du beau, les effets que le beau produit lui-même. Le beau nous plaît, nous ravit, enlève notre admiration, parce qu'il est une révélation de l'harmonie, de l'ordre, de la perfection; exciter en nous ce délicieux sentiment, nous faire aimer et admirer ces grandes choses, voilà la tâche de l'artiste, voilà l'idéal de l'art.

Systèmes opposés sur l'art. — Il existe, relativement aux moyens par lesquels l'art atteindra sa fin, deux systèmes opposés : le *réalisme* et l'*idéalisme* ou *spiritualisme*.

Le **réalisme** ou **naturalisme**, qui définit l'art : *l'imitation de la nature*, ne lui donne d'autre but que de reproduire la réalité perçue par les sens. Le *réalisme* est une théorie fausse; car toute créature étant nécessairement défectueuse, sa reproduction extérieure, sa photographie peut produire de l'effet, mais elle ne réunit pas tous les éléments du beau. « L'imitation de la nature est si peu la fin véritable de l'artiste, que si le poète tragique, par exemple, réalisait cette imitation au point de me faire croire que réellement on va immoler Iphigénie à vingt

pas de moi, je sortirais de la salle en frémissant d'horreur. »
(S.-M. Girardin.)

L'**idéalisme** ou **spiritualisme**, qui définit l'art : *la représentation de l'idéal,* lui donne pour fin de transfigurer la réalité et d'idéaliser la nature. — L'idéal, au sens philosophique, c'est la perfection de chaque chose en son genre.

Deux choses sont nécessaires à toute œuvre d'art : l'idée et la forme, l'*idéal* et le *réel.* Dans le *Moïse* de Michel-Ange, par exemple, l'*idée* c'est la puissance, l'autorité souveraine du législateur des Hébreux ; la *forme,* c'est la taille, l'attitude, l'expression : admirablement assis, il semble inébranlable.

L'art consiste donc dans l'union harmonieuse de l'*idéal* et du *réel,* de l'idéal réalisé dans un type de la nature, du réel transfiguré par l'idéal.

Classification des beaux-arts. — On classe généralement les beaux-arts d'après leur *degré d'excellence,* c'est-à-dire d'après leur aptitude à exciter l'admiration, en satisfaisant l'instinct du beau. Rangés par ordre de mérite, nous aurons : l'*architecture,* la *sculpture,* la *peinture,* la *musique,* la *poésie.*

L'**architecture** exprime le beau par des lignes et des formes géométriques. — Plusieurs auteurs lui donnent le pas sur la sculpture, parce que, plus que celle-ci, elle donne le sentiment de la grandeur et de l'infini.

La **sculpture** exprime le beau par l'imitation du monde organique, dans ses deux règnes, végétal et animal.

La **peinture** exprime le même genre de beauté que la sculpture, mais elle possède des moyens d'expression plus riches et plus variés.

La **musique** exprime les sentiments et les passions, mais elle est absolument impuissante à exprimer des pensées.

La **poésie** exprime les sentiments et les pensées à l'aide de la parole, qui est le mode d'expression le plus délicat, le plus étendu, le plus précis et le plus parfait.

Questionnaire. — Qu'est-ce que l'art ? — Quel est le but de l'art ? — N'y a-t-il pas deux écoles, deux systèmes opposés sur l'art ? — Comment classe-t-on les beaux-arts ?

II. — PSYCHOLOGIE RATIONNELLE

Objet de la psychologie rationnelle. — La psychologie rationnelle a pour objet l'*âme humaine*.

De l'âme. — On distingue dans l'univers des êtres vivants ou animés (*plantes, animaux, hommes*) et des êtres inanimés (*corps bruts* ou *minéraux*).

Un corps vivant ne peut être tel en tant que corps; il faut qu'il le soit en vertu d'un autre principe de nature différente, c'est-à-dire immatériel. L'âme peut donc se définir : *le principe de toutes les opérations des corps vivants ;* ou encore : *le principe de vie.*

L'âme est simplement *végétative* dans les plantes, *sensitive* dans les bêtes; elle est *raisonnable* et *libre* dans l'homme, comme le prouvent les faits et les facultés que nous avons étudiés dans la psychologie expérimentale.

Mais cette âme humaine, *principe et sujet des faits psychologiques,* cette âme qui a *conscience d'elle-même,* quelle est sa *nature intime?* Est-elle *distincte du corps?* Comment expliquer son *union avec le corps?* Quelle est son *origine?* Quelle est sa *destinée? Survit-elle au corps?* — La psychologie *rationnelle* a pour but de répondre à ces questions.

I. — NATURE DE L'AME

Définition de l'âme humaine. — On peut définir l'âme humaine : *une force substantielle, une, simple, identique, active, spirituelle, et par conséquent distincte du corps.*

Unité de l'âme. — Notre âme est *une, d'une unité parfaite,* c'est-à-dire qu'il n'y en a pas plusieurs en nous, et de plus qu'elle est exempte de toute composition.

1° L'âme est **unique** : la conscience et le langage le constatent. — La *conscience* atteste que les faits psychologiques les plus divers doivent tous être rapportés à une cause unique, qui sent, pense et veut de mille façons. « Ce flux et ce reflux d'idées, de sentiments si divers et si mobiles, dit Balmès*, ont un point commun de ralliement, un sujet qui les reçoit et qui les fait revivre par le souvenir. » — Le *langage* lui-même vient confirmer le témoignage de la conscience ; nous disons, en effet : *je sens*, *je pense*, *je veux* ; c'est toujours *je*, toujours *moi*[1].

2° L'âme est d'une **unité simple, indivisible** ; le raisonnement le démontre. Supposons que l'âme soit divisible en trois parties : A, B, C, et que A sente, B connaisse et C veuille. Mais la *sensation* est impossible sans la connaissance : on ne sent qu'autant que l'on connaît qu'on sent ; de même, le *vouloir* est impossible sans la connaissance : on ne veut qu'autant que l'on connaît qu'on veut. Donc A, B, C, sont inséparables ; donc l'âme est simple, indivisible, immatérielle.

Identité de l'âme. — Notre âme est **identique**, c'est-à-dire qu'elle reste toujours la même. Ses idées, ses goûts, peuvent changer ; elle ne s'altère ni se transforme ; en d'autres termes, l'unité du moi *dure* ou *persiste*, sans être jamais remplacée par de nouveaux *moi* qui se substitueraient à lui et prendraient sa place : le moi d'aujourd'hui est le même que celui d'hier, que celui de demain, que celui de toute la vie. L'enfant se retrouve dans le jeune homme, l'homme fait dans le vieillard. A la fin de la plus longue carrière, nous sommes les mêmes qui, soixante ou quatre-vingts ans auparavant, commencions à parler, à marcher, à écrire.

La permanence du moi est attestée par la *conscience* et par la *mémoire*. La première de ces deux facultés nous dit ce que nous sommes dans le présent ; la seconde nous rappelle ce que nous avons été dans le passé. Comparant ces deux témoignages, nous reconnaissons facilement que notre âme est toujours la même.

Activité de l'âme. — L'âme est douée d'une **activité** non seulement volontaire, mais libre[2] : elle dispose de ses actes, et les dirige comme il lui plaît. La vérité de ces deux propositions est attestée par la conscience.

[1] *Moi* se prend quelquefois, en philosophie, pour l'*âme* seule, en tant qu'elle se connaît et se possède. Ex. : malgré le changement continuel du corps, le même *moi* subsiste toujours. Ordinairement il exprime l'unité de la personne humaine : le *moi*, c'est l'âme et le corps substantiellement unis pour former l'être humain.

[2] Un acte volontaire peut ne pas être un acte libre ; mais tout acte libre est volontaire.

Spiritualité de l'âme. — L'âme n'est pas seulement immatérielle, elle est **spirituelle**. La spiritualité suppose l'immatérialité, mais ne lui est pas identique. Tous les êtres qui sont les principes, soit de la vie des animaux et des plantes, soit des forces et des mouvements de la matière, et, vraisemblablement, la substance[1] de la matière, sont immatériels, mais non spirituels[2]. L'être spirituel est celui qui, « non seulement n'est pas matière, mais qui est *indépendant de la matière* ». (S. Thomas*.) Or l'âme humaine est douée d'une activité propre et indépendante de la matière, comme le prouvent les opérations de l'intelligence et de la volonté, facultés qui s'exercent sans le secours d'aucun organe matériel. Notre âme est donc spirituelle.

QUESTIONNAIRE. — Que distingue-t-on dans l'univers ? — Comment peut-on définir l'âme humaine ? — Que savez-vous de l'unité de l'âme ? — de l'identité de l'âme ? — de l'activité de l'âme ? — de la spiritualité de l'âme ?

II. — DISTINCTION DE L'AME AVEC LE CORPS

Spiritualisme et matérialisme. — L'âme est-elle **distincte du corps**, comme le prétendent les spiritualistes, ou bien *n'y a-t-il en nous d'autre substance que la matière*, comme le veulent les matérialistes ? Examinons brièvement chacune de ces deux théories.

Théorie spiritualiste. — L'âme est distincte du corps : la différence essentielle qui existe entre les propriétés de l'âme et celles du corps suffit à le prouver. Nous l'avons établi :

1º L'âme est **une**. — Le corps, au contraire, est formé par une agglomération de molécules séparables ; ce qu'on appelle unité dans le corps n'est au fond que l'harmonie de ses éléments.

2º L'âme est **identique**. — Le corps n'a pas d'identité parfaite : sa substance change et se renouvelle sans cesse ; les molécules succèdent aux molécules, la matière à la matière ; sa forme seule conserve une sorte d'identité, mais ce n'est là qu'une identité *relative*. Le corps est donc essentiellement composé, divisible, changeant et corruptible.

[1] *Substance :* sujet auquel sont attachés les attributs.
[2] V. plus bas : l'*âme des bêtes*, p. 85.

3° L'âme est **active** : la causalité ou l'activité est le premier de ses attributs. (V. p. 47.) — Le corps est *inerte*; il reçoit le mouvement, mais il ne le crée pas.

Or, — c'est un principe dans les sciences physiques et naturelles, — *la différence des propriétés essentielles* suppose *la différence des substances;* les propriétés essentielles de l'âme diffèrent de celles du corps; donc l'âme diffère du corps; le corps est matériel, donc l'âme est immatérielle.

Pour échapper à la rigueur de cette conclusion, il faudrait soutenir que des propriétés immatérielles ne prouvent pas une substance immatérielle; mais alors il ne serait pas vrai de dire, non plus, que des propriétés matérielles prouvent une substance matérielle. D'où il suit que, s'il n'y a pas d'âme, il n'y a pas de corps.

Théorie matérialiste. — Les matérialistes, secte « non de philosophes, mais de menteurs », comme disait Pascal*, allèguent contre l'existence d'une âme *distincte* du corps : 1° la *concordance du physique et du moral;* 2° la *liaison intime du cerveau et de la pensée.*

1° **Concordance du physique et du moral.** — L'âme, disent les matérialistes est d'une nature corporelle ; elle commence, grandit, décline et meurt en même temps que le corps. L'esprit est faible dans une organisation tendre et délicate, fort dans un corps mûr et vigoureux; il languit avec la souffrance, défaille avec la maladie, s'engourdit avec la vieillesse. Une telle concordance n'existerait point si l'âme et le corps étaient des substances distinctes l'une de l'autre.

Réfutation. — Les faits allégués prouvent sans doute une certaine corrélation entre le physique et le moral, mais cette corrélation n'entraîne pas la confusion. D'ailleurs, elle n'offre point le caractère de persistance que lui attribuent les matérialistes. Combien d'intelligences d'élite et de volontés énergiques dans des corps malades, exténués, décrépits! combien d'intelligences bornées, de volontés chancelantes, dans des corps robustes et bien portants! Donc l'âme est distincte du corps.

2° **Liaison intime du cerveau et de la pensée.** — La perfection de la pensée, disent encore les matérialistes, est en raison directe de la perfection du cerveau : le volume du cerveau donne les esprits vastes et les esprits étroits, et les troubles cérébraux entraînent toujours des troubles correspondants dans les idées, les sentiments et les volitions. D'où l'on peut conclure que les phénomènes physiologiques et les phénomènes psychologiques procèdent d'une seule et même substance, la substance cérébrale.

Réfutation. — La perfection de la pensée n'est pas toujours en raison de la perfection du cerveau, et les troubles cérébraux n'entraînent pas toujours les mêmes conséquences. Les anatomistes, les physiologistes et les pathologistes découvrent tous les jours « des esprits remarquables logés dans un front fuyant, et sous un front proéminent, des idiots et des imbéciles ; de grands esprits dans une petite tête, et dans une grande tête de petits esprits, de graves lésions du cerveau sans folie, et la folie sans lésion[1] » ; la folie guérie par un traitement physique, et la folie guérie par un traitement moral[2].

Le cerveau est l'instrument actuellement nécessaire à l'exercice de la pensée, mais il ne produit pas la pensée. Nous l'avons dit déjà, la pensée exige un principe essentiellement *un*, capable de réunir les idées qui constituent un jugement, ou les jugements qui constituent un raisonnement ; un principe *identique*, capable de se rappeler le passé ; enfin un principe *libre*, responsable et capable de moralité. Or le cerveau est composé d'une multitude de lobes, et, comme le reste du corps, il est soumis au *tourbillon vital*[3], qui le renouvelle tout entier au bout de sept à huit ans ; il est composé de matière et obéit, comme tout l'univers matériel, à des lois nécessaires ; il n'est donc ni *un*, ni *identique*, ni *libre*.

Les attributs de l'âme diffèrent essentiellement de ceux du corps ; donc l'âme est distincte du corps, et ces deux substances, intimement combinées en une seule, ne peuvent jamais se prendre l'une pour l'autre.

QUESTIONNAIRE. — Les spiritualistes prétendent que l'âme est distincte du corps : sur quoi basent-ils leur affirmation ? — Quelles sont les objections des matérialistes ? — Réfutez ces objections.

---

[1] M. Lélut, médecin de Bicêtre, a déclaré que, sur vingt cas de folie, il en a trouvé dix-sept sans la moindre trace de lésion.
[2] Voyez A. Franck, *Dictionnaire philosophique*.
[3] « La vie, dit Cuvier, est une circulation, un tourbillon continuel. »

III. — UNION DE L'AME ET DU CORPS

Personnalité humaine. — Malgré leur différence essentielle, l'âme et le corps sont unis par les rapports les plus intimes, par des relations de tous les instants, et leurs substances constituent ensemble la *personne humaine;* elles « forment un tout naturel ». (BOSSUET *.) Considérés isolément, l'âme et le corps sont deux substances incomplètes; unies substantiellement, elles forment une seule substance complète, la nature humaine, la personne humaine.

L'être humain est donc *double* quant aux principes qui le constituent, mais *unique* quant à sa nature, composée de l'âme et du corps. Voilà ce que nous apprennent, de concert, le sens intime et le langage ordinaire.

Ainsi, quand je dis : je pense, je comprends, je veux, je vois, j'entends, j'ai faim, je me promène, j'affirme clairement l'union substantielle de l'âme et du corps.

Définition de l'homme. — De ce qui précède, il résulte que ni l'âme seule, ni le corps seul, n'est la personne humaine. Une bonne définition de l'homme devant faire mention des deux substances qui le constituent, on peut choisir l'une ou l'autre des deux suivantes : L'homme est *une créature raisonnable composée d'une âme et d'un corps.* « L'homme est *la résultante de l'âme et du corps, comme un composé de deux éléments, et qui n'est ni l'un ni l'autre.* » (S. THOMAS *.)

L'union de l'âme et du corps est un mystère. — Pour expliquer l'union de l'âme et du corps, quelques philosophes ont imaginé des *hypothèses* plus ou moins erronées ou insuffisantes, qu'il est inutile d'examiner ici. D'ailleurs, l'union merveilleuse de la substance spirituelle et de la substance matérielle reste un mystère pour nous. L'âme et le corps sont unis l'un à l'autre plus intimement que l'oxygène à l'hydrogène dans une goutte d'eau, c'est un fait incontestable. Mais « le comment nous échappe ». (S. AUGUSTIN *.)

Rôles divers de l'âme et du corps. — L'âme est le principe de tous les phénomènes, soit physiologiques, soit psychologiques, qui se passent en nous; elle vivifie le corps, lui commande, le met en mouvement, le guide, l'éclaire, veille à sa conservation et pourvoit à tous ses besoins[1]. — Le *corps* est l'instrument actif dont l'âme se sert dans la perception externe, dans les opérations de la sensibilité physique et de la plupart de ses facultés inférieures : les facultés supérieures, telles que la pensée, les opérations de l'intelligence et les actes de la volonté, ne procèdent que de l'âme seule[2].

QUESTIONNAIRE. — Qu'implique la personne humaine? — Comment peut-on définir l'homme? — Peut-on expliquer l'union de l'âme et du corps? — Quels sont les rôles divers de l'âme et du corps?

CONSÉQUENCES DE L'UNION DE L'AME ET DU CORPS

La conséquence la plus générale de l'union substantielle de l'âme et du corps, c'est l'*influence réciproque* du moral sur le physique et du physique sur le moral.

Influences : — 1° **Du moral sur le physique.** L'état de l'âme influe puissamment sur le corps. Ainsi, la quiétude et le contentement intérieurs sont très favorables à la santé; les contrariétés, les chagrins, la crainte, le remords, les passions, les émotions brusques bouleversent le visage, dérangent l'équilibre des fonctions vitales et peuvent abréger la vie[3]. — 2° **Du physique sur le moral.** L'état du corps n'influe pas moins

---

[1] A ceux qui objecteraient que l'âme n'est pas le principe des phénomènes physiologiques par la raison qu'elle les ignore, on répondrait : 1° que l'âme a conscience d'un certain nombre de faits vitaux; 2° que, pour les autres, sa non intervention est loin d'être démontrée; 3° qu'il n'est pas surprenant qu'un certain nombre de ces faits lui échappent, puisqu'elle est inconsciente même d'un grand nombre de faits psychologiques.
La faculté que l'âme possède de *mouvoir* son corps s'appelle *faculté motrice*. Cette faculté, dont les organes matériels sont les *nerfs locomoteurs*, est aidée ou gênée par les *instincts*, les *habitudes corporelles* et la volonté.

[2] Le corps n'est pas un *instrument passif* : l'âme l'envahit, le compénètre de telle sorte, qu'elle le fait sien et lui communique une partie de son activité et de sa puissance. Par là, le corps devient un *instrument actif* de l'âme, propre à *subir* et à *transmettre* son action, à *participer* à un grand nombre de ses actes, propre aussi à *réagir* sur elle, à lui *communiquer* et à *sentir* avec elle les impressions qui viennent du dehors.

[3] « Les maladies produites par les passions, dit Descuret, sont incomparablement les plus fréquentes. La moitié des phtisies ont pour cause l'inconduite... Les maladies chroniques de l'estomac, des intestins, du foie, du pancréas, de la rate, sont plutôt dues à l'ambition, à la jalousie, à l'envie, à de longs et profonds chagrins. Sur cent tumeurs cancéreuses, quatre-vingt-dix au moins doivent leur principe à des affections morales tristes. »

puissamment sur l'âme : une maladie, une douleur physique, une blessure à la tête, une congestion sanguine ou séreuse, un ramollissement des fibres cérébrales, suffisent pour troubler les facultés de l'âme et produire l'imbécillité, l'idiotisme, le délire, ou même la folie. Le tempérament (sanguin, bilieux, nerveux ou lymphatique) exerce, lui aussi, une très grande influence sur les aptitudes intellectuelles et morales; il prédispose à la joie ou à la tristesse, au calme ou à l'inquiétude, à l'action ou au repos, à la générosité ou à l'égoïsme, etc.

Faits particuliers de cette double influence. — Ils se produisent dans certains cas spéciaux, tels que le *sommeil*, le *rêve*, le *somnambulisme*, l'*hallucination* et la *folie*.

Sommeil. — Le sommeil est une *interruption périodique* de certaines des fonctions vitales et psychologiques (locomotion, exercice des sens et de l'intelligence). Ce curieux phénomène suspend ou affaiblit l'activité volontaire et libre, de telle sorte qu'il rend l'homme irresponsable, incapable de bien ou de mal moral, de mérite ou de démérite.

Le sommeil est indispensable à la vie animale. Il paraît être provoqué par tout ce qui diminue l'activité de l'esprit (fatigue du centre nerveux, travail de la nutrition, influence du froid ou de la chaleur, bruit monotone et continu); il est retardé par tout ce qui excite l'intelligence ou émeut la sensibilité (étude, lecture, conversation, jeux, spectacles). Le sommeil, au point de vue psychologique, nous est connu par le souvenir plus ou moins distinct de nos *rêves*.

Rêve. — Le rêve est un mode de *penser* et de *sentir* propre au sommeil. Ces pensées et ces sentiments sont plus ou moins bizarres, incohérents et fugitifs. « Durant le sommeil, l'imagination, n'étant plus retenue par le frein de la raison et de la volonté, se donne carrière, ou plutôt devient le jouet du hasard par ses représentations aussi extravagantes qu'illusoires. Cependant les rêves correspondent presque toujours à ce qui nous a vivement occupés ou impressionnés dans la veille. La maladie, les accidents imprévus, la position du corps pendant le sommeil et bien d'autres causes, modifient notre état mental, et, par suite, nos rêves. » — Le rêve, qui semble être permanent, prouve qu'il n'y a de sommeil absolu ni pour l'âme ni pour le corps.

Somnambulisme, magnétisme, hypnotisme. — Le somnambulisme est un *sommeil imparfait* qui laisse à l'activité son jeu naturel. Ainsi, le somnambule marche comme dans l'état de veille; il met à profit les données des sens, coordonne logiquement ses idées, et peut même être amené à converser avec quelqu'un, pourvu que les *suggestions* qui lui sont faites correspondent à ses préoccupations actuelles; c'est un *rêve en action*, dont le rêveur somnambule n'a pas conscience, et dont il ne garde aucun souvenir.

Ce sommeil étrange est provoqué artificiellement par les *passes* magnétiques, le regard ou la volonté du magnétiseur. M. Braid, médecin anglais, l'a produit en faisant regarder au patient un objet brillant placé tout près de ses yeux, et lui a donné le nom d'*hypnotisme*.

Dangers du magnétisme et de l'hypnotisme. — Le magnétisme agit subitement sur le système nerveux et « produit, dit le célèbre magnétiseur du Potet, des désordres quelquefois irréparables ». Braid, lui-même, avoue que les expériences sont toujours nuisibles à la santé des sujets hypnotisés, et pourraient être mortelles pour ceux qui ont une tendance à l'apoplexie ou à une sérieuse affection du cœur. — La personne magnétisée ou hypnotisée reste sous l'entière dépendance de l'agent externe, dont elle reproduit fatalement les gestes et les impressions; elle exécute même quelquefois dans la veille, et après un temps plus ou moins long, ce qui lui a été commandé pendant le sommeil magnétique : « elle peut, quelques mois après, commettre un vol ou un meurtre, sans aucune raison apparente. » (Dr GIBIER.)

Pour ces motifs et pour d'autres encore, le somnambulisme artificiel doit être réprouvé « comme contraire aux lois de la prudence et de la sagesse morales ».

Hallucination. — L'hallucination est un *état morbide* de l'esprit qui, dans la veille, croit voir, entendre, percevoir des choses qu'il ne voit pas, qu'il n'entend pas, qu'il ne perçoit pas réellement. Cette maladie, qui tient à un trouble cérébral, échappe ordinairement à l'empire de la raison; quand elle persiste et se renouvelle fréquemment, elle engendre la *folie*.

Folie. — La folie, ou aliénation mentale, est un *dérangement* partiel ou général des facultés psychologiques : si elle ne porte que sur une idée fixe, à laquelle tout est comme subordonné, c'est la *monomanie;* si l'imagination est absolument déréglée ou ne peut plus être contenue par la raison et la volonté, c'est la *folie complète.* La folie résulte d'un désordre *physique* ou *moral :* lésion ou inflammation du cerveau, abus de boissons alcooliques, inconduite, frayeur soudaine, accès de colère, chagrin profond, etc.; — l'*idiotisme* est congénital.

Conclusion. — Tous ces états anormaux, que nous venons de faire connaître, sont autant de preuves de l'union étroite du physique et du moral. — Maine de Biran * a eu raison de dire que l'homme n'est pas seulement *servi,* mais qu'il est souvent *asservi* par ses organes.

QUESTIONNAIRE. — Que savez-vous des influences réciproques de l'âme et du corps? — Citez quelques faits particuliers de cette double influence. — Que prouvent ces divers états anormaux?

V. — ORIGINE ET DESTINÉE DE L'AME

Opinions erronées sur l'origine de l'âme. — Les philosophes panthéistes ont soutenu que l'âme était une émanation de Dieu, une partie de sa substance. D'autres (Pythagore, Platon, etc.) ont cru que toutes les âmes avaient été créées en même temps, à l'origine du monde.

La première de ces opinions est contraire à la parfaite simplicité de Dieu; la seconde ne dit pas ce que deviennent les âmes jusqu'au moment où elles sont unies à un corps.

Véritable doctrine. — L'âme humaine est immédiatement créée par Dieu et unie au corps dès que celui-ci existe. — A ce sujet, la Bible rapporte qu'après avoir tiré du néant le ciel, les astres, la terre, les plantes et les animaux, le Seigneur dit : *Faisons l'homme à notre image et à notre ressemblance, pour qu'il préside à l'univers,* et Dieu forma lui-même le corps de l'homme du *limon de la terre* et inspira sur sa face un *souffle de vie,* et l'homme devint vivant et animé. La *Genèse* distingue donc dans l'homme le corps et l'âme : le corps, ou substance matérielle que le Créateur a formée du limon de la terre, et l'âme, ou substance spirituelle, qu'il a tirée non de la matière, mais qu'il a créée à son image en lui donnant l'intelligence[1].

Destinée de l'âme. — Chaque être appelé à l'existence a une fin qui lui est propre. Le Créateur aurait manqué de sagesse s'il avait agi sans intention et sans but, s'il n'avait assigné une fin à chacune de ses créatures. L'homme, le roi de la création, doit avoir sa fin, sa destinée : ses facultés le prouvent.

Les facultés constitutives d'un être sont toujours en rapport avec sa destinée, et sa destinée ne peut s'accomplir que lorsque ses facultés sont entièrement satisfaites. Or l'âme humaine possède trois facultés principales : l'intelligence, ou faculté de *connaître la vérité;* la volonté, ou faculté de *vouloir le bien;* la sensibilité, ou faculté de *sentir son propre bonheur.* La fin dernière de l'âme est donc la pleine et entière satisfaction de connaître, de vouloir et de se sentir heureuse.

Mais il est d'expérience que ni la science, ni la vertu, ni la fortune, ni *rien de créé,* ne peut contenter parfaitement ce triple besoin de la nature humaine.

La vie présente n'est donc qu'un temps d'épreuve ; il y a une *vie future* et l'*âme est immortelle.*

QUESTIONNAIRE. — Citez les principales opinions erronées sur l'origine de l'âme ? — Quelle est la véritable doctrine relativement à l'origine de l'âme ? — L'âme humaine a-t-elle une destinée ? — Qu'est-ce qui le prouve ?

---

[1] « Le *domaine* qu'exerce notre âme sur la portion de matière qui lui est unie nous peint, en quelque manière, l'action toute-puissante du moteur de l'univers. La *variété* de ses pensées, ses souvenirs du passé, ses pressentiments de l'avenir, la *rapidité* avec laquelle elle passe d'une chose ou d'un endroit à un autre, semblent la rapprocher de l'intelligence infinie, qui embrasse d'un coup d'œil tous les temps, tous les lieux, toutes les révolutions du monde. La *force* qu'elle a de régler ses volontés, de réprimer ses désirs, de calmer le mouvement des passions, imite encore, quoique imparfaitement, l'empire que Dieu exerce sur ses créatures. Les *regards* qu'elle jette continuellement sur l'avenir, l'*étendue* de ses espérances, le *désir* de l'immortalité, dont elle ne peut se dépouiller, sont autant de signes par lesquels Dieu l'avertit qu'elle doit participer, par grâce, à l'éternité qui lui appartient à lui seul par nature. Ainsi donc, l'Écriture ne nous trompe point lorsqu'elle nous dit que Dieu a créé l'homme à son image. »

(GOUSSET, *Théol. dogm.*)

V. — IMMORTALITÉ DE L'AME

Importance de cette question. — « L'immortalité de l'âme est une chose qui nous importe si fort et qui nous touche de si près, qu'il faut avoir perdu tout sentiment pour être dans l'indifférence sur cette question. Toutes nos actions, toutes nos pensées, doivent prendre des routes si différentes, selon qu'il y a ou non des biens éternels à espérer, qu'il est impossible de faire une démarche avec sens et jugement, tant que cette question n'est pas résolue. » (Pascal*.) « Au fond, ajoute Mgr Dupanloup, la grande terreur de l'homme et sa grande douleur, c'est la mort; sa grande consolation sera donc l'immortalité rendue manifeste. »

La foi catholique met pour nous cette vérité hors de doute; mais il est utile d'invoquer les lumières de la *raison*, et d'établir sur elle l'*immortalité de l'âme* et l'*existence d'une vie future*.

Preuves de l'immortalité de l'âme. — L'immortalité de l'âme humaine est attestée : 1° par la *croyance universelle*; 2° par la *spiritualité de l'âme*; 3° par les *tendances de l'homme*; 4° par la *nécessité d'une sanction parfaite*.

1° Croyance universelle. — Tous les peuples, partout et toujours, ont cru à l'immortalité de l'âme et à l'existence d'*une autre vie* pour l'homme : vie de bonheur, si sur la terre il a été vertueux; vie de tourments, s'il a été criminel. La tradition, l'histoire, et en particulier le culte des morts, que nous trouvons chez tous les peuples, sont autant de signes de cette croyance[1]. Or ce concert unanime, dans une question si contraire aux

---

[1] « La foi des Égyptiens à une autre vie est attestée par les monuments funèbres; celle des Indous et des Gaulois, par la doctrine de la métempsycose; celle des Chinois, par l'évocation des morts. Selon Xénophon, cette croyance existait chez les Perses, même avant Zoroastre. Les Grecs et les Romains avaient leur Élysée et leur Tartare; les Scandinaves, leur Walhalla, etc. La foi à l'immortalité, constamment professée par les Hébreux, a été très vive chez les premiers chrétiens, comme le montrent les symboles, où nous lisons constamment : *vitam æternam*, les homélies des Pères, les réponses des martyrs, les prières pour les morts, le terme employé pour désigner le lieu de leur repos : *koimêtêrion*, « cimetière, dortoir, » et par-dessus tout leurs éminentes vertus, qui remplissaient d'admiration les païens eux-mêmes. » (Voyez Nardi, *Vérités de la religion catholique*.)

passions, ne peut provenir que de la vérité. Donc l'âme est immortelle.

2° Spiritualité de l'âme. — *a*) La mort du corps n'entraîne pas nécessairement et immédiatement celle de l'âme. La mort, telle qu'elle se présente à nous, consiste dans la séparation, la *désunion* des éléments constitutifs des corps, qui auparavant étaient agrégés ensemble et qui retombent sous les lois de la nature inanimée. Or l'âme, être simple et immatériel, ne saurait subir un pareil sort : il n'est pas possible d'admettre que la *partie la plus noble* de nous-mêmes soit soumise à la destinée de la partie la moins noble et dépende d'elle.

b) L'âme, être spirituel, peut *vivre* séparée du corps. C'est surtout par l'intelligence et la volonté que l'âme vit. Or l'intelligence et la volonté sont des facultés immatérielles et indépendantes de l'organisme. D'où il suit que la mort les laisse subsister dans son intégrité.

Aucune puissance créée ne peut avoir d'action sur notre âme. Reste cette supposition que Dieu pourrait l'anéantir au moment de la mort. Sans doute, il le pourrait; mais Dieu ne se dédit pas et n'agit que par raison parfaite. Il n'a pas de raison parfaite d'anéantir l'âme; il en a une de la conserver : la sanction parfaite de la loi morale.

D'ailleurs l'expérience démontre que, dans la transformation des corps, aucun être n'est anéanti jusqu'au dernier atome. Pouvons-nous raisonnablement supposer que l'âme, spirituelle, intelligente et libre, ait moins de durée que la plus vile des molécules matérielles? Donc l'âme est immortelle.

3° Tendances de l'homme. — L'homme, en ce monde, est obsédé par des désirs irrésistibles; il a soif de bonheur, de vérité, de liberté. Nous voulons être heureux; nous aimons la vérité; nous aspirons à la liberté. Mais combien sont imparfaites, fugitives, illusoires, les satisfactions qui sont accordées ici-bas à notre nature sensible! « Vanité des vanités, disait Salomon, tout est vanité. » « Ce que je sais, disait Socrate[*], c'est que je ne sais rien. Nous ne sommes pas libres : mille causes physiques et morales restreignent ou détruisent notre liberté. Cependant ces désirs dérivent de notre nature; nous les avons donc reçus de Dieu avec l'être et la vie. Or Dieu ne fait rien en vain; donc il faut que ces espérances, toujours déçues en cette vie, mais indestructibles, soient réalisées dans un autre monde. Donc l'âme est immortelle.

4° Nécessité d'une sanction parfaite. — *L'homme a l'idée de la justice;* sa raison et sa conscience lui disent également que la *vertu* mérite une récompense, et le *vice* un châtiment. « La peine, disait le vieil Homère, suit toujours le crime d'un pas lent et sûr; » et Rousseau : « Plus je rentre en moi, plus je me consulte, et plus je lis ces mots écrits dans mon âme : Sois juste, et tu seras heureux. » Or, dans la vie présente, le bonheur n'est pas toujours le partage de la vertu, ni le malheur toujours le partage du vice; trop souvent, au contraire, le vice demeure, non seulement impuni, mais triomphant; et la vertu, non seulement méconnue, mais persécutée. Cependant la *justice* et l'*ordre* veulent que la vertu soit récompensée et le vice puni. Il est donc absolument nécessaire qu'il y ait une autre vie pour réparer les injustices et les désordres de la vie présente [1]. (V. *Morale*, p. 175.)

Durée de la vie future. — Les hommes ont toujours cru que l'âme, heureuse ou malheureuse dans la vie future, ne sera jamais anéantie.

Dieu *aime* nécessairement l'âme du juste, et il en est aimé;

---

[1] « L'âme est, donc elle sera. Voilà le plus simple, le plus invincible des arguments gravés par Dieu dans l'âme humaine. Argument sans réplique. Et la preuve, c'est que, quand on ne veut pas de l'âme dans l'avenir, on commence par la supprimer dans le présent. Mais comment faire? Il faut beaucoup d'esprit pour se persuader qu'on n'a pas d'âme. Tout le monde n'est pas capable de cet effort; et comme ce malade auquel on cherchait à persuader qu'on ne meurt qu'autant qu'on le veut bien, et qui répondait : « J'ai peur d'avoir une distraction, » à la moindre distraction on se trouve ayant foi à son âme.

« Et non seulement l'âme est, mais elle veut être; elle veut être de plus en plus. Encore plus de lumière! encore plus d'amour! encore plus de vie! voilà ce qu'elle dit. C'est le cri de toutes les âmes. Et cela aboutirait au néant! Cette faim, cette soif qui constituent l'essence de l'âme, auraient été inutiles, sans but, sans raison, dénuées de sens! que dis-je? se retourneraient contre elle, comme une moquerie! Vous avez soif de lumière infinie : réjouissez-vous, vous aurez des ténèbres! Vous avez faim et soif de vie : on vous donnera la mort et le néant! Vous disiez : « Toujours! » on vous répondra : « Jamais! » C'est stupide...

« Quoi! voilà vingt ans, trente ans que je travaille mon cœur pour le rendre pur, fécond, pour le détacher de tout ce qui est bas, vil, périssable, passager; et au moment où il donne des fruits et des fleurs, c'est la mort qui cueillera les fleurs, c'est le néant qui moissonnera les fruits! Non, non, cela est impossible. J'affirme que vous vous trompez. L'âme ne peut grandir pour mourir! Elle ne peut pas se parer pour le néant! » (E. BOUGAUD, *le Christianisme et les temps présents*, 1ᵉʳ vol., p. 513.)

or pour quel motif cet amour serait-il brisé un jour? Le bonheur de la vie future doit être *parfait;* or un bonheur qui ne serait pas éternel ne serait pas le vrai bonheur, ne serait pas le bonheur parfait. Donc, la *récompense* de celui qui, au dernier moment, est uni à Dieu par la foi et la charité, lui demeure *éternellement* uni dans la vision bienheureuse.

Des considérations analogues prouvent que le *châtiment* du coupable doit être *éternel.* L'âme entre dans la vie future avec l'état et les affections du cœur à ce moment suprême. Or cet état et ces affections sont *irrévocables :* le changement ne peut appartenir qu'à la vie d'épreuve; l'épreuve passée, tout être est fixé à jamais. Le coupable persévère donc dans le mal; il demeure *éternellement coupable* et ne cesse point de mériter le châtiment. « L'arbre demeure où il tombe, dit l'Écriture, à droite s'il tombe à droite, à gauche s'il tombe à gauche. » (*Ecclés.*, xi, 3.)

Conclusion. — Il y a une *vie future.* Cette vie doit être *éternellement heureuse* pour celui qui a été fidèle, ici-bas, à la loi de Dieu; *éternellement malheureuse* pour celui qui a transgressé cette loi : tel est l'enseignement de la raison et de la foi catholique. (*Évang. S. Matthieu,* xxv, 31 à 46; *S. Marc,* ix, 40 à 42.)

« La certitude d'un avenir pour l'homme après la tombe, ce dogme qui fait la consolation et la force des malheureux, qui modère le crime en présence de la vertu désarmée, ce dogme épuré et divinement confirmé par le christianisme, est le couronnement nécessaire d'une philosophie qui ne cherche pas sa règle dans la sensation, qui croit à la Providence de Dieu, à la liberté, à la distinction du bien et du mal, au droit et au devoir, et qui, familière avec ces vérités inaccessibles aux sens, n'a, pour ainsi dire, qu'à suivre ses voies ordinaires pour s'élever à la démonstration de nos destinées immortelles [1]. » (CH. JOURDAIN, *Notions de philosophie.*)

QUESTIONNAIRE. — Pouvons-nous être dans l'indifférence sur la question de l'immortalité de l'âme? — Quelles sont les principales preuves de l'immortalité de l'âme? — Quelle sera la durée de la vie future?

---

[1] « Ainsi l'immortalité dessine le but de l'homme sur la terre. Elle lui explique la douleur, elle lui justifie l'épreuve. Elle lui fait comprendre qu'il n'est pas ici pour s'endormir dans le repos ou se complaire dans la jouissance, mais pour

COMPLÉMENT DE LA PSYCHOLOGIE RATIONNELLE

Ce complément comprend deux questions : — 1° *l'étude comparative des divers états de l'homme;* — 2° *l'étude comparative de l'homme et de l'animal.*

I. — ÉTUDE COMPARATIVE DES DIVERS ÉTATS DE L'HOMME

Dans l'enfance, le système nerveux est très actif, les impressions sont très mobiles, les habitudes faciles à contracter. L'enfant n'a d'abord que la faculté de sentir; sa sensibilité, qu'on pourait appeler corporelle, se manifeste à l'occasion et au moyen du corps, du jeu des organes, des fonctions de la vie animale. Vers l'âge de six à sept ans, il commence à réfléchir, il atteint l'âge de raison. Dès lors sa sensibilité peut être excitée par un fait intellectuel, sans l'intervention directe des sens; il a le sentiment du vrai, du bien, du mal, du beau, de l'infini.

Dans la jeunesse, le système nerveux et les organes musculaires acquièrent leur plus grande puissance; les désirs sont vifs, mais inconstants; la volonté est impérieuse, mais changeante. Le jeune homme aime l'honneur, il veut dominer; il vit d'espérance, et son avenir n'a pas de bornes; il dédaigne la

travailler, lutter, souffrir. Elle l'avertit que, le bonheur réel n'étant pas de ce monde, il ne doit ressentir ni surprise ni regret de ne point le goûter; et elle lui montre en cela même la sagesse admirable des vues de la Providence. Elle relève son esprit qui s'abat, soutient son cœur qui défaille, lui apprend à être tranquille dans la vie, à se mettre au-dessus de la prospérité comme du malheur, à accepter l'un, à ne pas s'abandonner à l'autre, à se réserver pour le ciel. Elle lui enseigne partout la résignation : on peut attendre quand on a l'éternité pour se dédommager et pour jouir. Dès lors les angoisses de la vie s'adoucissent; ses incertitudes se fixent; ses nuages se dissipent. La main de la Providence peut faire tomber ses plus rudes épreuves. Si l'homme est accablé dans le présent, il vit dans l'avenir; sans ressource, il lui reste l'espérance. L'innocence ou l'expiation lui ouvrent également la justification et la récompense. Relevé dans ses chutes les plus profondes, guéri dans ses plus cruelles blessures, garanti contre tout désespoir, il porte au fond de lui-même, comme une sauvegarde infaillible, *la glorieuse et sainte certitude d'une vie meilleure.* Dieu justifié dans tous ses desseins lui devient, pour ainsi dire, visible. La terre lui apparaît comme le seuil du ciel, le temps comme le parvis de l'éternité. » (Lire le beau livre de M. Baguenaud de Puchesse : *l'Immortalité.* Didier, Paris.)

richesse et préfère l'honneur à l'intérêt, car c'est le sentiment plutôt que le raisonnement qui le guide.

Dans l'âge mûr, les mouvements vitaux se ralentissent; la confiance aveugle en soi-même disparaît, pour faire place à la circonspection et à la sagesse : l'homme fait examine chaque chose en elle-même, et la vérité règle tous ses jugements; il n'agit pas uniquement par honneur ni par intérêt, mais par l'un et l'autre.

Dans la vieillesse, les fonctions organiques languissent et dégénèrent, les facultés intellectuelles s'affaiblissent, le caractère devient de plus en plus timide et défiant : le vieillard n'ose rien affirmer; il n'a ni affections vives ni haines vigoureuses. Les changements amenés par l'âge dans le physique ont été accompagnés de changements correspondants dans le moral.

Remarque. — Nous ne dirons rien de l'homme sauvage : l'état sauvage n'est pas l'état primitif de l'humanité. « Le sauvage est un homme dégradé, en qui la flamme de l'intelligence ne jette qu'une lueur pâle et intermittente. Une main redoutable, appesantie sur ces races dévoyées, efface en elles les deux caractères distinctifs de notre grandeur : la prévoyance et la perfectibilité. »

II. — ÉTUDE COMPARATIVE DE L'HOMME ET DE L'ANIMAL

Méthode à suivre. — La méthode d'induction et d'analogie, que l'on emploie pour cette étude, n'a de valeur que si l'on part, comme le veut Bossuet, de l'étude de soi-même, que si l'on prend pour pierre de touche les phénomènes analogues que l'on a observés en soi directement. On ne peut aller de la connaissance de l'animal à celle de l'homme : dans aucun ordre de questions on n'explique le supérieur par l'inférieur.

Analogies entre l'animal et l'homme. — L'animal est pourvu d'organes sensitifs semblables à ceux de l'homme; il doit donc, comme nous, posséder la *sensibilité physique :* ses attitudes, ses mouvements, ses cris, etc., le démontrent avec évidence. — Outre les *sensations,* on reconnaît encore, chez quelques animaux, certaines *passions* ou *affections sensibles :* ils sont capables d'aimer et de haïr.

L'animal possède aussi quelques-unes des *facultés inférieures de l'intelligence :* — 1° la *perception externe*[1] *:* il voit, entend, flaire, goûte; la *perception interne :* il a conscience de ce qu'il éprouve; — 2° la *mémoire des choses sensibles :* il reconnaît les lieux, les personnes et les choses; — 3° l'*imagination reproductrice :* il conserve l'image sensible des objets qu'il a perçus, et peut les faire revivre en l'absence de ces objets; il peut associer les images sensibles qu'il a perçues : on dresse certains animaux à indiquer l'heure en leur faisant associer un geste du dresseur et un nombre déterminé de coups à frapper avec le pied; on empêche les chiens de toucher à la viande en associant en eux l'idée de la faute et des coups reçus, etc.

L'animal a des rêves : le chien aboie quelquefois en dormant, l'oiseau crie et exécute certains mouvements sans se réveiller.

Différences entre l'animal et l'homme. — L'animal ne possède ni l'intelligence proprement dite, ni les facultés qui s'y rapportent; il n'a point d'idées abstraites, point d'idées générales, point d'idées du vrai, du beau, du bien; il ne juge pas et ne raisonne pas, parce qu'il ne réfléchit pas : si les animaux étaient capables de réflexion, ils le seraient d'invention et de progrès. Mais rien ne prouve « que, depuis l'origine du monde, ils aient ajouté quelque chose à ce que la nature leur avait donné ». (Bossuet *.)

L'animal possède l'activité de l'instinct et celle de l'habitude; mais puisque Dieu lui a refusé la réflexion, il est clair qu'il n'a ni volonté, ni liberté, ni responsabilité.

L'âme des bêtes. — Les facultés de l'animal, si imparfaites qu'elles soient, supposent nécessairement une force, un principe immatériel, simple et indivisible; c'est cette force, ce principe qu'on appelle l'*âme des bêtes.* L'âme des bêtes est immatérielle, comme toutes les forces; mais elle *n'est pas un esprit,* car elle ne peut ni raisonner, ni réfléchir, ni connaître par des idées : jamais on ne lui a surpris la manifestation de la moindre idée, même des choses matérielles, qu'elle ne connaît que par des images. D'où il faut conclure que l'âme des bêtes ne peut agir ni exister sans le corps. Elle n'est donc pas *spirituelle.*

---

[1] *Percevoir,* appliqué à la vie animale, veut dire : recevoir l'impression des objets, éprouver une sensation.

L'âme des bêtes est une âme *sensitive ;* elle a des sensations, mais point de sentiments ; sa sensibilité est toute physique. Cette âme, « dont toutes les opérations se rapportent au monde physique, et par conséquent ne peuvent s'accomplir qu'avec et par des organes, cesse d'exister quand le cours des lois de la nature amène sa séparation d'avec le corps. Mais ce n'est point par décomposition qu'elle périt, puisqu'elle est immatérielle ; ce n'est point non plus parce que Dieu l'anéantit, car Dieu n'anéantit aucune de ses œuvres. Elle est détruite en quelque sorte indirectement, en tant que le corps sans lequel elle ne peut exister lui fait défaut. C'est ainsi, d'ailleurs, que finissent toutes les *forces* physiques, toutes les *formes*, toutes les *modifications* des corps inorganiques et des plantes. » (San-Séverino, *Cours élém. de phil. chrét.*)

Questionnaire. — Que savez-vous des divers états de l'homme ? — Quelles analogies y a-t-il entre l'animal et l'homme ? — Quelles différences y a-t-il entre l'animal et l'homme ? — Que savez-vous de l'âme des bêtes ?

NOTE COMPLÉMENTAIRE

(PROGRAMME DU BREVET SUPÉRIEUR)

But de l'éducation. — L'éducation a pour but de préparer les enfants à devenir des êtres *actifs, intelligents, sociables* et *moraux,* en vue de leur perfection et de leur bonheur, comme en vue de la perfection et du bonheur de la société.

Pour atteindre ce but, il faut cultiver à la fois le *corps* et l'*âme* des enfants, en suivant les indications de la *physiologie* et de l'*hygiène,* de la *psychologie,* de la *logique* et de la *morale.*

Éducation physique. — L'éducation physique consiste à seconder, chez les enfants, le développement de toutes leurs forces corporelles ; d'où la nécessité de leur procurer une somme convenable de *nourriture,* d'*air,* de *lumière,* de *mouvement ;* de leur faire contracter des habitudes d'*ordre,* de *propreté,* de *régularité,* enfin de les prémunir le plus possible contre tout ce qui peut nuire à leur santé.

Les soins physiques doivent être donnés de façon à tourner au profit de la vie *morale,* qui est la raison d'être de la vie *physique.*

Éducation de la sensibilité. — La sensibilité de l'homme est réglée, non par l'instinct comme chez l'animal, mais par la raison, qui est son principe d'activité. Il faut donc apprendre aux enfants à dominer leurs *sens* et leurs *impressions* ; à réprimer et à vaincre leurs *inclinations*, leurs *appétits*, leurs *passions naissantes* ; à se tenir en garde contre tout ce qui est *vilain, grossier, égoïste, malveillant* ; en un mot, à *aimer ce qui est raisonnable*, et à *détester ce qui ne l'est pas*.

Éducation de l'intelligence. — On exerce l'intelligence des enfants en appliquant leurs facultés intellectuelles aux *divers ordres de connaissances* ; en les habituant à être *attentifs*, et à *retenir* tout ce qui est *vrai, juste* et *bon* ; en leur apprenant à se servir de leurs sens : à *voir*, à *entendre*, à *toucher*, à *flairer*, à *goûter* ; en surveillant leurs jugements ; en faisant appel à leur expérience personnelle ; en les exerçant à abstraire, à comparer, à généraliser, à raisonner.

Éducation de la volonté. — La volonté est la faculté d'agir. Cette faculté se manifeste de diverses manières : l'être humain agit d'abord par *instinct*, puis par *imitation*, ensuite d'après ses *émotions*, ses *caprices*, son *imagination*, ses *habitudes* ou sa *raison*. Il faut donc, de bonne heure, mettre sous les yeux des enfants des exemples de bonté, de reconnaissance, de justice, de courage, de dévouement ; leur apprendre à se vaincre, à être justes, bons, reconnaissants, dévoués ; à supporter la gêne, la fatigue, la douleur physique, les peines morales ; à ne s'inspirer que de nobles motifs ; à aimer, et à pratiquer le devoir : « car quiconque se met hors du devoir se met dans le désordre, et le désordre c'est l'anarchie des sentiments et des désirs, c'est la défaite et, pour ainsi dire, la déroute de la volonté. »   (H. JOLY.)

DEUXIÈME PARTIE

LOGIQUE

Définition. — La logique[1] est la *science des lois que doit suivre l'esprit dans la recherche et la démonstration de la vérité.*

Place de la logique dans le tableau général des sciences. — La logique dirige notre intelligence vers sa fin, qui est de *connaître* la vérité. Or la psychologie constate que l'esprit connaît la vérité au moyen des sens, de la conscience et de la raison. La logique est donc le complément pratique de la psychologie; elle présuppose la psychologie, mais elle ne relève d'aucune autre science. Au contraire, « en posant les règles suivant lesquelles chacune de nos facultés intellectuelles doit procéder, dans son application aux divers objets de nos études et de nos recherches, la logique se lie par d'intimes rapports à toutes les sciences. Elle les pénètre en quelque sorte, elle en est le fondement, et l'on pourrait, à juste titre, l'appeler du nom de *science première*, puisqu'il n'y a pour l'homme de vraie connaissance, en quelque ordre que ce puisse être, qu'à la condition de l'usage régulier de ses facultés intellectuelles. » (C. MALLET.)

Son importance. — La logique est d'une très grande importance : elle enseigne les moyens de trouver la vérité et d'éviter l'erreur; elle donne à l'esprit de la dextérité, de la pénétration, de la justesse, et peut l'élever au plus haut degré de perfection. Elle mérite donc toute notre estime; car, dit Descartes, « ce n'est pas assez d'avoir l'esprit bon, le principal est de l'appliquer bien. »

---

[1] Du grec, *logos*, raison, pensée, parole : *art de penser ou de raisonner.*

Division de la logique. — La logique se divise en deux parties : la logique *formelle* ou *théorique*, et la logique *appliquée* ou *pratique*.

QUESTIONNAIRE. — Qu'est-ce que la logique? — Quelle est la place de la logique dans le tableau général des sciences? — La logique est-elle importante? — En combien de parties se divise-t-elle?

I. — LOGIQUE FORMELLE

Définition et objet de la logique formelle. — La logique formelle ou théorique peut être définie la *science des lois de la pensée;* elle établit les lois d'après lesquelles nous formons nos idées, nos jugements et nos raisonnements. Son objet propre est donc la nature même des opérations de l'esprit.

Division. — Les opérations par lesquelles l'esprit acquiert et unit ses pensées sont au nombre de trois : *concevoir les idées, juger, raisonner*. Exprimées par la parole ou par l'écriture, les idées s'appellent *termes;* les jugements, *propositions*, et les raisonnements, *arguments*.

Nous étudierons successivement les *termes*, les *propositions* et les *arguments*.

I. — TERMES

Définition. — En logique, on appelle *terme* le mot dont on se sert pour exprimer une idée. Le terme est un mot isolé (Dieu, homme, éternel), ou un mot joint à l'article ou à l'adjectif (ce livre, le tableau noir).

Division des termes. — Les termes sont *positifs* ou *négatifs, concrets* ou *abstraits, individuels, particuliers, collectifs, universels, compréhensifs* et *extensifs*.

Les termes **positifs** sont ceux qui affirment. Ex. : Paul est laborieux, *laborieux* est un terme positif.

Les termes **négatifs** sont ceux qui ôtent, qui nient. Ex. : Paul est injuste (n'est pas juste), *injuste* est un terme négatif.

Les termes **concrets** sont ceux qui désignent des êtres qui ont une existence réelle et indépendante. Ex. : *Savant, vertueux, homme.*

Les termes **abstraits** sont ceux qui désignent des qualités considérées en dehors des sujets en qui elles résident. Ex. : *Science, vertu, humanité.*

Les termes **individuels** (ou singuliers) désignent des êtres déterminés. Ex. : Alexandre, César.

Les termes **particuliers** désignent les êtres sans les préciser, ou un nombre indéfini d'individus. Ex. : *Un astronome, quelques Français.*

Les termes **collectifs** désignent un ensemble d'individus. Ex. : *Une armée.*

Les termes **universels** ou *généraux* expriment des idées communes à un nombre indéterminé d'individus. Ex. : Le *poète,* la *substance,* l'*animal.*

La **compréhension** d'un terme universel est la *somme des attributs* qu'il exprime. Ex. : Le terme *homme* comprend les notions de *sensibilité,* de *vie,* de *mouvement,* de *raison.*

L'**extension** d'un terme général est la somme plus ou moins grande d'êtres auxquels il s'applique. Ex. : Le terme *homme* s'applique à Pierre, à Paul, aux Français, aux Anglais, aux Européens, aux Africains, aux blancs, aux noirs, etc.; le mot *vivant* s'applique aux plantes, aux animaux et à l'homme.

Remarque. — Les termes, pour être parfaits, doivent être *clairs* et *distincts.* Ce résultat s'obtient par la *définition.* (Voir plus bas, p. 105.)

QUESTIONNAIRE. — Comment définit-on la logique formelle et quel est son objet? — Comment se divise-t-elle? — Qu'est-ce qu'on appelle terme en logique? — Comment se divisent les termes, et quelle est leur fonction respective?

II. — PROPOSITIONS

Définition. — La proposition est *l'expression du jugement.* Elle renferme trois éléments : le *sujet,* ou ce dont on affirme ou nie quelque chose ; l'*attribut,* ou ce qui est affirmé ou nié du sujet, et le verbe *être*, qui unit les deux *termes*, l'attribut et le sujet. Ex. : L'*homme* (sujet) *est* (copule ou forme) *mortel* (attribut). — Le verbe s'appelle *copule* (latin, *copula*, lien), parce qu'il unit les deux termes; il s'appelle *forme*, parce que c'est lui qui constitue réellement la proposition.

Quantité et qualité des propositions. — 1° La **quantité** ou extension des propositions dépend du sujet. Or le sujet est universel, ou particulier, ou individuel, suivant qu'il est pris dans toute son extension, ou dans une partie de son extension, ou qu'il est individuel. Les propositions sont donc *universelles*, ex. : Les hommes sont mortels; ou *particulières*, ex. : Quelques savants se sont trompés; ou *individuelles*, ex. : Paul est savant.

2° La **qualité** des propositions consiste en ce qu'elles sont *affirmatives*, ex. : Les hommes sont mortels; ou *négatives*, ex. : L'animal n'est pas responsable; quelques animaux ne sont pas amphibies.

Division des propositions. — La quantité unie à la qualité donne quatre sortes de propositions : — les *universelles affirmatives* (A), — les *universelles négatives* (E), — les *particulières affirmatives* (I), — les *particulières négatives* (O).

Les affirmatives sont représentées par les lettres A, I (du latin *AffIrmo*, j'affirme), et les négatives par les lettres E, O (du latin *nEgO*, je nie).

On distingue encore: 1° les **propositions simples**, celles dont le rapport n'est établi qu'entre un seul attribut et un seul sujet, ex. : *Dieu est grand;* 2° les **propositions composées**, celles où il y a plusieurs attributs ou plusieurs sujets. Alors elles sont ou conjonctives, ex. : *Le temps et la vérité sont amis;* ou disjonctives, ex. : *Toute ligne est droite, ou courbe ou brisée;* ou conditionnelles, ex. : *Si vous faites le bien, vous serez récompensé.*

Opposition des propositions. — Les propositions *opposées* sont des propositions qui ont les *mêmes termes*, mais qui diffèrent en quantité ou en qualité.

Les propositions peuvent être opposées de quatre manières ; elles sont dites : 1° contraires, quand elles diffèrent en *qualité* et sont *universelles*. Ex. : Tous les hommes sont justes (A). Nul homme n'est juste (E) ; — 2° **subcontraires,** quand elles diffèrent en *qualité* et sont *particulières*. Ex. : Quelques angles sont droits (I). Quelques angles ne sont pas droits (O) ; — 3° **subalternes,** quand elles diffèrent en *quantité*. Ex. : Tous les hommes sont bimanes (A). Quelques hommes sont bimanes (I) ; — 4° **contradictoires,** quand elles diffèrent en *qualité* et en *quantité*. Ex. : Quelques hommes sont menteurs (I). Nul homme n'est menteur (E).

Conversion des propositions. — Ses règles. — La conversion d'une proposition consiste à tirer une proposition d'une autre proposition en *intervertissant le sujet et l'attribut,* sans changer la qualité. Ex. : Nul métal n'est gaz. Nul gaz n'est métal.

Voici les principales règles de la conversion : — 1° Les propositions *universelles affirmatives* se convertissent en particulières affirmatives. Ex.: Tous les angles droits sont égaux (A). Quelques angles égaux sont droits (I). — 2° Les propositions *universelles négatives* se convertissent sans changement. Ex. : Nul angle aigu n'a quatre-vingt-dix degrés (E). Nul angle de quatre-vingt-dix degrés n'est aigu (E). — 3° Les propositions *particulières affirmatives* se convertissent aussi sans changement. — 4° Les propositions *particulières négatives* ne se convertissent pas.

QUESTIONNAIRE. — Comment définit-on la proposition, et que renferme-t-elle ? — Que savez-vous de la quantité et de la qualité des propositions ? — Combien distingue-t-on de sortes de propositions ? — Qu'appelle-t-on propositions opposées ? — En quoi consiste la conversion des propositions ? — Quelles sont ses règles ?

III. — ARGUMENTS

Définition. — On appelle *argument l'expression d'un raisonnement*. (V. p. 44, la définition du raisonnement.)

Formes du raisonnement. — Considéré en lui-même, le raisonnement se présente sous deux formes essentiellement distinctes : la *déduction* et l'*induction*.

Le raisonnement **déductif** procède du général au particulier : il déduit (extrait, fait sortir) d'une vérité universelle les vérités particulières qu'elle renferme. Ex. : La vertu est aimable, donc la justice est aimable.

Le raisonnement **inductif** procède du particulier au général, des effets aux causes, des faits aux lois, des conséquences aux principes. Ex. : Tous ceux qui ont touché au feu se sont brûlés (faits particuliers), donc le feu brûle partout et toujours (loi générale).

Remarque. — Nous reviendrons sur ces deux formes du raisonnement dans la logique appliquée. Ce que nous dirons ici sur le raisonnement, considéré dans son expression, s'applique spécialement au raisonnement *déductif*, dont la forme la plus parfaite est le *syllogisme*.

QUESTIONNAIRE. — Qu'appelle-t-on argument? — Sous combien de formes se présente le raisonnement?

I. — SYLLOGISMES

Définition. — Le syllogisme est un *argument composé de trois propositions* tellement unies, que la troisième se déduit nécessairement des deux premières. Ex.: Si je pose en principe que *tout être qui a des devoirs a aussi des droits*, et que j'ajoute: l'*homme a des devoirs*, il s'ensuit nécessairement que l'*homme a des droits*. Voilà un syllogisme.

Éléments du syllogisme. — Tout syllogisme doit renfermer : 1° *trois idées*, exprimées par *trois termes*, qui sont répétés chacun deux fois : le *grand terme* (idée la plus étendue), le *moyen terme* (idée intermédiaire), le *petit terme* (idée la moins étendue) ; — 2° *trois jugements*, exprimés par *trois propositions:* la *majeure*, la *mineure* et la *conclusion*. — La majeure est celle qui renferme le grand terme ; la *mineure*, celle qui renferme le petit terme. La majeure et la mineure s'appellent *prémisses* ou *antécédent;* la dernière est la *conclusion* ou le *conséquent*.

Les termes et les propositions sont la *matière* du syllogisme; le lien logique qui les enchaîne en est la *forme*.

Moyen de reconnaître les termes. — Le *petit* terme et le *grand* se trouvent toujours réunis dans la *conclusion:* le premier comme *sujet*, le second comme *attribut*. Le *moyen* terme ne doit pas entrer dans la conclusion ; mais il se répète dans chaque prémisse. Ainsi dans ce syllogisme :

Tout corps (m. t.) *est pesant* (g. t.) ; — majeure.
Or l'air (p. t.) *est un corps* (m. t.) ; — mineure. } Prémisses.
Donc l'air (p. t.) *est pesant* (g. t.) ; — conclusion.

Pesant est le grand terme, *corps* le moyen terme, *air* le petit terme.

Procédé du syllogisme. — Le procédé du syllogisme consiste à *comparer* successivement le *grand* terme et le *petit* avec le *moyen* terme. Si le grand et le petit conviennent au moyen, il est évident que le grand et le petit se conviennent entre eux. Si le grand et le petit ne conviennent pas au moyen, le grand et le petit s'excluent.

Principe du syllogisme. — Le syllogisme repose donc sur ce principe évident : Deux idées qui *conviennent* à une troisième se conviennent entre elles ; et deux idées, dont l'une *convient* et l'autre *ne convient pas* à une troisième, ne se conviennent pas entre elles.

QUESTIONNAIRE. — Qu'est-ce que le syllogisme? — Que doit renfermer le syllogisme? — Comment reconnaît-on les termes du syllogisme? — En quoi consiste le procédé du syllogisme? — Sur quel principe repose le syllogisme?

II. — RÈGLES DU SYLLOGISME

Règles des anciens. — Les règles du syllogisme, tracées par Aristote*, sont au nombre de huit. Les quatre premières s'appliquent aux *termes* du syllogisme; les quatre dernières, aux *propositions*.

Règle des termes. — 1° Le syllogisme ne doit être composé que de trois termes: le *grand*, le *moyen* et le *petit*. S'il y en avait quatre, les deux extrêmes ne seraient pas comparés avec un même objet, et il serait impossible de savoir s'ils se conviennent ou ne se conviennent pas entre eux. Dans le syllogisme suivant: *L'homme est un animal; or un animal est un être privé de raison; donc l'homme est privé de raison;* il y a trois termes en apparence, mais quatre en réalité, le terme *animal* ayant deux significations différentes. Avec quatre termes, il n'y a pas de comparaison possible.

2° Aucun terme ne doit avoir plus d'extension dans la conclusion que dans les prémisses. La conclusion étant tirée des prémisses, le plus ne peut pas être contenu dans le moins. Ex. : *Les chênes sont des arbres; or les chênes produisent des glands; donc les arbres produisent des glands.* Dans la première proposition, le terme *arbres* n'est pas pris selon toute son extension, il est particulier; dans la conclusion, au contraire, il devient général : ce qui rend le syllogisme défectueux.

3° Le moyen terme doit être pris au moins une fois généralement. S'il était pris deux fois partiellement, il pourrait convenir au grand dans une de ses parties, et au petit dans une autre partie; et l'on ne serait pas en droit de conclure que le petit et le grand terme se conviennent entre eux. Ex. : *Certains hommes sont justes; or certains hommes sont voleurs; donc...* Point de conclusion.

4° Le moyen terme ne doit pas entrer dans la conclusion. En effet, le rôle de ce terme consiste à montrer seulement le rapport des deux extrêmes; il doit donc rester étranger à la conclusion, qui est l'expression de ce rapport. Le syllogisme suivant est donc défectueux : *Paul est bon; or Paul est peintre; donc Paul est un bon peintre.*

Règles des propositions. — 5° Deux prémisses négatives ne donnent pas de conclusion. Elles disent que les deux extrêmes sont en opposition avec le moyen, mais elles n'indiquent pas leur identité ou leur non-identité entre eux. Ex. : *Pierre ne ressemble pas à Paul; André ne ressemble pas à Paul; donc...* Point de conclusion.

6° Deux prémisses affirmatives ne peuvent donner une conclusion négative. En effet, si les deux extrêmes conviennent au moyen, ils doivent se convenir entre eux. Ex. : *La vertu est aimable; or la justice est une vertu; donc la justice est aimable.* Il serait absurde de conclure négativement.

7° La conclusion suit toujours la plus faible des prémisses, c'est-à-dire qu'elle est particulière si l'une des prémisses est particulière, négative si l'une des prémisses est négative. Ex. :

Les exilés ne sont pas heureux ; or Paul est exilé ; donc Paul n'est pas heureux.

8° Deux prémisses particulières ne donnent aucune conclusion. Ex. : *Quelques hommes sont savants ; or quelques musiciens ne sont pas savants ; donc...* Point de conclusion.

Règle des modernes. — La logique de Port-Royal et divers auteurs modernes réduisent toutes ces règles aux deux suivantes :

1° *Le moyen terme doit être pris au moins une fois dans toute son extension* (dans la majeure).

2° *Le grand terme et le petit terme ne doivent pas être plus étendus dans la conclusion que dans les prémisses.*

Remarque. — Ces deux règles suffisent, sans doute, pour garantir l'enchaînement logique des propositions du syllogisme ; mais les règles des anciens sont préférables, quand il s'agit de démontrer le vice d'un mauvais raisonnement.

Figures et modes du syllogisme. — Les figures du syllogisme résultent de la place que le *moyen terme* peut occuper dans les prémisses. Or le moyen terme peut être : — 1° sujet de la majeure et attribut de la mineure. Ex. : *Les hommes sont mortels; or Paul est un homme; donc Paul est mortel;* — 2° attribut de la majeure et de la mineure. Ex. : *Aucun homme de bien ne manque à sa parole; or X manque à sa parole; donc X n'est pas un homme de bien;* — 3° sujet de la majeure et de la mineure. Ex. : *Notre âme est immortelle; or notre âme est imparfaite; donc il y a des êtres imparfaits qui sont immortels;* — 4° attribut de la majeure et sujet de la mineure. Ex. : *Tous les maux de la vie sont des maux passagers; or les maux passagers ne sont point à craindre; donc nul des maux qui sont à craindre n'est un mal dans cette vie.*

Il y a donc quatre figures du syllogisme ; elles sont résumées dans le vers mnémonique suivant :

Sub præ, bis præ, bis sub, denique præ sub [1].

Les modes du syllogismes résultent de la *qualité* (affirmative ou négative) et de la *quantité* (universelle ou particulière) des propositions. Il y a donc quatre sortes de propositions (A, E, I, O) [2] qui, combinées trois à trois, donnent soixante-quatre modes de syllogismes, dont douze seulement sont concluants.

QUESTIONNAIRE. — Que savez-vous des règles du syllogisme ? — des figures, et des modes du syllogisme ?

III. — DIVERSES SORTES DE SYLLOGISME

Syllogismes simples et composés. — On distingue des syllogismes *simples* et des syllogismes *composés*.

---

[1] *Sub subjectum*, sujet. *Bis*, deux fois. *Præ prædicatum*, attribut. *Denique* enfin.

[2] Voir p. 91, *Division des propositions*.

Syllogismes simples. — Les syllogismes sont *simples*, quand le moyen terme n'est joint à la fois qu'à l'un des deux extrêmes. Ex. : *Toute vertu est aimable; or la justice est une vertu; donc la justice est aimable.*

Les syllogismes simples se divisent en *incomplexes* et en *complexes* : — *Incomplexes*, quand chacun des deux extrêmes est joint tout entier au moyen terme (ex. : le précédent). — *Complexes*, quand la conclusion, renfermant un terme complexe, c'est-à-dire formé de plusieurs mots, une partie seulement de ce terme est comparé au moyen dans l'une des prémisses, et l'autre partie comparée au même moyen dans l'autre prémisse. Ex. : *Le duel est un acte criminel; or un chrétien ne peut participer à aucun acte criminel; donc un chrétien ne peut participer au duel.*

Syllogismes composés. — Les syllogismes sont *composés*, quand le moyen terme est joint, dans la majeure, aux deux extrêmes en même temps. Parmi les syllogismes composés, on distingue : 1° Les *conditionnels*. Ex. : *Si Jésus-Christ est ressuscité, sa doctrine est divine; or il est ressuscité; donc sa doctrine est divine.* — 2° Les *disjonctifs*. Ex. : *Il est nécessaire que les méchants soient punis ou dans ce monde ou dans l'autre; or beaucoup ne sont pas punis en ce monde; donc il est nécessaire qu'ils le soient dans l'autre.* — 3° Les *conjonctifs*. Ex. : *On ne peut à la fois être dévoué au bien public et ne rien sacrifier de ses intérêts; or vous ne voulez rien sacrifier de vos intérêts, donc vous n'êtes pas dévoué au bien public.*

QUESTIONNAIRE. — Combien distingue-t-on de sortes de syllogismes? — Que savez-vous des syllogismes simples? — des syllogismes composés?

IV. — AUTRES ARGUMENTS DÉRIVÉS DU SYLLOGISME

Il y a encore d'autres arguments déductifs qui dérivent du syllogisme. Les principaux sont : l'*enthymème*, le *prosyllogisme*, le *sorite*, le *dilemme*, l'*argument personnel* et l'*argument à fortiori*.

L'enthymème est un syllogisme complet dans l'esprit, mais dont on n'exprime que l'une des deux prémisses. Ex.: *Je pense, donc je suis* (proposition sous-entendue : *Ce qui pense existe*).

L'**épichérème** est un syllogisme dont une des prémisses, au moins, est accompagnée de sa preuve. Ex. : *Tous les corps sont pesants ; or l'air est un corps, l'expérience le démontre ; donc l'air est pesant.*

Le **prosyllogisme**, ou mieux, le *polysyllogisme* est un double syllogisme, où la conclusion du premier sert de majeure au second. Ex. : *Ce qui est indivisible est immatériel ; or l'âme est indivisible, donc elle est immatérielle ; ce qui est immatériel est incorruptible ; or l'âme est immatérielle, donc elle est incorruptible.*

Le **sorite** est une suite de propositions enchaînées entre elles de manière que l'attribut de la première devienne le sujet de la seconde, l'attribut de la seconde sujet de la troisième, et ainsi de suite jusqu'à la conclusion, qui comprend le sujet de la première et l'attribut de la dernière. Ex. : 1° *Le péché offense Dieu ;* 2° *ce qui offense Dieu nous sépare de lui ;* 3° *ce qui nous sépare de Dieu nous prive du souverain bien ;* 4° *ce qui nous prive du souverain bien est le plus grand des maux ;* 5° *donc le péché est le plus grand des maux.*

Le **dilemme** est un syllogisme hypothétique et disjonctif d'où l'on tire une seule et même conclusion, quelque partie de la disjonction que prenne l'adversaire. On connaît le dilemme de Mathan : *A d'illustres parents s'il* (Joas) *doit son origine,* etc. (*Athalie*, II, v.) Voici celui d'un général à une sentinelle qui avait laissé passer l'ennemi : *Ou tu étais à ton poste, ou tu n'y étais pas ; si tu étais à ton poste, tu as agi en traître ; si tu n'y étais pas, tu as enfreint la discipline ; donc tu mérites la mort.*

L'**argument personnel** ou **ad hominem** est celui par lequel on se sert des propres paroles ou des actes de l'adversaire pour le réfuter ou le confondre. Ce procédé, connu encore sous le nom d'*ironie socratique*, est fréquemment employé dans la discussion. Le sceptique Pyrrhon * ayant été mordu par un chien, quelqu'un lui fit ce raisonnement : *La morsure du chien et la douleur sont douteuses, donc il est douteux que tu souffres et que tu aies été mordu.* Pyrrhon répondit : *On ne se dépouille pas facilement de la nature.*

L'**argument à fortiori** consiste à conclure du plus au moins ou du moins au plus. Ex. : *Si Dieu accorde aux prières les* *prospérités temporelles, combien plus leur accorde-t-il les vrais biens, c'est-à-dire les vertus!* (Bossuet*.)

Usage du syllogisme. — Le syllogisme sert : 1° à démontrer, d'une manière claire et évidente, les conséquences d'un principe; 2° à découvrir et à réfuter l'erreur. Une bonne argumentation conduit infailliblement d'un principe vrai à une conclusion vraie, et d'un principe faux à une conclusion fausse.

QUESTIONNAIRE. — Qu'est-ce que l'enthymème? — l'épichérème? — le prosyllogisme? — le sorite? — le dilemme? — l'argument personnel ou *ad hominem*? — l'argument *à fortiori*? — A quoi sert le syllogisme?

II. — LOGIQUE APPLIQUÉE

Définition et objet de la logique appliquée. — La logique appliquée ou pratique est la *science des lois qu'impose à l'esprit la nature des objets qu'il cherche à connaître.* Son objet propre est donc de déterminer la méthode à suivre dans l'étude des divers ordres de sciences.

Division. — La logique appliquée ou pratique traite : 1° des procédés communs à toutes les sciences; 2° des procédés propres à telle science déterminée. Il y a donc une *méthode générale* et des *méthodes particulières*.

I. — MÉTHODE GÉNÉRALE

Définition. — La méthode en général est l'*ensemble des procédés* que doit employer l'esprit humain dans la recherche et la démonstration de la vérité. Étymologiquement, le mot *méthode* signifie « route vers » le but que l'on poursuit.

Avantages de la méthode. — La méthode *fortifie l'esprit* en réglant l'emploi de ses facultés, *épargne du temps* et *préserve de l'erreur.* — Que de lenteurs, de tâtonnements, de faux pas, pour qui s'abandonne au hasard ou au simple bon sens!

Qualités d'une bonne méthode. — Toute bonne méthode doit être *simple, abréviative* et *sûre*. Ainsi qu'une route, elle suppose trois choses : *un point de départ, un but* et *une direction*. Il importe donc tout d'abord de déterminer rigoureusement le point d'où l'on part et le but où l'on tend, puis de suivre l'ordre naturel des idées : car les idées tiennent les unes aux autres et sont enchaînées par des rapports résultant, soit de la nature des choses, soit des lois de la pensée. Toutes les fois que l'homme va à l'aventure, sans avoir précisé sa fin et les moyens de l'atteindre, il n'agit pas en homme : agir avec méthode est la caractéristique de l'être raisonnable.

Règles générales de la méthode. — Les règles communes à toute méthode sont indiquées, avec beaucoup de justesse, par Descartes * dans son *Discours sur la Méthode* (2º partie). Voici, en abrégé, les quatre règles qu'il donne :

1º N'admettre pour vrai que ce qui est évident ; éviter la précipitation et la prévention. — C'est la règle de l'*évidence*.

2º Diviser les difficultés pour les mieux résoudre. — C'est la règle de l'*analyse*.

3º Procéder par ordre, du plus facile et du plus simple au plus difficile et au plus compliqué. — C'est la règle de la *synthèse*.

4º Faire des dénombrements assez complets, des revues assez générales, pour être sûr de ne rien omettre. — C'est la règle de l'*énumération*.

Aux règles précédentes, Bossuet ajoute celle-ci : « Ne jamais abandonner une vérité clairement démontrée, quelques difficultés qu'on ait à la concilier avec d'autres vérités. »

Procédés généraux de la méthode. — Deux procédés sont communs à toute méthode : l'*analyse* et la *synthèse*.

QUESTIONNAIRE. — Comment définit-on la logique appliquée ? quel en est l'objet ? — Quelle est sa division ? — Qu'est-ce que la méthode en général ? — Quels sont les avantages de la méthode ? — Quelles sont les qualités d'une bonne méthode ? — Exposez brièvement les règles générales de la méthode. — Quels sont les procédés communs à toute méthode ?

ANALYSE ET SYNTHÈSE

Définition de l'analyse. — L'analyse est une opération par laquelle l'esprit *décompose* un tout en ses éléments premiers, pour les étudier en détail et les connaître plus parfaitement.

Procédé de l'analyse. — L'analyse procède : 1° *du composé aux éléments*. Le chimiste, par exemple, décompose l'eau et reconnaît que l'oxygène et l'hydrogène en sont les éléments constitutifs ; le philosophe analyse l'âme et reconnaît ses trois facultés ; — 2° *des conséquences au principe ou du particulier au général*. Ex. : L'air est pesant, le gaz est pesant (faits particuliers) ; donc tous les corps sont pesants (fait général).

Règles de l'analyse. — 1° L'analyse doit être complète, c'est-à-dire qu'il faut la pousser jusqu'aux éléments simples et irréductibles ; — 2° elle ne doit rien omettre et ne rien supposer ; — 3° elle doit éliminer les choses inutiles ou étrangères au but poursuivi ; — 4° elle doit vérifier ses résultats par la synthèse ou par des analyses nouvelles.

Définition de la synthèse. — La synthèse est une opération par laquelle l'esprit *réunit* les divers éléments d'un objet, pour en connaître les rapports. Ainsi, après avoir pris connaissance du mécanisme d'une montre par l'étude de chaque partie (analyse), on se rend compte de l'action de ces parties en les mettant à leur place primitive (synthèse).

Procédé de la synthèse. — La synthèse procède : — 1° *des éléments au composé*. Le chimiste combine de l'hydrogène et de l'oxygène et en fait de l'eau ; le philosophe réunit par la pensée les facultés de l'âme dans l'unité du moi, leur principe commun ; — 2° *du principe aux conséquences ou du général au particulier*. Ex. : Tous les corps sont pesants, donc l'air est pesant ; — 3° *de l'abstrait au concret*. Ex.: La vertu est aimable ; or Paul est vertueux, donc Paul est aimable.

Règles de la synthèse. — 1° La synthèse ne doit combiner que des éléments bien connus ; — 2° elle doit réunir les éléments dans leur ordre naturel ; — 3° avancer graduellement d'une conclusion à une autre ; — 4° éviter les digressions qui font perdre l'enchaînement des idées ; — 5° vérifier par l'analyse les résultats obtenus.

Union de l'analyse et de la synthèse. — L'analyse et la synthèse se retrouvent dans tout travail intellectuel ; elles se complètent l'une l'autre et « ne diffèrent que comme le chemin qu'on fait en montant d'une vallée sur une montagne, de celui que l'on a fait en descendant de la montagne dans la vallée ». (*Log.* de Port-Royal.)

Usage de l'analyse et de la synthèse. — L'analyse sert spécialement à la résolution des *problèmes*; la synthèse, à la démonstration des *théorèmes*.

Méthodes analytique et synthétique. — La méthode qui commence par l'*analyse* est dite méthode **analytique**; celle qui commence par la *synthèse* s'appelle méthode **synthétique**.

On nomme encore la première méthode *inductive*, méthode *expérimentale* ou d'*observation*, méthode d'*invention*, méthode *baconienne*, méthode *à posteriori*. — *Inductive*, parce qu'elle s'élève des conséquences et des effets aux principes et aux causes; *expérimentale* ou d'*observation*, parce qu'elle part de l'étude des faits; d'*invention*, parce que son but est de découvrir des vérités nouvelles; *baconienne*, parce que Bacon en a donné les règles; *à posteriori*[1], parce qu'elle suit l'observation.

La seconde prend aussi les noms de méthode *déductive*, méthode *rationnelle* ou *logique*, méthode *démonstrative*, méthode *à priori*[2]. — *Déductive*, parce qu'elle va des principes et des causes aux conséquences et aux effets; *rationnelle* ou *logique*, parce que les principes qui lui servent de point de départ sont empruntés à la raison; *démonstrative*, parce qu'elle est la marche naturelle de l'esprit dans l'enseignement des vérités déjà connues; *à priori*, parce qu'elle devance l'observation.

QUESTIONNAIRE. — Qu'est-ce que l'analyse et quel est son procédé? — Quelles sont les règles de l'analyse? — Qu'est-ce que la synthèse et quel est son procédé? — Quelles sont les règles de la synthèse? — Quels rapports y a-t-il entre l'analyse et la synthèse? — Quel est l'usage de l'analyse et de la synthèse? — Qu'appelle-t-on méthode analytique? — méthode synthétique?

II. — MÉTHODES PARTICULIÈRES

Division des méthodes particulières. — Les connaissances humaines se divisent, d'après leur *objet*, en trois

---

[1] A *posteriori*, latin : d'après ce qui suit.
[2] A *priori*, ibid. : d'après un principe antérieur et évident.

ordres ou groupes principaux : les sciences *mathématiques* ou *exactes*, les sciences *physiques* et *naturelles*, les sciences *morales* et *politiques*, et les sciences *historiques*. Il y a donc quatre méthodes particulières : la *méthode des sciences exactes*, la *méthode des sciences physiques et naturelles*, la *méthode des sciences morales et politiques* et la *méthode des sciences historiques*.

I. — SCIENCES MATHÉMATIQUES

Objet des sciences mathématiques. — Les sciences mathématiques, nommées encore sciences *exactes*, à cause de la rigueur de leurs résultats qui n'ont rien de conditionnel, et sciences *abstraites*, parce qu'elles n'opèrent que sur des abstractions, sont celles qui ont pour objet les vérités fondées sur les nombres, l'étendue et le mouvement.

Division. — Les sciences mathématiques comprennent : l'*arithmétique*, qui traite du nombre et de la quantité; l'*algèbre*, qui traite des quantités non définies : c'est l'arithmétique généralisée; la *géométrie*, qui traite de l'étendue; la *trigonométrie*, qui traite de la résolution des triangles, et la *mécanique*, qui traite du mouvement en général [1].

Méthode des sciences mathématiques. — Les sciences mathématiques ont pour but de *démontrer* les théorèmes et de *résoudre* les problèmes; leur méthode est donc la **méthode synthétique ou déductive**, parce qu'on sait à l'avance sur quel principe évident il convient de s'appuyer.

On emploie la **méthode analytique** lorsqu'on ne peut déterminer tout d'abord de quel principe évident il faut partir pour résoudre la question proposée : ce qui a lieu dans la plupart des problèmes.

Définition de la méthode déductive. — La méthode *synthétique ou déductive* est l'ensemble des procédés par

[1] On divise encore les sciences mathématiques en mathématiques *pures* et en mathématiques *appliquées*. Les premières (l'*arithmétique*, l'*algèbre*, la *géométrie*) sont théoriques et indépendantes de l'expérience. Les secondes (la *mécanique*, l'*astronomie*, la *physique* et la *chimie*), sans être absolument indépendantes de l'expérience, consistent surtout dans une application des mathématiques pures à certaines données de l'expérience.

lesquels l'esprit *descend* des *principes* et des *causes* aux conséquences, et aux *effets*.

Ses procédés. — La méthode déductive part d'une proposition générale évidente, soit un *axiome*, soit une *définition*, soit une *vérité acquise*, et, par la *démonstration*, en tire les conséquences qui y sont contenues.

Toute déduction se compose d'*au moins trois propositions*. La première pose le *principe général;* la deuxième fournit les *données* de la question; la troisième tire la *conséquence*. (V. plus haut, *syllogismes*, p. 93.)

Son principe. — La méthode déductive repose sur ce principe : Tout ce qui est vrai d'une proposition générale est vrai des propositions particulières qu'elle contient. Par exemple, tout ce qui est vrai d'un genre est vrai de toute espèce contenue dans ce genre.

QUESTIONNAIRE. — Combien y a-t-il de méthodes particulières ? — Quel est l'objet des sciences mathématiques ? — Que comprennent les sciences mathématiques ? — Quelle est leur méthode ? — Comment définit-on la méthode déductive ? — Quels sont ses procédés ? — Quel est son principe ?

I. — AXIOMES

Définition. — Les axiomes *sont des propositions générales évidentes par elles-mêmes* et qui servent à démontrer d'autres propositions. Quand on dit : — Le tout est plus grand que la partie, — deux quantités égales à une troisième sont égales entre elles, — la ligne droite est le plus court chemin d'un point à un autre, — tout phénomène a une cause, — toute bonne action mérite une récompense, etc., on énonce autant d'axiomes.

Règles des axiomes. — 1° Ne pas prendre pour axiome ce qui a besoin d'être démontré. 2° « Ne pas passer outre, sans s'assurer que l'axiome proposé est accordé comme principe de démonstration. » (*Log.* de Port-Royal.)

QUESTIONNAIRE. — Qu'appelle-t-on axiomes ? — Quelles sont les règles des axiomes ?

II. — DÉFINITIONS

Définition et division. — La définition en général *est une proposition par laquelle on détermine le sens d'un terme ou la nature d'un objet.* De là diverses sortes de définitions: les définitions de mots ou définitions *nominales*, les définitions de choses ou définitions *réelles*, les définitions *rationnelles* ou *déductives*, et les définitions *empiriques* ou *inductives*.

Définitions nominales. — Les définitions nominales expliquent les mots, ou par l'**étymologie**, par ex. : *analyse* (du grec *ana-luô*) signifie décomposition d'un tout en ses parties; *estrade* (ital. *strada*), élévation en forme de plancher; — ou d'après l'usage, par ex. : *Dieu*, pour tous, signifie l'Être suprême.

Les définitions des mots sont primitivement arbitraires et de convention ; mais ce qui ne l'est plus, c'est de détourner le mot de sa signification commune.

Définitions réelles. — Les définitions réelles expliquent les choses, ou par leur *origine*, ex. : La sphère est un solide engendré par la révolution d'un demi-cercle autour de son diamètre ; — ou par leur *essence*, ex. : L'homme est un animal raisonnable ; le carré est un rectangle à quatre côtés égaux.

La définition par les propriétés caractéristiques ou l'essence des objets est de toutes la plus parfaite.

Définitions rationnelles. — Les définitions *rationnelles* ou *déductives* sont employées dans les sciences exactes, et se rapportent à des *idées abstraites*, telles que celles de nombre, de triangle, de cercle, de polygone, etc. : elles délimitent la combinaison de l'unité avec elle-même ou imposent une limite à une portion de l'espace. — On les nomme rationnelles, parce qu'elles s'appuient sur une intuition de la raison.

Les définitions mathématiques sont : *universelles*, c'est-à-dire, par exemple, que la définition convenue de la ligne droite s'applique à toutes les lignes droites; celle du triangle, à tous les triangles; celle de la circonférence, à toutes les circonférences, etc.; *nécessaires*, c'est-à-dire qu'on ne saurait concevoir les objets définis autrement que ne l'indiquent leurs définitions. — On considère les définitions mathématiques comme des axiomes.

Définitions empiriques. — Les définitions *empiriques* ou *inductives* sont propres aux sciences d'observation, et sont dues à la *généralisation* et à l'*induction;* leur but est de faire connaître la nature des êtres *réels et complexes.* Ces définitions n'ont qu'une valeur relative : elles se perfectionnent avec les sciences.

Règles des définitions. — 1° Toute définition, pour être bonne, doit être : — *plus claire que le terme,* autrement elle aurait besoin d'être elle-même définie ; — *brève,* car la prolixité est contraire à la précision et à la clarté ; — *réciproque,* c'est-à-dire pouvoir être renversée. Cette définition : La ligne droite est une suite de points, est mauvaise, parce qu'on ne peut pas dire : Une suite de points est une ligne droite. Celle-ci : La ligne droite est le plus court chemin d'un point à un autre, est bonne ; car on peut dire : Le plus court chemin d'un point à un autre est la ligne droite; — *entière* ou *universelle,* c'est-à-dire qu'elle doit convenir à tout le défini ; — *propre,* c'est-à-dire qu'elle ne doit convenir qu'à l'objet défini.

2° La définition doit indiquer le *genre prochain* et la *différence spécifique* du défini, c'est-à-dire qu'elle doit placer le défini dans une classe déterminée, et indiquer les caractères qui le distinguent de tous les autres objets de la même classe. Dans cette définition : Le carré est un parallélogramme qui a les côtés égaux et les angles droits, — *parallélogramme* est le genre prochain du carré ; *côtés égaux* et *angles droits,* est la différence spécifique du carré. Si l'on se contentait de dire : Le carré est un parallélogramme, ou le carré est une figure qui a les côtés égaux, ou le carré est une figure qui a les angles droits, il n'y aurait pas de définition du carré.

Remarque. — La majeure d'un syllogisme n'est souvent qu'une définition. Si cette définition manquait de précision, la conclusion à laquelle on aboutirait serait nécessairement fausse ou obscure : d'où la nécessité de bien définir.

QUESTIONNAIRE. — Qu'est-ce que la définition ? — Combien y a-t-il de sortes de définitions ? — Que savez-vous des définitions nominales, réelles, rationnelles, empiriques ? — Quelles sont les règles des définitions ?

III. — DÉMONSTRATION

Définition. — La démonstration est un *raisonnement par lequel on tire, de prémisses évidentes, une conclusion certaine.* Elle est *directe* ou *indirecte*.

Démonstration directe (par synthèse et par analyse). — La démonstration directe prouve directement qu'une chose est ou n'est pas. Elle prend deux formes : — 1° *elle part d'une proposition évidente* à priori *ou déjà démontrée, le principe, et en tire les conséquences* (marche descendante ou synthétique). Ex. : Deux surfaces qui coïncident sont égales; or les deux triangles A et B coïncident, donc ils sont égaux ; — 2° *elle part d'une proposition à démontrer, et remonte à quelque vérité déjà démontrée* (marche ascendante ou analytique). Ainsi, pour trouver la mesure de l'angle du segment, on compare cet angle à l'angle au centre qui intercepte le même arc.

Remarque. — La démonstration *directe* comprend la démonstration *à priori* et la démonstration *à posteriori*.

La démonstration est **à priori** quand la vérité qui sert de point de départ est antérieure, *d'une priorité de temps ou de raison*, à la vérité que l'on cherche. Ex.: Il n'y a pas de fait sans cause; donc tout ce qui n'existe pas par soi-même a été créé.

La démonstration est **à posteriori** quand, au contraire, la vérité qui sert de point de départ est postérieure, en réalité, à ce qui doit être démontré. Ex. : La création du monde, où l'on ne voit que des êtres contingents, ne peut s'expliquer que par une cause nécessaire; donc cette cause nécessaire existe.

Démonstration indirecte ou par l'absurde. — La démonstration indirecte ou par l'absurde *prouve la vérité d'une proposition en démontrant l'impossibilité du contraire.* Ex. : Si deux angles adjacents valent ensemble deux angles droits, leurs côtés extérieurs sont en ligne droite.

Ce mode de démonstration contraint l'esprit sans l'éclairer, car elle ne montre ni pourquoi ni comment elle est vraie : ce qui est le but de toute démonstration vraiment scientifique; aussi ne doit-on l'employer que lorsque la démonstration directe est impossible ou trop compliquée.

Règles de la démonstration. — Pascal, dans la *Logique de Port-Royal,* les résume ainsi : — 1° n'entreprendre de démontrer aucune des choses qui sont tellement évidentes par elles-mêmes, qu'on n'ait rien de plus clair pour les prouver ; — 2° prouver toutes les propositions un peu obscures, et n'employer à leurs preuves que des axiomes très évidents ou des propositions déjà accordées ou démontrées ; — 3° substituer toujours mentalement les définitions aux définis, pour ne pas se laisser tromper par l'équivoque des termes.

QUESTIONNAIRE. — Qu'est-ce que la démonstration en général ? — Que savez-vous de la démonstration directe ? — de la démonstration indirecte ? — Quelles sont les règles de la démonstration ?

II. — SCIENCES PHYSIQUES ET NATURELLES

Objet des sciences physiques et naturelles. — Les sciences physiques et naturelles ont pour objet les *êtres* et les *phénomènes* de la nature.

Leur division. — Si les êtres et les phénomènes de la nature appartiennent à la matière *brute et inorganique,* les sciences qui s'en occupent sont : la *physique,* qui étudie la propriété des corps ; la *chimie,* qui étudie les combinaison des corps ; la *géologie,* qui étudie les matériaux dont se compose le globe terrestre ; la *minéralogie,* qui étudie la constitution des corps.

Si ces êtres et ces phénomènes appartiennent à la matière *organisée et vivante,* les sciences qui s'en occupent sont : la *botanique,* qui étudie les végétaux ; la *zoologie,* qui étudie les animaux ; l'*anatomie,* qui étudie la structure des êtres organisés ; la *physiologie,* qui étudie les phénomènes de la vie dans les animaux et les végétaux ; la *médecine,* qui apprend à connaître et à guérir les maladies ; la *paléontologie,* qui étudie les fossiles de la flore et de la faune des premiers âges du monde.

Leur méthode. — La méthode employée dans les sciences physiques et naturelles est la **méthode analytique inductive**, parce qu'on commence par constater des faits pour remonter aux causes et aux lois de ces faits.

Définition de la méthode inductive. — La méthode

inductive est *l'ensemble des procédés par lesquels l'esprit s'élève des conséquences et des effets aux principes et aux causes.*

Son principe. — La méthode inductive a pour fondement la croyance à la stabilité et à la généralité des lois de la nature, d'où ce principe : Dans les mêmes circonstances, les mêmes causes produisent les mêmes effets.

Ses procédés. — Les procédés de la méthode inductive sont : *l'observation*, *l'expérimentation*, *l'induction*, *l'analogie*, *l'hypothèse*, la *division* et la *classification*.

Ordre de ses opérations. — La méthode inductive commence : — 1° par *observer* et *expérimenter* ; — 2° à l'occasion des faits observés, elle imagine des *hypothèses* ; — 3° par *l'induction*, et, à son défaut, par *l'analogie*, elle ramène les faits et les objets particuliers à un petit nombre de lois ou de genres.

QUESTIONNAIRE. — Quel est l'objet des sciences physiques et naturelles ? — Quelle est leur division ? leur méthode ? — Comment définit-on la méthode inductive ? — Quel est son principe ? — Quels sont ses procédés ? — Quel est l'ordre de ses opérations ?

I. — OBSERVATION

Définition. — L'observation est *l'étude attentive des objets ou des phénomènes qui se présentent à nous, afin d'en découvrir la nature et les caractères.*

Moyens d'observation. — L'observation des objets ou des phénomènes matériels se fait au moyen des *sens*, aidés au besoin d'*instruments* qui en augmentent la portée ou la précision (microscope, télescope, baromètre, thermomètre, balance, pendule, météorographe, microphone, hygromètre, électroscope, galvanomètre, photographie, etc.

Règles de l'observation. — L'observation doit être : 1° *exacte et complète*, c'est-à-dire ne rien ajouter et ne rien omettre : ce qui suppose l'emploi de l'analyse ; — 2° *précise*, c'est-à-dire arriver autant que possible à des notations numériques ; — 3° *méthodique*, c'est-à-dire aller du simple au composé ou du composé au simple, en tenant compte de tous les détails intermédiaires ; — 4° *vérifiée par la synthèse*, qui réunit, dans leurs vrais rapports, les parties ou les propriétés de l'objet observé.

QUESTIONNAIRE. — Qu'est-ce que l'observation ? — Comment se fait l'observation ? — Quelles sont les règles de l'observation ?

II. — EXPÉRIMENTATION

Définition. — L'expérimentation est *l'étude* des phénomènes que l'on produit artificiellement, dans des conditions déterminées par le but qu'on se propose.

« La seule différence entre l'observation et l'expérimentation consiste en ce que le fait que doit constater l'expérimentateur ne s'étant pas présenté naturellement à lui, il a dû le faire apparaître, c'est-à-dire le *provoquer* par une raison particulière et dans un but déterminé. L'expérience n'est au fond qu'une *observation provoquée*. » (CL. BERNARD.)

L'expérimentation doit être guidée. — L'expérimentation implique une *hypothèse* et a pour but de la vérifier. Sans une *hypothèse*, sans une *idée directrice*, l'expérimentation n'est « qu'un pur tâtonnement, capable d'étonner plutôt que d'instruire ». (BACON*.) Avant l'expérience qu'il fit exécuter sur le puy de Dôme, Pascal* avait imaginé cette hypothèse, que, si l'air est pesant, il doit être moins dense dans les hautes régions de l'atmosphère qu'en bas, et que, par conséquent, plus on s'élève, plus la colonne barométrique doit baisser. C'est ce que démontra l'expérience du 19 septembre 1648.

Quelquefois l'*idée directrice* fait défaut, comme il arrive dans les choses nouvelles ; alors on la cherche par tâtonnement. Ces expériences, « pour voir, sont utiles dans les sciences peu avancées, dans lesquelles on ne devra pas craindre d'agir un peu au hasard, afin d'essayer de pêcher en eau trouble. » (CL. BERNARD.)

Règles de l'expérimentation. — Pour rendre l'expérimentation fructueuse, il faut : — 1° *varier* l'expérience ou la répéter dans des conditions différentes : c'est ainsi que les expériences de Torricelli et de Pascal* avec de l'eau, puis du mercure, puis du vin, amenèrent la découverte de la loi qui explique par la pression atmosphérique l'ascension des liquides dans les tubes; — 2° *étendre* l'expérience, c'est-à-dire la faire dans des proportions de plus en plus grandes : ainsi, pour vérifier la loi de Mariotte, on peut répéter l'expérience en augmentant progressivement soit la pression atmosphérique, soit la quantité de gaz sur laquelle on opère; — 3° *renverser* l'expérience, c'est-à-dire constater les résultats d'un procédé par l'emploi d'un procédé inverse : après avoir obtenu de l'eau en combinant de l'hydrogène et de l'oxygène, Lavoisier la décomposa et retrouva les deux gaz dont il s'était servi.

Qualités de l'observateur ou de l'expérimentateur. — Le bon observateur doit être : — 1° *attentif :* le distrait et le léger sont incapables de rien saisir; — 2° *patient :* qui regarde à la hâte discerne mal; — 3° *impartial*, c'est-à-dire dégagé de tout parti pris, de toute passion.

QUESTIONNAIRE. — Qu'est-ce que l'expérimentation? — Qu'implique l'expérimentation? — Quelles sont les règles de l'expérimentation? — Quelles sont les qualités du bon observateur?

III. — INDUCTION

Définition. — L'induction est le *procédé par lequel l'esprit s'élève de la connaissance de quelques faits isolés à une loi générale.*

Ainsi, nous avons remarqué plusieurs fois que l'eau se congelait à 0°; qu'elle entrait en ébullition à 100°, sous la pression de 76 centim.; que les corps abandonnés à eux-mêmes tombaient vers la terre, etc., et nous affirmons que, dans les mêmes conditions, ces phénomènes doivent encore se produire; d'où les lois générales de la congélation, de l'ébullition et de la chute des corps.

Principe de l'induction. — Le passage de *quelques* à *tous*, des *faits* aux *lois*, ne peut se faire qu'en s'appuyant sur un principe de la raison, qui est absolument étranger à l'expérience; ce principe, le voici : *La nature ou l'essence des êtres est invariable.* D'où ces conséquences : *Les êtres de même nature ont les mêmes propriétés; les êtres qui agissent fatalement produisent les mêmes effets dans les mêmes circonstances.*

Il suffit donc de connaître les propriétés ou lois de quelques êtres pour affirmer avec certitude que ces propriétés ou ces lois se trouveront toujours, en des circonstances identiques, dans tous les êtres de même nature.

Ses règles. — Pour découvrir la *cause* ou la *loi* des faits, les savants emploient les quatre méthodes formulées par Stuart Mill *. Ces méthodes sont dites de *concordance*, de *différence*, des *variations concomitantes*, des *résidus* ou des *restes*.

La **méthode de concordance** consiste à comparer les différents cas dans lesquels se présente un phénomène, pour examiner si partout et toujours il y a *concordance* entre les effets et les causes : par exemple, le refroidissement et la rosée.

La **méthode de différence**, qui est la contre-partie de la précédente, consiste à retrancher ce qui paraît être la cause d'un phénomène, pour voir si ce phénomène *cesse* à son tour de se produire : par exemple, si l'on empêche le refroidissement, empêche-t-on le dépôt de rosée?

La **méthode des variations concomitantes** consiste à faire varier la cause pour examiner si le phénomène *varie* dans les mêmes proportions : par exemple, la pression atmosphérique et la colonne mercurielle.

La **méthode des résidus ou des restes** consiste à retrancher d'un phénomène donné tout ce qui, en vertu d'inductions antérieures, peut être attribué à des causes connues; ce qui reste sera l'effet des antécédents qui ont été négligés, et dont l'effet était une quantité encore inconnue.

QUESTIONNAIRE. — Qu'est-ce que l'induction? — Quel est le principe de l'induction? — Quelles sont les règles de l'induction?

IV. — ANALOGIE

Définition. — L'analogie consiste à *juger d'un fait par un autre, en se fondant sur leurs ressemblances*. Par exemple, les phénomènes de la foudre et ceux de l'électricité présentant des caractères semblables, on en conclut qu'ils sont produits par une même cause.

Une seule exception détruit cette sorte de raisonnement. Ainsi, de la ressemblance de la terre avec les autres planètes, on ne peut conclure que ces dernières sont habitées; car l'une d'elles, la lune, ne peut l'être faute d'atmosphère.

Règles de l'analogie. — Pour que les jugements formés par l'analogie soient *probables*, il faut : — 1° que les *ressemblances* observées soient *importantes*; — 2° qu'à défaut de ces ressemblances essentielles, on multiplie les *ressemblances de détail*; — 3° que l'on *contrôle* les conclusions par l'expérimentation.

Utilité. — L'analogie abrège le travail de la science en *groupant* les êtres selon leur espèce et leur genre; elle supplée à des recherches impossibles, et peut même devenir un instrument de découverte.

QUESTIONNAIRE. — En quoi consiste l'analogie ? — Quelles sont les règles de l'analogie ? — Quelle est l'utilité de l'analogie ?

V. — HYPOTHÈSE

Définition. — L'hypothèse ou supposition est une *explication provisoire, anticipée, d'un fait déjà observé, dont on ne connaît pas encore la cause ou la loi.*

Règles de l'hypothèse. — L'hypothèse doit : — 1° s'appuyer sur la *connaissance* d'un grand nombre de faits; — 2° être *vraisemblable*, c'est-à-dire conforme aux lois de la nature et aux principes de la raison; — 3° *expliquer* tous les faits observés; — 4° être *vérifiée* par des observations et des expériences nouvelles.

Son rôle. — L'hypothèse joue un rôle important dans les sciences. On doit toutes les grandes découvertes à d'heureuses hypothèses. Harvey est conduit par une hypothèse à la découverte de la circulation du sang; Torricelli observe les variations de la hauteur du mercure dans un tube de verre et découvre la pesanteur de l'air. Newton voit tomber quelques fruits d'un arbre : il généralise le phénomène de l'attraction, et découvre les lois de la gravitation; Képler, Galvani, Volta, etc., soupçonnèrent, avant de les constater, les lois auxquelles ils attachèrent leur nom.

« Une idée anticipée ou une hypothèse est le point de départ de tout raisonnement expérimental. Sans cela, on ne saurait faire aucune investigation, ni s'instruire; on ne pourrait qu'enlasser des observations stériles. Si l'on expérimentait sans idée préconçue, on irait à l'aventure. » (Cl. BERNARD.)

Les grandes hypothèses. — Les hypothèses les plus importantes que l'on trouve dans l'histoire des sciences sont les hypothèses de la révolution des planètes, de l'émission des corps lumineux, des ondulations, de la nébuleuse, de l'unité des forces physiques, du transformisme, de l'évolutionnisme, et de la théorie atomique.

Hypothèse de la révolution des planètes. — Képler (1571-1630) soutint, le premier, que les mouvements planétaires avaient le soleil pour centre, et non un point vide de l'espace (hypothèse admise).

Hypothèse de l'émission. — Newton (1642-1727), Lavoisier (1743-1794), Laplace (1749-1827), Gay-Lussac (1778-1850), prétendirent que les corps lumineux lançaient dans l'espace un fluide impondérable, nommé *calorie*, qui pouvait traverser les corps transparents (hypothèse abandonnée).

Hypothèse des ondulations. — Descartes[*], Huyghens (1629-1695), Thomas Young (1773-1829), Fresnel (1788-1827) et tous les physiciens modernes soutiennent que les corps lumineux produisent un mouvement vibratoire, qui cause la chaleur, et se transmet jusqu'à notre œil par l'intermédiaire d'un fluide impondérable, l'*éther*, répandu partout, dans l'air, dans le vide et dans les corps pondérables (hypothèse adoptée).

Hypothèse de la nébuleuse. — Laplace a supposé que le système planétaire s'était formé des fragments d'une masse homogène, d'une *nébuleuse*, retenus et consolidés à des distances différentes d'un noyau central qui est devenu le soleil (hypothèses non vérifiées).

Hypothèse de l'unité des forces physiques. — La science tend aujourd'hui à ramener au mouvement (vibrations moléculaires) tous les phénomènes physiques. Ainsi, elle a constaté qu'un même agent, un courant électrique, par exemple, produit tout à la fois « du mouvement, de la lumière, un son, une odeur, une saveur, selon qu'il agit sur nous par l'intermédiaire des nerfs, du toucher, de la vue, de l'ouïe, de l'odorat ou du goût ».

Corrélations organiques de Cuvier. Tout être organisé, dit Cuvier (1769-1832), forme un ensemble, un système clos dont les parties se correspondent mutuellement, et concourent à une même action définitive. » Cette hypothèse est une des lois fondamentales de l'anatomie comparée.

Transformisme et évolutionnisme. — Lamarck[*] et Darwin[*] ont prétendu que le règne animal descendait de quatre ou cinq types primitifs, le règne végétal d'un nombre égal ou moindre, et que la *transformation* des espèces se faisait par l'action des lois naturelles.

Herbert Spencer[*], appuyant sa théorie sur l'hypothèse de la nébuleuse, a supposé que le monde s'était formé, à l'origine, en *évolutionnant* (passant) de l'homogénéité confuse à l'hétérogénéité coordonnée.

Ces hypothèses sont inadmissibles, parce qu'elles manquent à la fois des quatre qualités énumérées plus haut.

Rôle de la déduction dans les sciences de la nature. (Voyez plus bas, p. 116.)

QUESTIONNAIRE. — Qu'est-ce que l'hypothèse? — Quelles sont les règles de l'hypothèse? — Quel est le rôle de l'hypothèse? — Que savez-vous des grandes hypothèses? — Quel est le rôle de la déduction dans les sciences de la nature?

VI. — DIVISION

Définition. — La division consiste à *réduire un tout en parties*. — On l'emploie en philosophie pour étudier méthodiquement les objets que leur étendue ou leur complexité empêche de saisir d'un seul regard.

Règles de la division. — La division doit être : — 1° *entière* ou *adéquate*, c'est-à-dire comprendre tout l'objet divisé; autrement elle conduirait à une idée incomplète de l'objet divisé. C'est ce qui arriverait si on divisait les hommes en deux races : les blancs et les noirs, attendu qu'il y a encore les jaunes, les bruns et les rouges. La division des corps naturels en minéraux, végétaux ou animaux, est entière; — 2° *irréductible*, c'est-à-dire présenter des parties bien distinctes. On manquerait à cette règle si on divisait les opinions en vraies, fausses ou probables; car toute opinion probable est nécessairement vraie ou fausse.

Remarque. — Quand la division porte sur un tout collectif, elle prend le nom de classification.

QUESTIONNAIRE. — En quoi consiste la division? — Quelles sont les règles de la division?

VII. — CLASSIFICATION

Définition et division. — La classification est une *opération qui consiste à grouper les êtres ou les objets d'après leurs ressemblances et leurs différences*[1]. — On distingue deux sortes de classifications : la classification *artificielle* et la classification *naturelle*.

Classification artificielle. — La classification artificielle n'est fondée que sur les ressemblances extérieures des individus. Ex.: des *livres* rangés d'après leur format; les *animaux*, divisés d'après leurs rapports avec l'homme, en animaux utiles et animaux nuisibles; en *botanique,* les classifications de

---

[1] Plus explicitement, la classification *consiste à distribuer dans un petit nombre de groupes les individus, c'est-à-dire les êtres qui forment les trois règnes de la nature* (espèce, genre, famille, ordre, classe, règne), *et les objets particuliers de chaque science :* les phénomènes de conscience en psychologie, les maladies en médecine, etc.

Tournefort et de Linné. Le premier partait de la corolle et partageait les végétaux en ligneux et en herbacés; le second classait les plantes d'après le nombre et la forme des étamines, des styles et des stigmates.

La classification artificielle rend très facile la détermination des objets à classer; mais elle présente l'inconvénient de détruire les analogies naturelles et de rapprocher des êtres essentiellement différents.

Classification naturelle. — La classification naturelle, bien supérieure à la précédente, s'appuie sur les principaux caractères essentiels des êtres, c'est-à-dire sur les caractères desquels dépendent tous les autres. Ex. : des *livres* distribués, d'après l'ordre des matières, en livres de littérature, d'histoire, de mathématiques, etc.; les *plantes* classées par Jussieu, d'après la structure de leur graine, en acotylédonées, monocotylédonées, dicotylédonées, suivant que le germe est dépourvu de cotylédons, ou en possède un ou deux; les *animaux* groupés par Cuvier, d'après la structure du système nerveux, en vertébrés, annelés, mollusques, zoophytes ou rayonnés, etc.

Règles de la classification naturelle. — La classification naturelle doit être : — 1° *basée sur des caractères constants*, autrement elle induirait en erreur; — 2° *entière*, c'est-à-dire qu'elle ne doit omettre ni individu ni espèce; — 3° *graduée*, c'est-à-dire qu'elle forme une progression. Ex. : Jussieu prenant pour point de départ la graine, qui est la partie principale de la plante.

Utilité des classifications. — Les classifications *artificielles* et *naturelles* servent à mettre de l'ordre et de la clarté dans les connaissances et à soulager la mémoire en les coordonnant.

Les classifications *naturelles* font en outre connaître la nature véritable et les rapports réels des êtres classés; elles satisfont l'esprit et l'élèvent par degrés jusqu'à la conception de l'ordre établi par Dieu dans la création.

Remarque. — Rôle de la déduction dans les sciences de la nature. — Les sciences de la nature sont essentiellement expérimentales et inductives. Mais la déduction leur est utile :

1° *Comme moyen de vérification des hypothèses.* Lorsqu'une hypothèse n'est pas vérifiable directement par l'expérience, elle l'est par *déduction*; (*a*) si tous les faits communs s'accordent avec cette hypothèse; (*b*) si les conséquences qu'on peut en tirer se trouvent réalisées dans la nature. Ex. : Harvey supposa que le sang circulait dans les artères et les veines; et, partant de cette hypothèse, il fit le raisonnement suivant : le sang va dans les veines de la périphérie au centre, dans les artères du centre à la périphérie; en liant les unes et les autres avec un fil, on interrompra la marche du sang; mais les veines devront se gonfler au-dessus, les artères au-dessous de la ligature. La *déduction* lui avait fourni le résultat que devait donner l'expérience, si son hypothèse était exacte.

2° *Comme moyen d'explication des faits et des lois.* Un fait est expliqué lorsqu'on peut le déduire d'une ou de plusieurs lois. Ex. : Une glace se brise soudainement. Ce fait est expliqué si, constatant la proximité d'une source de chaleur, je puis le *déduire* de cette loi générale que la chaleur dilate les corps. — Une loi est expliquée lorsqu'on peut la déduire d'une ou de plusieurs autres lois. Ainsi la loi d'ascension d'un ballon se *déduit* des lois combinées de la pesanteur et de l'élasticité.

3° *Comme moyen de découvrir des lois et des faits que l'observation n'avait pu révéler.* Ainsi cette loi que les gaz traversent les membranes animales, explique l'empoisonnement de l'homme ou de l'animal respirant un air vicié.

« La déduction joue un rôle important dans l'enseignement des sciences. Le professeur énonce la loi qui forme la majeure, puis les conditions de l'expérience qui constituent la mineure, et il annonce ce qui va se produire, c'est-à-dire la conclusion du syllogisme. Il réalise les conditions de l'expérience (mineure), la conclusion annoncée se produit d'elle-même, et la majeure est par là même affirmée par les auditeurs. » (FONSEGRIVE.)

QUESTIONNAIRE. — Qu'est-ce que la classification? — Combien distingue-t-on de sortes de classification? — Que savez-vous de la classification artificielle? — de la classification naturelle? — Quelles sont les règles de la classification naturelle? — Quelle est l'utilité des classifications?

III. — SCIENCES MORALES

Objet des sciences morales. — Les sciences morales ont pour objet l'*étude des faits et la recherche des lois de l'activité humaine*, c'est-à-dire de l'activité consciente, raisonnable et libre.

Leur division. — Les sciences morales comprennent : — 1° la *psychologie*, science des faits intimes; — 2° la *logique*, science des lois de la pensée; — 3° la *morale proprement dite*, science du bien, ou encore science de la fin de l'homme; — 4° le *droit naturel ou positif*, science des droits et des devoirs de l'homme vivant en société; — 5° la *pédagogie*, science de l'éducation; la *politique*, science du gouvernement des sociétés; — 6° l'*histoire*, science des faits de la vie des peuples.

Leur méthode. — Les sciences morales, considérées dans leur ensemble, emploient une **méthode mixte**; elles se servent tour à tour des procédés de la méthode *inductive* et de ceux de la méthode *déductive* : la méthode des sciences morales théoriques est surtout inductive; celle des sciences morales pratiques est surtout déductive.

S'agit-il des phénomènes de l'âme, on emploie l'*observation interne*, l'*analogie* et l'*induction*; on constate, par exemple, que ces phénomènes se divisent en deux catégories : les uns involontaires, les autres dépendant de la volonté. D'où l'on conclut que l'homme est libre d'accomplir ou de ne pas accomplir certains actes.

Ce principe admis, on en tire des conséquences par *déduction* : l'homme est libre; donc il est responsable, donc il mérite ou il démérite, selon qu'il agit bien ou mal; donc il peut et il doit être récompensé ou puni.

Méthode de la psychologie. — On constate les faits psychologiques par l'*observation*, ou mieux, la *réflexion* (l'âme se replie sur elle-même pour s'étudier, au moyen de la conscience). On les *analyse*, on les *compare*, on les *contrôle* en étudiant ses semblables (observation externe); on les *classe*, et, par l'*induction*, on les ramène à des lois. — On part de certaines définitions ou de principes établis; et, par la *déduction*, on en tire des conclusions qui démontrent, par exemple, que l'âme est spirituelle.

Méthode de la morale. — La morale proprement dite est surtout une science d'application. C'est donc ici la méthode *déductive* qu'il faut suivre. Elle s'appuie, d'une part, sur les premières données de la raison; d'autre part, sur les faits de conscience (observation interne), et en déduit les conséquences relatives à la pratique de la vie.

Méthode du droit positif. — On part des principes essentiels du droit naturel, et on en *déduit* les formules ou les lois écrites qui règlent, au point de vue social, la vie des individus qui constituent une nation.

Méthode de la pédagogie. — La pédagogie tire ses principes généraux de la psychologie et de la morale; car tout système sérieux d'éducation suppose la connaissance : — 1° de l'âme humaine, de ses aptitudes, de ses instincts pervers, de ses passions généreuses; — 2° des mœurs générales de la société au milieu de laquelle doivent vivre ceux qu'il s'agit d'élever; — 3° des dispositions individuelles de ces derniers, de leurs facultés, du but qu'ils se proposent d'atteindre.

Méthode de la politique. — La politique s'appuie à la fois sur l'expérience et sur la raison. Elle implique la connaissance : — 1° des *passions humaines;* — 2° des *sociétés*, telles qu'elles ont été et telles qu'elles sont : leurs lois fondamentales, leur caractère et leurs besoins.

QUESTIONNAIRE. — Quel est l'objet des sciences morales? — Que comprennent les sciences morales? — Quelle est leur méthode? — Quelle est spécialement la méthode de la psychologie? — de la morale? — du droit positif? — de la pédagogie? — de la politique?

IV. — SCIENCES HISTORIQUES

Objet des sciences historiques. — Les sciences historiques ont pour objet les *faits* de la vie des peuples.

Division. — Les principales sciences historiques sont : l'*histoire*, qui étudie les faits des sociétés humaines; l'*archéologie*, qui traite des monuments anciens; l'*épigraphie*, qui a pour objet les inscriptions antiques; la *paléographie*, ou étude des vieux manuscrits; la *numismatique* ou science des monnaies et des médailles, et la *géographie politique*, qui a pour objet les pays habités.

Méthode des sciences historiques. — Les sciences historiques se servent tout à la fois des méthodes *inductive* et *déductive;* et d'un moyen spécial : le *témoignage des hommes.*

Témoignage des hommes. — Le témoignage des hommes est la *transmission* et l'*attestation* d'un fait par un certain nombre de personnes.

La valeur du témoignage humain dépend de certaines conditions, dont les unes concernent *les faits*, les autres *les témoins*

Règles concernant les faits. — Les faits doivent être : — 1° *Vraisemblables*, c'est-à-dire ne contredire aucune des vérités absolues de la raison. Toutefois on doit se garder d'affirmer trop vite qu'un fait est invraisemblable: *le vrai pouvant quelquefois n'être pas vraisemblable.* L'invraisemblance d'un fait n'autorise donc jamais à nier; elle donne seulement le droit d'être plus sévère dans l'examen de ce fait, et d'exiger des témoins toutes les garanties désirables. Mais aucun témoignage ne doit faire croire à des faits absolument impossibles. — 2º *Observables*, c'est-à-dire de nature à pouvoir être saisis et étudiés attentivement. On doit tenir pour certain un fait *public*, parce qu'un grand nombre de témoins ont pu l'observer; *important*, parce qu'il y avait intérêt à le bien observer et à ne l'admettre qu'à bon escient

Règles concernant les témoins. — Les témoins oculaires ou auriculaires, peu importe, doivent être : — 1º *compétents*, c'est-à-dire d'une science et d'une capacité telles, qu'ils n'aient pu être trompés ; — 2º *véridiques*, c'est-à-dire qu'ils ne veuillent pas tromper. On s'assure de la bonne foi des témoins en s'informant de leur *moralité* et de l'*intérêt* qu'ils pourraient trouver dans l'altération de la vérité ; — 3º *clairs*, c'est-à-dire que leur témoignage ne doit pas donner lieu à plusieurs interprétations différentes.

Remarque. — Plus les témoins sont nombreux, opposés de *caractère*, d'*intérêts*, de *passions*, etc., plus leurs témoignages offrent de garanties. Cependant la *prudence* fait une loi de peser les témoignages plutôt que de les compter : deux témoins éclairés, probes, désintéressés, sont infiniment plus dignes de foi que vingt témoins ignorants, passionnés et peu sincères ; mais elle ne permet pas de s'en rapporter au témoignage d'un seul. « Aucune loi humaine et juste n'autorise la condamnation d'un accusé sur lequel ne pèse que le témoignage d'un seul homme. La raison en est que l'on n'est jamais assez sûr de pénétrer dans l'esprit d'un seul homme pour se convaincre sans réserve, ou qu'il a bien vu une chose, ou qu'il n'a aucun intérêt possible à affirmer l'avoir vue. » (P. JANET.) — Le témoignage humain est la base de l'histoire.

Source de l'histoire et critique historique. — Les sources de l'histoire sont au nombre de trois : la *tradition orale*, la *tradition écrite* et la *tradition monumentale*.

La critique historique est la science des *conditions* et des *garanties* que doivent présenter les témoignages pour faire autorité.

Tradition orale. — La tradition orale est la *transmission* de bouche en bouche d'un événement historique, depuis les témoins oculaires. Elle peut passer par trois états distincts : elle n'est d'abord qu'un récit de père à fils ; ensuite elle se fixe dans les usages domestiques ou publics, dans des cérémonies et des institutions, et quelquefois, mais assez tard, par l'écriture. Ex. : La tradition de la loi salique en France. A l'origine, tout a été traditions ; mais, dans l'état actuel de l'histoire des peuples civilisés, il n'y a presque plus de traditions purement orales, si ce n'est pour des faits d'un intérêt local et restreint.

Règles concernant la tradition orale. — La tradition orale est sujette à l'altération. Pour produire la certitude, il est nécessaire qu'elle soit : — 1° *constante*, c'est-à-dire qu'elle n'ait point été interrompue, et qu'on puisse remonter jusqu'aux témoins oculaires ; — 2° *abondante*, c'est-à-dire offrir un grand nombre de témoins ; — 3° *unanime*, c'est-à-dire confirmée, ou du moins non contredite par la tradition écrite. Il faut croire, par exemple, à l'existence de Charlemagne, mais ne point admettre les exploits que lui prêtent les chansons de geste, parce qu'ils sont contredits par des documents positifs.

Tradition écrite. — La tradition écrite est le *récit* des faits passés, fixés par l'écriture. Elle se compose de procès-verbaux, de rapports, de journaux ou de revues, de mémoires où l'auteur raconte les événements auxquels il s'est trouvé mêlé, de correspondances, de relations de voyages, enfin des récits des contemporains.

Règles concernant les écrits. — Pour mériter la confiance, les livres historiques doivent être *authentiques*, *intègres* et *véridiques*.

Authentiques, c'est-à-dire appartenir réellement à l'époque et à l'écrivain auxquels on les attribue. Les caractères de l'authenticité sont : — 1° la *conformité* du style et des idées d'un livre avec le langage et les mœurs de l'époque à laquelle on les rapporte; — 2° la *conformité* des réflexions et des jugements avec le caractère, l'esprit et les mœurs de l'auteur présumé; — 3° enfin, l'*accord* des faits attestés avec la tradition et les écrits des auteurs contemporains ou postérieurs.

Intègres, c'est-à-dire être parvenus jusqu'à nous sans altération importante. L'intégrité d'un écrit se démontre : — 1° par les *caractères* qui en établissent l'authenticité; — 2° par la *confrontation* du manuscrit original avec ses différentes éditions.

Véridiques, c'est-à-dire rapporter les faits tels qu'ils se sont passés. Les signes de la véracité d'un historien sont les mêmes que ceux qui établissent la véracité des témoins.

Remarque. — L'historien doit offrir les mêmes garanties que le témoin oculaire. On doit donc s'assurer : — 1° de sa *compétence*, c'est-à-dire qu'il possédait les moyens de connaître et de vérifier les faits qu'il rapporte; — 2° de sa *moralité*, c'est-à-dire s'informer de la vie de l'auteur, de ses habitudes, de son caractère, de ses rapports avec les hommes et les choses, de l'estime ou de la confiance qu'il inspirait aux contemporains; — 3° de son *désintéressement* : se défier des récits dictés par l'intérêt personnel, ou par l'intérêt d'une secte, d'un parti, d'une faction : c'est le défaut commun à presque toutes les *histoires de la Révolution* écrites de nos jours[1]. Quand un historien se laisse dominer par ses passions, il ne peut que fausser le récit des événements et louer ou blâmer de parti pris.

Tradition monumentale. — Les monuments sont des *objets matériels :* édifices, arcs de triomphe, colonnes, statues, médailles, peintures, armes, monnaies, diplômes, etc., destinés à perpétuer le souvenir des faits accomplis.

Règles concernant les monuments. — Les monuments et leurs inscriptions établissent la certitude des faits quand ils sont : — 1° *authentiques*, c'est-à-dire qu'ils appartiennent à l'époque, au lieu, au fait, au personnage auxquels on les attribue; — 2° *sincères*, c'est-à-dire qu'ils sont l'expression de la vérité. Les monuments ne sont pas toujours véridiques : la flatterie, la politique, les passions populaires, l'amour-propre national, y introduisent trop souvent des inexactitudes et des

---

[1] Cf. P. Janet, *Traité élém. de philosophie*, p. 516.

mensonges qui, si l'on n'y prend garde, peuvent induire en erreur ; — 3° quand ils ont une *signification claire et précise* et qu'ils sont *fidèlement interprétés*. — L'authenticité et la véracité des monuments s'établissent comme celles des écrits.

Remarque. — Les règles du témoignage et de la critique historique ne s'appliquent pas seulement aux faits naturels ; elles servent encore à établir la vérité d'une opinion, d'une science, d'une doctrine, d'un fait surnaturel. (Le caractère miraculeux d'un fait ne change rien aux conditions requises pour en constater la réalité : il n'est pas plus difficile, par exemple, de voir un phénomène céleste quand il se produit contrairement aux lois de l'astronomie, que lorsqu'il s'accomplit selon ces lois ; de parler à un homme après sa résurrection, que de lui parler avant sa mort.)

Rôle du témoignage. — Le témoignage joue un rôle important dans le monde. Sur la foi du témoignage, nous obéissons à des lois que nous n'avons pas portées ; nous respectons des magistrats que nous n'avons pas élus ; nous payons des dettes que nous n'avons pas contractées, etc.; et, dans la vie publique (à la tribune, au barreau, etc.), où chacun cite en faveur de son opinion ce qu'on appelle des autorités. Dans les sciences, le témoignage dispense le vulgaire de vérifier les lois déjà formulées et permet aux savants de travailler au progrès des connaissances humaines, en partant du point où s'étaient arrêtés leurs prédécesseurs. Mais c'est surtout en religion que se fait sentir l'importance de l'autorité, et que se manifeste d'une manière éclatante la foi des individus et des peuples au témoignage des hommes qui sont les interprètes de la parole de Dieu.

QUESTIONNAIRE. — Quel est l'objet des sciences historiques ? — Nommez les pricipales sciences historiques ? — Quelle est leur méthode ? — Qu'est-ce que le témoignage des hommes ? — Quelles sont les règles concernant les faits ? — concernant les témoins ? — Quelle remarque y a-t-il à faire à propos des témoins ? — Quelles sont les sources de l'histoire ? — Qu'est-ce que la tradition orale ? — Quelles sont les règles concernant la tradition orale ? — Qu'est-ce que la tradition écrite ? — Quelles sont les règles concernant la tradition écrite ? — Qu'est-ce que les monuments ? — Quelles sont les règles concernant les monuments ? — Les règles du témoignage et de la critique historique ne s'appliquent-elles qu'aux faits naturels ? — Quel rôle joue le témoignage (ou l'histoire) dans la vie pratique et dans les sciences ?

COMPLÉMENT DE LA LOGIQUE

Après avoir fait connaître les moyens d'arriver à la vérité, il reste à parler : 1° de l'*erreur;* 2° du *sophisme;* 3° des *états de l'esprit par rapport au vrai;* 4° de la *valeur objective de la connaissance;* 5° du *fondement de la certitude.* — L'étude de ces cinq questions forme le complément naturel de la logique.

I. — ERREUR

Définition de l'erreur. — L'erreur est un *jugement faux,* qui consiste à croire ou à affirmer ce qui n'est pas. — Il ne faut pas la confondre avec l'*ignorance.* On est dans l'ignorance lorsqu'on ne sait pas la vérité; on est dans l'erreur lorsqu'on croit savoir ce qu'on ignore.

Causes de nos erreurs. — Nos erreurs ont pour causes : l'imperfection de notre esprit, la précipitation du jugement, la vivacité de l'imagination, les passions, les préjugés.

Imperfection de notre esprit. — L'esprit de l'homme se trompe dans l'*interprétation* des données des sens; il se trompe dans ses *raisonnements :* c'est qu'il est limité, « et tout esprit limité, dit Malebranche*, est, par sa nature, sujet à l'erreur. » — Cette infirmité peut être diminuée par l'étude, mais elle ne disparaîtra jamais entièrement.

Précipitation du jugement. — Elle consiste à *juger* ce qu'on ne connaît pas suffisamment, à juger trop légèrement de l'inconnu par le connu; à généraliser avec excès; à faire des inductions sur des observations superficielles et incomplètes, sur de trompeuses analogies, sur des hypothèses en désaccord avec les faits. — On corrige cette cause d'erreur par l'attention, la réflexion et la méthode.

Vivacité de l'imagination. — L'imagination altère souvent la vérité par des images exagérées des choses sensibles. — On corrige les excès de cette faculté par un contrôle sévère du jugement.

Passions. — Tous les moralistes s'accordent à reconnaître que les passions sont une des sources les plus fécondes de l'erreur ; elles obscurcissent notre intelligence, égarent nos jugements, inclinent notre volonté et fixent notre opinion : les défauts deviennent des qualités chez nos amis, et les qualités deviennent des défauts chez nos ennemis ; l'orgueil nous fait prendre des chimères pour des réalités ; l'intérêt nous rend injustes ; l'amour-propre nous empêche de connaître nos défauts, etc. On doit s'abstenir de juger et de se déterminer lorsqu'on se sent influencé par quelque affection désordonnée, lutter avec énergie contre les passions, observer exactement les préceptes de la religion et de la morale.

Préjugés. — On entend par préjugés les *jugements* tout faits que l'on accepte sans examen, sans contrôle, de sa famille, de ses maîtres, de son pays, du milieu social dans lequel on vit. Se soumettre en aveugle et sans vérification à une autorité faillible, c'est s'exposer à tomber presque inévitablement dans l'erreur : que d'opinions fausses et de croyances erronées n'ont pas d'autre origine ! — On remédie à ces causes d'erreur par un examen prudent, une sage lenteur et un sincère amour de la vérité. En matière de doctrine, il ne faut croire à l'autorité des savants qu'autant que leurs raisons ont de la valeur ; en matière de faits, on doit croire seulement les historiens dont la science et la véracité sont hors de doute.

Remèdes à l'erreur. — Pour éviter l'erreur et découvrir les sophismes des autres, il faut : — 1° appliquer aux déductions les règles du syllogisme ; — 2° user du procédé inductif après une observation scrupuleuse des faits, et tirer des conclusions conformes aux données expérimentales ; — 3° prendre comme base de solution des principes ou des propositions générales incontestables ; — 4° définir et préciser le sens des mots ; — 5° faire des divisions ou des dénombrements complets ; — 6° n'affirmer que des propositions dont on reconnaît la certitude à la lumière de l'évidence après un examen sérieux.

Remarque. — L'erreur, quand elle est volontaire, prend le nom de *sophisme*.

QUESTIONNAIRE. — Qu'est-ce que l'erreur ? — Quelles sont les causes de nos erreurs ? — Que faut-il faire pour éviter l'erreur ?

II. — SOPHISME

Définition du sophisme. — Le *sophisme* est un *raisonnement trompeur*, qui, sous l'apparence de la vérité, provient de la mauvaise foi. — Quand il naît de l'ignorance, de l'irréflexion ou d'un manque de rectitude dans l'esprit, on l'appelle *paralogisme*.

La logique appelle sophismes tous les raisonnements faux, sans tenir compte de la bonne foi ni de l'intention de tromper.

Division. — On distingue les sophismes de *mots* et les sophismes de *raisonnement*.

Sophismes de mots. — Ces sophismes proviennent de *l'ambiguïté des termes*; ils consistent à prendre le même mot dans des acceptions différentes. Ce que l'on dit, par exemple, des mots *progrès, indépendance, liberté, égalité*, etc., pris dans un certain sens, cesse d'être vrai quand on prend ces mots dans une signification différente. — Le moyen de se garantir de cet artifice, c'est de forcer l'interlocuteur à définir, à préciser le *sens* des termes dont il se sert.

Sophismes de raisonnement. — Les sophismes de raisonnement se divisent en *sophismes de déduction* et en *sophismes d'induction*.

1° Sophismes de déduction. — Les principaux sophismes de déduction sont : *L'ignorance de la question*. Ce sophisme consiste à s'écarter du sujet et à prouver autre chose que ce qui est en question. Ex. : Un jeune homme est accusé de vol. L'avocat montre que son client est bon fils : il discute sur autre chose que ce qui est en question. Ce défaut est très ordinaire dans les contestations. Les uns, par exemple, condamnent la liberté, et les autres la défendent; mais les premiers entendent la liberté illimitée, et les seconds, une liberté sage et réglée. Les auteurs de comédies exploitent volontiers les *quiproquos*, parce qu'ils prêtent beaucoup à rire. (Voy. *l'Avare, les Plaideurs*, etc.)
— 2° *La pétition de principe*. Ce sophisme consiste à supposer vrai ce qui est contesté. On dira, par exemple : « Cela n'est pas défendu, donc je puis le faire. » Mais il s'agit de savoir si cela n'est pas défendu. La fable *la Génisse, la Chèvre*, etc., (LA FON-

Taine, liv. I, fable vi.), n'est qu'une suite de pétitions de principes. — 3° *Le cercle vicieux.* Ce sophisme consiste à prouver l'une par l'autre deux propositions contestables. Si, après m'être appuyé sur la véracité d'un témoin pour conclure la vérité d'un fait, je m'appuie sur la vérité du fait pour conclure la véracité du témoin, je fais un cercle vicieux.

2° **Sophismes d'induction.** — Les principaux sophismes d'induction sont : 1° *L'erreur sur la cause.* Ce sophisme consiste à attribuer un fait à une cause qui ne l'a pas produit. Ex. : Attribuer, comme J.-J. Rousseau, la dépravation des mœurs à la culture des lettres; dire que les guerres, les famines, les épidémies, qui arrivent après l'apparition d'une comète, sont dues à cet astre, c'est prendre pour cause ce qui n'est pas cause. — 2° *L'erreur de l'accident.* Ce sophisme consiste à juger une chose par des effets accidentels. Exemple : Quelques hommes pervers abusent de la science et de la religion; donc, la science et la religion sont mauvaises de leur nature. « Un fait isolé, rare et sans conséquence, donné comme constant, un abus passager présenté comme un état de choses habituel et général, voilà le grand moyen des révolutions. » (Bossuet*.) — 3° *L'énumération imparfaite.* Ce sophisme consiste à tirer une conclusion générale d'un fait ou de quelques faits en nombre insuffisant. Exemple : Attribuer à une famille tout entière les défauts ou les fautes de quelques-uns de ses membres; affirmer qu'il y a des habitants dans les planètes parce qu'il y en a sur la terre.

On découvre ces sophismes, en ramenant l'argument à un syllogisme régulier.

Questionnaire. — Qu'est-ce que le sophisme? — Combien distingue-t-on de sortes de sophismes? — Que savez-vous des sophismes de mots? — des sophismes de raisonnement?

III. — ÉTATS DE L'ESPRIT PAR RAPPORT AU VRAI

Définition de la vérité. — On peut considérer la vérité sous deux aspects différents : 1° *objectivement* en elle-même; 2° *subjectivement* dans l'intelligence qui la perçoit.

La vérité considérée en elle-même, ou la *vérité métaphysique,* c'est ce qui est.

La vérité considérée dans nos jugements, ou la *vérité logique,* c'est la conformité de notre pensée avec son objet : quand la pensée conçoit l'objet tel qu'il est en lui-même, la connaissance est vraie. — Nous ne parlerons ici que de la *vérité logique*.

Divers états de l'esprit par rapport à la vérité.
— L'esprit peut se trouver dans plusieurs états par rapport à la vérité. S'il adhère à la vérité sans hésitation, c'est la *certitude*; s'il hésite, c'est le *doute*; s'il ne peut affirmer d'une manière absolue, c'est l'*opinion*; s'il a plus de raison d'affirmer que de nier, c'est la *probabilité*.

Certitude. — La certitude est l'*adhésion* de l'esprit à ce qu'il juge être la vérité. La certitude est *absolue*, c'est-à-dire qu'elle n'admet pas de degrés. — On distingue la certitude *physique*, la certitude *psychologique*, la certitude *logique*, la certitude *morale* et la certitude *métaphysique*. — La première est l'adhésion de l'esprit aux données des sens, la deuxième, l'adhésion aux affirmations du sens intime; la troisième, l'adhésion aux conclusions du raisonnement; la quatrième, l'adhésion au témoignage des hommes; la cinquième, l'adhésion aux données de la raison.

Doute. — Le doute est l'*hésitation* de l'esprit en présence de raisons pour ou contre qui semblent équivalentes.

Le doute est *naturel* ou *systématique* : *naturel* quand il tient à la faiblesse, à l'imperfection de l'esprit; *systématique* quand il est voulu et adopté à dessein.

Le doute systématique est lui-même de deux sortes : *méthodique* ou *sceptique*. — Le *doute méthodique, provisoire* ou *fictif*, est un des moyens d'arriver à la vérité, une des conditions de la science réfléchie, un commencement de science. Descartes prétendit en faire le point de départ et le fond de sa méthode. Le *doute méthodique* est légitime à la condition qu'on ne l'applique pas aux vérités premières, soit empiriques, soit rationnelles, qu'on ne peut rejeter sans renoncer à la raison. — Le *doute sceptique*, tout différent, consiste à douter pour douter, à s'arrêter dans le doute comme dans un état définitif de la raison. C'est « un doute de ténèbres qui ne conduit point à la lumière, mais qui en éloigne toujours, tandis que le premier naît de la lumière et aide en quelque sorte à la produire à son tour ». (MALEBRANCHE*.)

Opinion. — L'opinion est un *doute mitigé* : l'esprit n'hésite pas, comme dans le doute naturel ; il croit qu'une chose est telle, mais sans pouvoir l'affirmer d'une manière absolue.

Probabilité. — La probabilité ou la vraisemblance est la valeur d'une opinion qui n'est pas encore résolue, mais dont les raisons d'*affirmer* l'emportent. Elle admet une infinité de degrés, c'est-à-dire qu'elle grandit ou diminue suivant les circonstances. Ainsi, par exemple, d'une urne qui contient *dix boules blanches*, il est évident qu'on tirera une boule blanche ; cela serait très probable, mais non évident, si l'urne contenait *neuf boules blanches* et *une noire*, et cette probabilité diminuerait si le nombre des boules noires augmentait.

QUESTIONNAIRE. — Comment définit-on la vérité? — Quels sont les divers états de l'esprit par rapport à la vérité? — Qu'est-ce que la certitude? — le doute? — l'opinion? — la probabilité?

IV. — VALEUR OBJECTIVE DE LA CONNAISSANCE

L'esprit humain est-il capable d'arriver à la certitude? — Le problème de la certitude partage les philosophes en deux écoles : les *dogmatiques* et les *sceptiques*. Les premiers affirment que la vérité existe et que nous pouvons la connaître ; les seconds soutiennent le contraire.

Dogmatisme. — Le dogmatisme consiste donc à croire dans nos facultés intellectuelles, à croire la réalité objective de nos connaissances ; à reconnaître que nos facultés nous découvrent la vérité sur nous, sur le monde et sur Dieu quand nous en faisons un emploi judicieux, quand nous en suivons les lois et n'en dépassons pas la portée. — Le dogmatisme est *vrai* quand il repose sur les divers criteriums de la vérité ; il est *faux* s'il ne repose que sur un seul. (V. p. 131.)

Scepticisme. — Le scepticisme consiste à prétendre que nous n'avons aucun moyen de discerner la vérité de l'erreur.

On distingue le scepticisme *partiel*, le scepticisme *universel* et l'*idéalisme*.

Le scepticisme partiel attaque un ou plusieurs de nos moyens de connaître. Il est *sensualiste* ou *empirique*, s'il ne croit qu'au témoignage des sens; *positiviste*, s'il rejette la métaphysique; *idéaliste proprement dit*, s'il admet la réalité des sensations attestées par la conscience et s'il rejette l'existence du monde extérieur; *idéaliste transcendental*, s'il ne reconnaît pas la réalité de l'âme comme un fait prouvé par l'expérience intime.

Le scepticisme universel, érigé en système par Pyrrhon*, s'étend à toutes nos facultés : il récuse l'autorité de la raison pour toutes sortes de connaissances. Le sophisme des pyrrhoniens peut se résumer en cette proposition : « L'homme se trompe quelquefois, donc il se trompe toujours. »

L'idéalisme nie l'objectivité des données des sens. Les partisans de ce système (Berkeley*, Fichte*, etc.) prétendent que nous ne voyons que des images, et que nous ne pouvons savoir si ces images correspondent à la réalité. (Voir p. 46.)

Réfutation du scepticisme. — Le scepticisme contredit le *sens commun*, c'est-à-dire ce qu'il y a d'universel et d'invariable dans les connaissances élémentaires de tous les hommes : les vérités premières et les faits d'évidence immédiate (deux et deux font quatre, deux quantités égales à une troisième sont égales entre elles, il ne faut pas rendre le mal pour le bien); il se contredit lui-même, car « il est au moins certain que rien n'est certain. » (Fénelon.) Quel homme oserait douter s'il se brûle, s'il éprouve telle crainte, tel remords, quand il se brûle? etc. « On n'en peut venir là, dit Pascal*, et je mets en fait qu'il n'y a jamais eu de pyrrhonien effectif et parfait; la nature empêche l'homme d'extravaguer à ce point. » En dépit des doctrines sceptiques, l'humanité continue de croire invinciblement au *témoignage* des sens, de la conscience, de la raison, des hommes dignes de foi et aux *résultats* de la science.

Nous pouvons donc arriver à la connaissance, non de toutes les vérités, car l'intelligence humaine est limitée, mais d'un certain nombre. Pour cela il suffit de bien raisonner, c'est-à-dire de suivre la nature, en observant la méthode propre à découvrir la vérité que l'on recherche.

Existence du monde extérieur. — La discussion de l'idéalisme a mis en relief la question de l'*existence du monde extérieur*. L'existence du monde extérieur n'a pas besoin d'être prouvée; nous croyons à l'existence des corps comme à notre propre existence; c'est un fait.

Quand un objet accessible est vu et touché à la fois ou successivement ou simultanément, son existence, sa forme, sa distance, par rapport à nos organes, ne sont-elles pas pleinement évidentes? N'est-ce pas l'évidence type de toutes les autres? J.-B. Rousseau fait dire à un incrédule :

> Oui, je voudrais connaître,
> Toucher du doigt la vérité.

Ne dit-on pas tous les jours : une vérité tangible, une vérité palpable, pour exprimer celle dont l'évidence est la plus grande possible? Est-il quelque chose de plus certain que ce dont on peut dire : « Je l'ai vu, de mes propres yeux vu, ce qu'on appelle vu ! »

QUESTIONNAIRE. — L'esprit humain est-il capable d'arriver à la certitude? — En quoi consiste le dogmatisme? — le scepticisme? — Combien distingue-t-on de sortes de scepticisme? — Que pensez-vous du scepticisme? — L'existence du monde a-t-elle besoin d'être prouvée?

V. — FONDEMENT DE LA CERTITUDE : L'ÉVIDENCE

Définition de l'évidence. — L'évidence est la *pleine clarté par laquelle une vérité obtient l'adhésion de l'esprit.*

Tantôt l'évidence est *immédiate, intuitive,* antérieure à la démonstration, comme dans les faits de conscience et dans la perception des vérités premières; d'autres fois elle est *médiate,* et ne se produit qu'à la suite d'un raisonnement, comme dans les sciences mathématiques.

Cette *lumière,* qui nous permet de juger la vérité ou la fausseté d'une proposition, est donc le *critérium de la vérité,* le *fondement de la certitude.*

Remarques. — 1° Il ne faut pas confondre l'*évidence* avec la *certitude.* L'évidence est dans le fait jugé : elle est *objective;* la certitude, au contraire, est dans l'esprit qui juge : elle est *subjective.* — 2° L'évidence et la certitude sont corrélatives. Dire : Je suis certain de telle chose, ou : Telle chose est évidente pour moi, c'est tout un.

Diverses espèces d'évidence et de certitude. — **Leur valeur.** — On distingue, d'après l'objet : — 1° L'évidence *sensible,* qui donne la **certitude physique** (croyance de l'esprit aux données des sens) : elle a pour objet les faits externes et repose sur la stabilité des lois de la nature physique; — 2° l'évidence *rationnelle,* qui donne la **certitude métaphysique** (croyance de l'esprit aux axiomes ou premières vérités de la raison et aux conclusions du raisonnement) : elle a pour objet les vérités nécessaires et repose sur la convenance ou la répugnance de deux idées; — 3° l'évidence *morale*, qui donne la **certitude morale** (croyance de l'esprit aux affirmations du sens intime ou de la conscience psychologique et au témoignage des hommes) : elle a pour objet les faits internes et les faits externes qui ne sont pas à notre portée; elle repose sur la stabilité des lois du monde moral.

Ces diverses sortes d'évidence et de certitude sont d'égale valeur. L'évidence mathématique est d'une autre nature que l'évidence morale, mais ne lui est pas supérieure.

On ne doit demander dans chaque ordre de vérités que la certitude que cet ordre de vérités comporte. « Il serait ridicule de vouloir exiger une démonstration géométrique des vérités d'expérience ou historique. » (EULER.) Le matérialisme qui nie l'âme sous prétexte qu'en fouillant le cerveau il ne l'a pas rencontrée sous son scalpel ou sous sa loupe, est absurde : l'âme ne se voit ni ne se touche, mais elle se manifeste par les phénomènes spirituels qu'elle produit. — L'âme est objet de certitude morale et métaphysique, non de certitude physique : l'humanité atteste son existence; ses effets nous la font connaître comme cause.

Faux critériums. — Plusieurs faux critériums : le *fidéisme*, le *traditionalisme*, le *rationalisme*, sont nés de la confusion des diverses sortes d'évidence. L'Église les condamne également. La certitude ne repose exclusivement ni sur la Foi, ni sur la tradition, ni sur la raison, mais quelquefois sur l'une de ces autorités, et très souvent sur toutes les trois. Lorsqu'elles se trouvent réunies à l'appui d'une vérité, elles l'établissent dans l'évidence parfaite. La meilleure formule sur les fondements de la certitude appartient à Pascal : « Il y a, dit-il, trois moyens de croire : la raison, la coutume (ou tradition), et l'inspiration (ou révélation).

QUESTIONNAIRE. — Qu'est-ce que l'évidence? — Combien distingue-t-on d'espèces d'évidence et de certitude? — Que savez-vous du fidéisme, du traditionalisme, du rationalisme?

NOTE COMPLÉMENTAIRE

(PROGRAMME DU BREVET SUPÉRIEUR)

Idées et jugements. — Faire remarquer aux élèves les deux éléments principaux que contient la pensée humaine : les *idées* et les *jugements;* leur faire distinguer l'extension et la compréhension des termes usuels. On les exercera à classer les termes, à diviser les genres en leurs espèces, pour qu'ils se rendent un compte exact du sens des mots dont ils se servent, et à discerner les jugements vrais des jugements faux.

Raisonnement. — Exercer les élèves à mettre en forme de syllogisme les démonstrations mathématiques, les propositions qui résument un discours, un plaidoyer, afin de leur montrer quel avantage il y a pour l'esprit à saisir d'un seul coup d'œil les idées principales, et à ne pas s'égarer dans les idées accessoires.

Méthode. — Apprendre aux élèves à observer, c'est-à-dire à se servir de leurs facultés perceptives, soit internes, soit externes, avec attention et en tendant à un but déterminé.

Leur faire comprendre, par des exemples, que l'*analyse* consiste à décomposer un objet d'observation en ses différentes parties, que la *synthèse* est le contraire de l'analyse, que l'*induction* est surtout un moyen de recherche, et la *déduction* un moyen de contrôle.

Leur expliquer les définitions mathématiques et les axiomes par des exemples concrets (mesurer les rayons d'un cercle, les angles d'un triangle, la ligne droite et la ligne brisée, etc.).

Leur montrer l'utilité des classifications et les applications des sciences naturelles à l'agriculture et à l'industrie.

Les exercer, par des exemples, à découvrir la valeur des diverses sortes de témoignages, en considérant successivement le témoin, le fait témoigné et la forme du témoignage.

Sophisme. — Corriger leurs sophismes : *pétition de principe, cercle vicieux, ignorance du sujet,* ambiguïté des mots, etc., en leur apprenant à être attentifs, à ne pas juger avec précipitation et à procéder avec méthode.

Certitude. — Leur montrer, par des exemples, que toute bonne démonstration rend *certain* la vérité ou le fait qu'elle établit; que nous pouvons arriver à la certitude *physique,* au moyen des sens extérieurs; à la certitude *psychologique,* au moyen du sens intime ou de la conscience psychologique; à la certitude *logique,* au moyen du raisonnement ou de la démonstration; à la certitude *métaphysique,* au moyen des axiomes et des vérités premières; à la certitude *morale,* au moyen de l'autorité ou du témoignage des autres.

Leur faire remarquer que ces différents moyens produisent la *certitude* en manifestant clairement à notre intelligence la vérité d'une proposition.

TROISIÈME PARTIE

MÉTAPHYSIQUE

Définition. — La métaphysique est la science des *premiers principes des êtres* considérés dans leur essence. — La philosophie générale s'occupe des qualités et des rapports accidentels de tous les êtres; la métaphysique, au contraire, ne s'occupe que de leurs principes essentiels et premiers.

Importance de la métaphysique. — La métaphysique étudie les êtres dans leurs *raisons suprêmes;* les sciences naturelles, les sciences mathématiques et autres étudient seulement tels ou tels êtres, et sous tels ou tels aspects particuliers. La métaphysique l'emporte donc sur les autres sciences. Ce n'est pas assez dire, il faut ajouter qu'elle en est le fondement nécessaire : toute science, en effet, repose sur des principes premiers, et toute existence réclame une cause première.

Division. — La métaphysique se divise en métaphysique *générale* et en métaphysique *spéciale*.

La métaphysique générale peut se définir : la science des *premiers principes* de toute *existence* et de toute *connaissance;* elle comprend : l'*ontologie*, science de l'être en général, et la *critériologie*, science de la certitude.

La métaphysique spéciale s'occupe des *êtres en particulier*. Or il y a d'une part l'être incréé : *Dieu*, et d'autre part les êtres créés : l'*homme* et le *monde*. D'où ces trois parties distinctes de la métaphysique spéciale : la *cosmologie rationnelle*, science des premiers principes du monde corporel (l'essence de la matière, le principe de la vie); — la *psychologie rationnelle*, science de l'âme (sa nature, son origine, sa destinée); — la *théologie rationnelle* ou *théodicée*, science de Dieu.

Remarque. — Plusieurs questions de métaphysique ont déjà trouvé leur place dans ce qui précède; en psychologie : origine des idées, vérités premières, liberté, spiritualité et immortalité de l'âme; en logique : fondement de la certitude, existence du monde extérieur.

Il nous reste à traiter : 1° de l'être en général; 2° de la nature en général; de la théologie rationnelle ou théodicée.

QUESTIONNAIRE. — Qu'est-ce que la métaphysique? — Que savez-vous de l'importance de la métaphysique? — Comment divise-t-on la métaphysique?

I. — DE L'ÊTRE EN GÉNÉRAL

Notions de l'être. — L'être, objet de la métaphysique, ne peut se définir rigoureusement. On peut dire cependant qu'*il est la chose qui a l'être, abstraction faite de l'exercice de cet être* : Dieu, l'âme humaine, une couleur, un acte, une pensée, sont des êtres.

Principales propriétés de l'être. — Les principales propriétés métaphysiques de l'être sont : la *possibilité*, l'*essence*, l'*unité*, la *vérité*, la *bonté*.

1° Possibilité. — On distingue l'être existant et l'être possible. L'être possible en soi est celui dont l'existence ne répugne pas, n'implique pas de contradiction. La *possibilité* est donc cette propriété que possède une chose de pouvoir exister.

2° Essence. — L'*essence* d'un être est l'ensemble des propriétés sans lesquelles il ne saurait exister, ni être conçu par l'intelligence; c'est ce qui fait qu'il est ce qu'il est.

3° Unité. — L'*unité*, c'est l'absence de division, ce qui fait qu'un être est indivisible en lui-même et distinct de tout autre. Tout être est un, sinon il ne serait pas un être, mais plusieurs êtres. Il ne faut confondre cette unité métaphysique ni avec l'unité *substantielle* ou simplicité (propre aux seuls êtres immatériels), ni avec l'unité *collective* qui consiste dans la coordination de plusieurs êtres par rapport à une même fin, comme l'unité d'une montre, formée de différentes pièces.

4° **Vérité.** — La vérité, considérée objectivement, c'est-à-dire en elle-même, se confond avec l'être : elle est ce qui est (V. la Logique); considérée subjectivement, c'est-à-dire dans ses rapports avec l'intelligence, elle est intelligible.

5° **Bonté.** — La bonté d'un être est l'être lui-même, en tant qu'accessible à la volonté. Tout être qui existe en acte est bon; il est parfait en quelque façon, puisque tout acte est une perfection. — Il faut distinguer cette bonté *métaphysique*, qui convient à tous les êtres, de la bonté *morale*, qui consiste dans la conformité des actes libres avec la loi morale.

Classification des êtres. — On distingue : l'être *nécessaire* et l'être *contingent*, la *substance* et le *mode*.

Nécessaire, contingent. — L'être *nécessaire* est celui qui ne peut pas ne pas être, celui dont on ne peut concevoir la non-existence. — L'être *contingent* est celui qui est, mais qui pourrait ne pas être ou être autrement.

Tout ce qui est créé, tout ce qui est par un autre et n'a pas en soi sa raison d'être, c'est-à-dire tout l'univers, est contingent. Dieu seul, conçu par notre esprit comme cause première, infinie, parfaite, ne peut pas ne pas être; non seulement il est, mais il est le seul être qui ait en soi sa raison d'être : il est nécessairement. — Considéré au point de vue le plus général, le nécessaire se divise en *absolu* et en *relatif*. Le nécessaire absolu convient d'abord à Dieu et ensuite à tout ce qui découle de l'essence des choses. Le nécessaire relatif se dit de tout ce qui ressort nécessairement de telle condition, de telle loi, de tel principe donnés.

Substance, mode. — Tout être contingent actuel se présente comme *substance* ou comme *mode*.

La substance est un être subsistant en soi, sans adhérer à aucun autre. — Le mode ou accident est un être existant dans un autre. Ainsi *Pierre* est une substance, parce qu'il subsiste en lui-même; *blanc* est un mode, un accident, parce qu'il n'existe pas sans un sujet auquel il soit inhérent.

Mais de ce qu'on dit que la substance subsiste en soi, il ne faut pas en conclure qu'elle exclut d'elle l'idée d'une cause qui la produit, mais seulement qu'elle exclut l'idée d'un sujet auquel elle soit inhérente.

Relations des êtres. — On appelle *relations* en général les *rapports* des êtres entre eux [1]. Leur nombre est illimité. Citons seulement les rapports de *cause*, d'*espace* et de *temps*.

Rapport de cause. — Les êtres sont ou causes ou effets. La *cause* est ce qui produit un être ou concourt nécessairement à sa production; ce qui est produit s'appelle *effet*.

L'expression du rapport entre la cause et l'effet s'appelle *principe de causalité* : tout phénomène a une cause, tout changement est produit par une force. Il y a différentes sortes de causes. Aristote en distingue quatre : — 1° la **cause matérielle**, qui répond à la question de composition : De quoi est fait un être? — 2° la **cause formelle**, qui répond à la question de type et d'essence : Comment est fait un être? — 3° la **cause efficiente**, qui répond à la question d'origine : Par qui est fait un être? (C'est la cause proprement dite.) — 4° la **cause finale**, qui répond à la question de destination : Pourquoi est fait un être?

Rapport d'espace et de temps. — Les êtres sont reliés entre eux par l'espace et par le temps. Nous ne pouvons, en effet, concevoir l'existence d'un corps sans le placer dans l'espace, ni celle d'un événement sans le rapporter à une partie de la durée, c'est-à-dire au temps. (P. REGNAULT.)

QUESTIONNAIRE. — Comment peut-on définir l'être, objet de la métaphysique? — Quelles sont les principales propriétés de l'être? — Que savez-vous de l'être nécessaire? — de l'être contingent? — de la substance? — du mode? — Quels sont les principaux rapports des êtres entre eux.

II. — DE LA NATURE EN GÉNÉRAL

Définition et division. — La nature ou le monde matériel est l'*ensemble des êtres soumis à des lois nécessitantes*. Les êtres qui composent le monde visible se divisent en deux groupes : les êtres *inorganiques*, dont le fond substantiel est la *matière*, et les êtres *organisés*, qui ont pour caractère propre la *vie*.

---

[1] Dans tout rapport il y a un *sujet*, un *terme* et un *fondement*. Ainsi, dans le *rapport de possession*, l'homme qui possède est le *sujet*, l'objet possédé est le *terme*, l'achat qui a produit la possession est le *fondement*.

I. — COMPOSITION SUBSTANTIELLE DES CORPS BRUTS

Diverses conceptions sur la matière. — Les diverses théories proposées pour expliquer *l'essence* de la matière sont au nombre de quatre : la *matière* et la *forme*, *l'atomisme pur*, le *dynamisme* et *l'atomisme chimique*.

1° **Matière et forme.** — Ce système de la matière et de la forme, professé par Aristote* et les scolastiques, consiste à admettre comme éléments primitifs des corps deux principes distincts : la *matière première* et la *forme substantielle*.

« La matière première ou matière pure est une réalité indéterminée, incapable d'exister par elle seule, mais apte à devenir un corps quelconque. » (LIBERATORE.)

La forme substantielle est une autre réalité qui détermine la matière à être tel corps ou tel autre. Les scolastiques la définissent : « une substance physiquement incomplète, déterminant la matière à constituer un corps naturel. »

Ces deux principes ne peuvent exister l'un sans l'autre et doivent être considérés comme fondus en un seul être.

Le système de la matière et de la forme s'accorde généralement avec les théories modernes des sciences physiques.

2° **Atomisme pur.** — Le système de l'atomisme pur est celui de Démocrite, d'Épicure*, de Descartes*, de Gassendi* et de Newton. Il consiste à admettre comme unique élément des corps des atomes étendus, mais si petits, qu'on ne peut les diviser sans les détruire, et n'ayant entre eux aucune différence essentielle.

Ce système n'explique pas la composition substantielle des corps ; il ne fait que reculer la question, les atomes étant eux-mêmes de petits corps. Il contredit la diversité substantielle entre les corps ; en effet, si tous les atomes sont de même nature, les corps ne diffèrent plus entre eux que par un degré plus ou moins grand de condensation ou de raréfaction ; l'eau, par exemple, ne différera plus du feu que par plus ou moins de condensation des atomes qui la constituent.

Si les atomes ne sont pas de même nature, n'étant unis entre eux que par l'attraction ou le hasard, ils ne formeraient jamais des unités substantielles et ne seraient que des agglomérations accidentelles d'atomes : ainsi l'eau ne sera que la réunion de deux volumes d'hydrogène et d'un volume d'oxygène; elle n'aura point en propre une substance et des propriétés spéciales, mais ne possédera que la substance et les propriétés réunies de l'hydrogène et de l'oxygène.

3° **Dynamisme.** — Le système du dynamisme, professé par Pythagore, Leibnitz*, Boscowich et Kant*, consiste à admettre que les corps se composent d'éléments simples ou inétendus, doués de forces attractives et répulsives, qu'on a appelés *monades*.

Ce système se comprend difficilement; car, en admettant les monades, éléments simples et indivisibles, il n'explique pas suffisamment l'étendue, propriété fondamentale des corps.

4° **Atomisme chimique.** — Le système de l'atomisme chimique, professé par M. Martin et d'autres philosophes modernes, consiste à admettre que les premiers éléments des corps sont les *atomes primitifs*, c'est-à-dire les dernières particules qu'on peut obtenir en divisant les corps simples; que ces atomes sont des substances, non seulement étendues, mais douées d'une force attractive : *interne* selon les uns, *interne* et *externe* selon les autres.

La plupart des savants admettent aujourd'hui le système de l'atomisme chimique, mais plutôt comme hypothèse que comme vérité démontrée.

QUESTIONNAIRE. — Quelles sont les diverses théories proposées pour expliquer la matière? — Que savez-vous du système de la matière et de la forme? — de l'atomisme pur? — du dynamisme? — de l'atomisme chimique?

II. — DES CORPS VIVANTS

Définition de la vie. — La vie est l'*activité intérieure* par laquelle un être se meut lui-même.

Degrés de la vie. — La vie se trouve au degré le plus bas dans les plantes (vie végétative), à un degré plus élevé dans les animaux (vie animale), à un degré parfait dans les êtres raisonnables (vie humaine), et au degré suprême en Dieu (vie divine).

Principe vital. — Par principe vital on entend cette force secrète qui préside aux fonctions des êtres organisés : nutrition, contraction musculaire, accroissement, perception sensible, etc.

Diverses conceptions sur la vie. — Les diverses hypothèses qui ont pour objet d'expliquer le principe vital sont : l'*organicisme*, le *dynamisme*, le *vitalisme*, l'*animisme*.

1º **Organicisme.** — Ce système considère la vie comme le résultat de l'*organisation de la matière* dans les êtres vivants : les plantes, les animaux et l'homme.

La faiblesse du système organiciste est évidente : cette organisation qu'on donne comme un principe est elle-même un effet dont il faudrait rendre compte. L'organisation de la matière explique comment le mouvement vital s'opère, mais n'explique pas le mouvement lui-même.

2º **Dynamisme.** — Ce système prétend expliquer les phénomènes vitaux par le seul jeu des forces mécaniques, physiques et chimiques de la matière brute.

Si les phénomènes vitaux se réduisent à des élaborations chimiques, comment se fait-il que la science ne puisse produire aucun être organisé, même avec les combinaisons les plus multiples?

3º **Vitalisme.** — Le vitalisme attribue le principe vital à une substance immatérielle, à la fois distincte du corps et de l'âme.

Cette doctrine est contraire à la conscience, qui ne dit absolument rien de l'existence en nous de cette troisième substance.

4º **Animisme.** — D'après cette doctrine, l'âme est, dans l'homme, la cause unique de tous les phénomènes de la vie organique aussi bien que de la vie intellectuelle.

Cette doctrine est appuyée par la conscience, qui nous atteste que c'est toujours en nous le même être qui veut, qui marche, qui se nourrit, etc. L'unité substantielle de l'âme et du corps est un fait admis par tous les hommes.

QUESTIONNAIRE. — Qu'est-ce que la vie? — La vie a-t-elle des degrés? — Qu'entend-on par principe vital? — Que savez-vous des diverses conceptions de la vie?

THÉOLOGIE RATIONNELLE

ou

THÉODICÉE

Définition. — La théodicée est la *science rationnelle de l'Être incréé ou de Dieu*[1].

Division. — La théodicée comprend trois parties : la première traite de l'*existence de Dieu;* la seconde, de la *nature* et *des attributs de Dieu;* la troisième, des *rapports de Dieu avec le monde* ou de la *Providence*.. — Les principales *erreurs sur Dieu et la création* feront l'objet d'un paragraphe complémentaire.

I. — EXISTENCE DE DIEU

Dieu existe. — L'existence de Dieu ne nous est pas immédiatement évidente, parce que nous ne connaissons pas la nature de Dieu; mais c'est une des vérités que la *raison* seule peut démontrer avec certitude, sans recourir à la révélation. Pour se convaincre de l'existence de Dieu, un esprit libre de passions et de préjugés n'a besoin que de contempler les merveilles de l'univers et surtout d'écouter la voix intérieure qui parle à notre conscience et à notre raison.

De là, trois classes de preuves de l'existence de Dieu : les *preuves physiques*, les *preuves morales*, les *preuves métaphysiques*.

---

[1] Il ne faut pas confondre la *théodicée* avec la *théologie* : celle-ci repose tout entière sur la révélation et traite non seulement de Dieu, mais de toutes les vérités révélées; celle-là part des données de la raison, et ne s'occupe que de Dieu considéré en lui-même et dans ses rapports avec les autres êtres.

Preuves physiques. — Les principales preuves physiques sont tirées de l'*existence* et de l'*ordre* du monde matériel.

1° Existence du monde — Il existe des êtres matériels : le firmament et les astres, la terre et la mer, les plantes et les minéraux, les animaux et les hommes. Or :

(*a*) La *matière* ne s'est pas créée elle-même, — rien ne peut se créer soi-même de rien : « Qu'il y ait un moment, dit Bossuet, où rien ne soit, éternellement rien ne sera. » L'existence ne lui vient pas du hasard : le hasard n'est rien et ne peut rien produire [1] ; elle n'existe pas nécessairement, car de chacun des êtres existants on peut dire : Cet homme, cet animal, cette pierre, cet astre, aurait pu ne pas exister ; donc la matière n'est pas éternelle.

(*b*) La *vie* n'est pas éternelle : les observations les plus récentes de la science permettent de soutenir que tout, dans les entrailles de la terre comme à sa surface, indique un commencement. Tous les géologues reconnaissent qu'à une certaine époque il n'y avait pas d'êtres vivants sur le globe, et qu'il est facile à l'observation de marquer le point précis où la vie a commencé ; tous s'accordent à dire que l'univers, dans son organisation actuelle, n'a pas plus de cinq à six mille ans d'existence [2]. Qui a créé les êtres vivants ? qui a donné à l'univers son organisation actuelle ? « Si une horloge, dit Voltaire, prouve un horloger, et un palais un architecte, comment l'univers ne dé-

---

[1] « L'univers, disent les panthéistes (v. p. 151), est l'œuvre de la nature. » Si, par *nature*, ils entendent l'ensemble des corps ou des forces physiques, l'universalité des êtres, ils affirment cette absurdité : *L'univers est l'œuvre de l'univers*. Si, par nature, ils désignent quelque chose d'idéal et d'imaginaire, ils oublient qu'un être imaginaire ne peut rien produire de réel.

[2] Voici ce que la science constate dans les différents terrains qui forment le globe terrestre : dans le *terrain primitif*, formé de granit, on ne découvre aucun fossile ; dans le *terrain de transition*, ou de sédiments anciens, apparaissent les premiers fossiles d'êtres organisés : végétaux immenses, animaux rudimentaires (trilobites, mollusques, polypiers, poissons) ; dans les *terrains secondaires*, ou de sédiments moyens, se trouvent des débris de plantes et de reptiles énormes, des empreintes de poissons et de squelettes d'oiseaux ; dans les *terrains tertiaires*, on rencontre des fossiles de tout genre (végétaux, volatiles, quadrupèdes), mais point de débris humains ; dans les *terrains quaternaires*, ou de transport, de formation récente, on trouve, pour la première fois, des ossements humains et des objets de l'industrie naissante.

Notons, en passant, que ces découvertes de la science vérifient d'une manière admirable le récit de la *Bible* touchant la création (CUVIER) ; l'ordre d'apparition des êtres organisés est précisément l'ordre de l'œuvre des six jours tel que nous le donne la *Genèse* (AMPÈRE).

montre-t-il pas une intelligence suprême?... » Donc le monde visible prouve l'existence d'un créateur supérieur à la matière, et ce créateur doit être éternel, c'est-à-dire n'avoir pas eu besoin lui-même de créateur. Donc l'existence du monde prouve l'existence de Dieu [1].

2° **Ordre du monde.** — Dans l'univers entier on aperçoit un ordre admirable. Cet ordre existe :

(*a*) Dans les cieux et sur la terre; les globes célestes se meuvent et exécutent leurs révolutions périodiques avec une exactitude et une perfection constantes. La terre tourne sur elle-même en vingt-quatre heures; les saisons se succèdent régulièrement; les fleuves et les pluies fécondent la terre, les vents la purifient, et ses produits divers suffisent à tous nos besoins, à tous nos désirs; — (*b*) dans l'organisation merveilleuse des animaux et du corps humain; — (*c*) dans les lois qui président à la composition des corps inorganiques (lois des proportions multiples et définies, formation toujours régulière des cristaux, etc.).

Si le monde n'a pu se créer seul, il n'a pu davantage se donner à lui-même cet ordre. Un ordre si parfait ne peut avoir été conçu que par une sagesse profonde, exécuté que par une intelligence et une puissance souveraines. Donc, l'ordre du monde prouve l'existence de Dieu.

Preuves morales. — Les preuves morales sont fondées sur la *croyance du genre humain* et sur l'*existence de la loi naturelle* ou *morale*.

1° **Croyance du genre humain.** — Tous les peuples, dans tous les siècles, ont toujours admis l'existence de Dieu. Les monuments les plus divers : temples, médailles, inscriptions, statues, tombeaux, etc., attestent partout la croyance à la divinité. « Il n'est pas de peuple si barbare et si immoral, dit Sénèque [*], qui ne croie à l'existence de quelque divinité. » Et Plutarque [*] : « Parcourez le monde, vous trouverez des villes sans murailles, sans littérature, sans lois régulières; des peuples sans habitations fixes, sans propriétés, sans l'usage des

---

[1] « Parlez à la terre, et elle vous répondra; interrogez les animaux, et ils vous enseigneront : les oiseaux du ciel vous feront connaître leur Créateur, et les poissons de la mer vous raconteront ses merveilles. » (*Livre de Job*, XII.)

monnaies ; mais un peuple sans temples, sans dieux, sans prières, sans sacrifices, nul n'en vit jamais[1]. » — « J'ai cherché l'athéisme, dit de Quatrefages, chez les peuples les plus inférieurs comme chez les plus élevés. Je ne l'ai rencontré nulle part, si ce n'est à l'état individuel, ou à celui d'écoles plus ou moins restreintes, comme on l'a vu en Europe au siècle dernier, comme on le voit encore aujourd'hui... Partout et toujours la masse des populations lui a échappé; nulle part, ni une des grandes races humaines, ni même une division quelque peu importante de ces races n'est athée. » Or cette croyance ne vient ni des préjugés, qui diffèrent de temps et de lieu; ni des passions, qui ne voudraient pas de Dieu; ni de l'ignorance, puisque la science la rend plus évidente; ni de la crainte, qui ne peut se faire sentir à tout le monde en même temps; ni de la politique, car on en connaîtrait l'auteur et l'époque; en un mot, cette croyance, étant universelle, ne peut venir de l'erreur : elle atteste la vérité. Donc, la croyance unanime des peuples à l'existence de Dieu prouve que Dieu existe[2].

2º **Existence de la loi naturelle.** — Tous les hommes sentent et comprennent qu'il y a des actions bonnes ou mauvaises, indépendamment des suites heureuses ou fâcheuses qu'elles peuvent avoir. Tous reconnaissent, par exemple, que l'homicide, le vol, le mensonge, sont des actes mauvais; que l'aumône, l'équité, le respect de la vérité, sont des actes louables; tous reconnaissent également une obligation de pratiquer le bien et d'éviter le mal; tous enfin, après une bonne ou une mauvaise action, ressentent les joies de la conscience ou les tourments du remords.

Il existe donc une loi universelle, absolue, immuable, que la conscience reconnaît et accepte comme la plus réelle et la plus obligatoire de toutes. Une telle loi ne peut venir ni de notre volonté, ni d'aucune autorité humaine; elle suppose nécessaire-

---

[1] Les voyageurs modernes les plus autorisés, tels que Cook, Lapérouse, Vancouver, Kotzebue, Stanley, rapportent avoir rencontré partout, chez les Indiens de l'Amérique, chez les noirs de l'Afrique, chez les anthropophages de l'Océanie, des traces de religion.

[2] « Tout jugement de la nature, quand il est universel, est nécessairement vrai. » (CICÉRON.) — Cette preuve n'est irréfutable que lorsqu'il s'agit des principes premiers de la raison humaine ou de leurs conséquences immédiates; or telle est la question qui nous occupe.

ment une puissance souveraine, un législateur divin. Donc, l'existence de la loi naturelle prouve l'existence de Dieu.

Preuves métaphysiques. — Les preuves métaphysiques s'appuient sur les notions de la raison pure. Les plus connues sont : la preuve tirée de la *nécessité d'une cause première*, et la preuve tirée de l'*idée d'être infini et parfait*.

1° Nécessité d'une cause première. — Il existe des êtres finis et contingents. Or les êtres finis et contingents n'ont pas en eux-mêmes la raison de leur existence ; la cause qui les fait exister est, au moins en dernière analyse, une cause première. Le mouvement, par exemple, que nous constatons dans l'univers (le soleil, les astres, la sève des plantes, les animaux...) suppose un moteur, et tout moteur qui est lui-même en mouvement suppose un autre moteur ; mais, comme il n'est pas possible d'admettre une série infinie de causes secondes, qui ne sont au fond que des effets, il faut de toute nécessité s'arrêter à une cause première et indépendante de toute cause antérieure, à un être incréé auteur des êtres créés. Donc, les causes secondes dont se compose l'univers prouvent l'existence d'une cause première et infinie, d'un être nécessaire ayant en soi sa raison d'être. Cet être, nous l'appelons Dieu. Donc, Dieu existe.

2° Idée de perfection. — Nous aspirons par toutes les tendances de notre nature à l'infini et au parfait. Nous avons donc l'idée de l'infini et du parfait. Mais « cette idée n'a pu être mise en nous par quelque chose de fini : le fini ne peut donner que l'idée du fini ; elle ne vient pas de l'homme, puisque l'homme lui-même est fini ; elle ne peut donc avoir pour principe que l'être infini. Donc, Dieu existe ». (Cf. Descartes, *Disc. sur la méth.*, III° part.)

QUESTIONNAIRE. — Qu'est-ce que la théodicée ? — Que comprend la théodicée ? — Peut-on prouver l'existence de Dieu sans recourir à la révélation ? — Que savez-vous des preuves physiques ? — des preuves morales ? — des preuves métaphysiques ?

II. — NATURE ET ATTRIBUTS DE DIEU

Nature de Dieu. — La nature d'un être est l'essence de cet être avec les qualités ou propriétés qui lui sont propres, ou, en d'autres termes, *ce qui constitue* cet être, ce qui fait qu'il est ce qu'il est. La nature de Dieu est d'*être nécessairement*.

Attributs de Dieu. — Nous connaissons les êtres par leurs propriétés et Dieu par ses attributs, c'est-à-dire par les perfections diverses dont ses œuvres nous offrent un reflet.

Division des attributs divins. — Les attributs de Dieu sont de deux sortes : *absolus* et *relatifs*. Les premiers nous font connaître quelque chose de Dieu lui-même [1], les seconds nous le montrent dans ses relations avec le monde.

Attributs absolus. — Les principaux attributs absolus de Dieu sont : l'*unité*, la *simplicité*, l'*immutabilité*, l'*immensité*, l'*éternité*, la *personnalité*.

Unité. — Dieu est *un*, car deux êtres infinis se limiteraient l'un l'autre. De plus, l'*unité de dessein* que l'on remarque dans la nature ne s'explique que par l'unité de la cause qui l'a produite.

Simplicité. — Dieu est *simple*, c'est-à-dire indivisible. Si la substance divine était composée de parties, ou bien chacune de ces parties serait infinie, et alors il y aurait autant de dieux que de parties, ce qui est contraire à l'unité divine ; ou bien l'infini résulterait d'une collection de parties finies, ce qui est absurde.

Immutabilité. — Les êtres finis sont soumis au changement ; ils acquièrent ou perdent sans cesse quelque chose. Dieu ne change pas. Si Dieu était changeant, il ne serait pas l'absolue perfection : la perfection *exclut* le changement. Donc, Dieu est immuable.

Immensité. — Dieu, étant incorporel, n'occupe point d'espace ; il est *présent* partout, sans être renfermé dans aucun lieu particulier.

---

[1] Dieu est tellement élevé au-dessus de nous, qu'il ne peut être connu d'une manière adéquate. Tertullien le définit : « l'Être souverainement grand, » et saint Louis, dans Joinville : « Une chose si bonne, que meilleure ne peut être. »

[1] « Où aller, dit le Psalmiste, pour échapper à vos regards ? Où fuirai-je pour m'éloigner de votre présence ? Si je monte au ciel, vous y êtes ; si je descends aux abîmes, je vous y trouve. Si je prends des ailes pour m'envoler vers l'orient et habiter aux plus lointaines extrémités de l'Océan, c'est votre main qui me conduit, c'est votre bras qui me soutient. » (Ps. CXXXVIII, 7-10.)

Éternité. — Dieu n'a pas commencé d'être, puisqu'il est la *cause première*, et que sans lui rien ne serait.

Personnalité. — « Le mot *personne* exprime ce qu'il y a de plus parfait dans toute la nature : *l'être subsistant et raisonnable*. Or, on doit attribuer à Dieu tout ce qu'il y a de parfait, puisque toutes les perfections sont renfermées dans son essence : il faut donc lui donner le nom de *personne*, non comme aux créatures, mais dans une signification plus élevée, de même que tous les noms qu'on prend aux êtres limités pour les prêter à l'être infini. » (S. Thomas.)[*]

Attributs relatifs ou moraux. — Les attributs relatifs ou moraux sont ceux qui nous montrent Dieu agissant à la manière des êtres intelligents et libres. Tout ce qu'il y a de *bon* et de *grand* dans les œuvres de la création, surtout dans l'homme, doit évidemment se trouver dans le Créateur. Or l'homme est doué d'intelligence, de liberté, de puissance, de bonté, de sagesse, de justice, de miséricorde, de sainteté, etc.; d'où l'on conclut que Dieu possède ces mêmes qualités, mais au degré le plus parfait.

Questionnaire. — Quelle est la nature de Dieu ? — Qu'est-ce qu'on entend par attributs de Dieu ? — Comment divise-t-on les attributs divins ? — Que savez-vous des attributs absolus et des attributs relatifs ou moraux de Dieu.

III. — PROVIDENCE

Définition. — La Providence est *l'acte éminemment sage, juste et bon, par lequel Dieu gouverne les êtres qu'il a tirés du néant et les conduit à leurs fins*.

Les êtres créés ne doivent pas seulement à Dieu leur *origine*; ils lui doivent encore leur *conservation*. « Dieu garde et gouverne par sa Providence tout ce qu'il a fait, atteignant avec force d'une fin à l'autre et disposant toutes choses avec suavité. » (*Concile du Vatican.*) Deux sortes de preuves suffiront à établir cette vérité : les *preuves physiques* et les *preuves morales*.

Preuves physiques. — Au milieu de troubles et de désordres apparents, nous remarquons dans tout l'univers un *ordre*, une *constance*, une *régularité* admirables : les astres suivent toujours la même route; les saisons, les jours et les nuits se succèdent invariablement; chaque être a une fin spéciale bien déterminée, et son organisation répond parfaitement à cette fin; or un ordre si constant ne s'explique que par l'intervention d'un être assez puissant pour conserver son œuvre; donc, il y a une Providence.

Preuves morales. — L'*histoire* et la *conduite de l'homme* prouvent que Dieu s'occupe tout particulièrement du monde intellectuel et moral.

1º L'histoire nous retrace les *vicissitudes* des destinées humaines, le va-et-vient des peuples, les catastrophes des empires, et nous montre, dans l'enchaînement des faits, une sagesse supérieure cachée sous les causes secondes. Mais il n'y a que ceux qui peuvent voir de haut et de loin qui soient capables de distinguer ainsi la main de Dieu, tenant « les rênes de tous les royaumes et préparant les effets dans les causes les plus éloignées ». (Bossuet, *Disc. sur l'Hist. univ.*)

2º L'homme, dans ses impressions et ses épreuves, a *recours à la prière;* or à quoi bon prier, si Dieu ne s'occupe pas du monde? Mais l'homme sait par sa propre expérience qu'il est entendu de son Père invisible, et sa plus douce consolation, au milieu des épreuves de cette vie, est de savoir que rien ne lui arrive que par la volonté ou par la permission de celui qui accepte la peine comme expiation, et la récompense, lorsqu'elle est patiemment supportée[1]. Il y a donc une Providence, et aucune créature n'est abandonnée aux caprices du hasard.

Questionnaire. — Qu'est-ce que la Providence? — Comment se manifeste la Providence dans la nature et dans l'histoire?

[1] Ce Dieu, maître absolu de la terre et des cieux,
N'est point tel que l'erreur le figure à nos yeux;
L'Éternel est son nom, le monde est son ouvrage;
Il entend les soupirs de l'humble qu'on outrage,
Juge tous les mortels avec d'égales lois,
Et du haut de son trône interroge les rois.
(Racine, *Esther*.)

COMPLÉMENT DE LA THÉODICÉE

I. OBJECTIONS CONTRE LA PROVIDENCE

Problème du mal. — Les principales objections contre la Providence se tirent de l'existence du mal. — La croyance à une Providence, dit l'athéisme, est inconciliable avec l'existence du *mal*, soit physique, soit moral, dont souffrent les créatures.

Mal physique. — On appelle mal physique les *désordres* apparents ou réels qui se manifestent dans le monde des corps : cataclysmes, tremblements de terre, pestes, tempêtes, inondations, inégale répartition des biens terrestres, infirmités, maladies, etc., et l'on prétend que tout cela n'existerait pas si le monde était gouverné par un Dieu puissant, juste et bon.

Réfutation. — Les tempêtes, les tremblements de terre et tout ce que nous appelons *désordres* de la nature avertissent l'homme de sa faiblesse et lui montrent qu'il ne doit pas considérer la terre comme sa véritable patrie ; l'inégale répartition des biens et des maux rappelle à l'homme que sa destinée définitive n'est point ici-bas. Cette inégalité passagère sera réparée dans un monde meilleur, où le vice et la vertu recevront leur juste salaire ; les infirmités, les maladies, les afflictions, servent à détacher l'homme de la vie présente et lui font désirer la vie future. Ces infirmités, ces maladies, ces afflictions, sont imméritées, ou bien elles résultent de nos imprudences et de nos désordres. Se plaindre des premières, c'est méconnaître la nécessité de l'épreuve ; se plaindre des secondes, c'est faire son propre procès, et refuser de transformer sa peine en expiation. Dans les deux cas, c'est faire injure à la bonté de Dieu [1].

---

[1] « J'entends des hommes du monde qui se récrient à ce mot. Dire que les douleurs et les afflictions de ce monde viennent de la bonté de Dieu leur paraît un insupportable paradoxe. Cependant réfléchissons.

« Ne peut-on volontairement, de propos délibéré, faire souffrir une personne tendrement aimée ? En certaines circonstances même, ne peut-on la faire d'autant plus souffrir, qu'on l'aime davantage ?

« Toute la question est là.

« Voilà un enfant qui joue sur le bord d'un abîme. Il veut cueillir une fleur, poursuivre un papillon. Il se penche, il va tomber. Tout à coup deux bras violents l'emportent, d'autant plus violents qu'ils sont plus tendres. Il crie, il

La mort elle-même n'est pas un mal ; elle est l'avènement à la vie réelle, dont cette vie éphémère n'est que le préambule.

Mal moral. — On appelle mal moral les *imperfections* de l'intelligence, les *penchants* déréglés de la sensibilité, la *faiblesse* de la volonté, et tous les désordres qui résultent de l'abus de notre liberté. De là plusieurs objections contre la Providence.

Réfutation. — La créature *devait* être imparfaite : Dieu seul est parfait. Dieu ne veut pas le mal moral ; mais, pour nous rendre capables de vertus et de mérites, il nous a créés libres, c'est-à-dire en état de faire le bien par choix. Ce choix est l'épreuve de la volonté, qui peut toujours suivre les inspirations de la conscience et résister aux entraînements. Si donc nous *abusons* de notre liberté, par une détermination coupable, nous ne devons nous en prendre qu'à nous-mêmes. Si Dieu nous avait donné la liberté sans nous accorder la raison qui éclaire la liberté, sans nous dicter ses commandements, sans nous indiquer la voie que nous devons suivre pour accomplir notre fin, nous aurions droit de nous plaindre ; mais telle n'est pas l'œuvre de Dieu, et les reproches adressés à la Providence ne prouvent que la mauvaise foi de l'homme.

QUESTIONNAIRE. — D'où se tirent les principales objections contre la Providence ? — Que savez-vous du mal physique ? — du mal moral ?

souffre. D'où lui vient cette souffrance ? Évidemment du cœur et de l'amour de sa mère.

« Regardez cet autre enfant. Il joue avec un couteau. Il va se blesser. Survient le père, qui gronde, qui arrache le couteau, quelquefois violemment, et qui punit même, pour qu'on ne recommence pas. L'enfant crie et tout bas accuse le père. Mais il a tort, et plus tard il le verra.

« Autre exemple. Voilà un enfant malade. Sa mère le prend dans ses bras et le présente elle-même au couteau du chirurgien. L'enfant crie. Il repousse le médecin. Il a envie de battre sa mère. Dira-t-on que la mère est cruelle ? L'enfant le pourra dire dans un accès de douleur. Mais moi, qui regarde de plus haut, je compatis, à qui ? à l'enfant ? oui, mais plus encore à la mère. Je sais que le cœur qui souffre ici davantage, c'est le sien...

« Croyez en Dieu, à un Dieu sage, puissant et bon ; à un Dieu qui a créé les hommes pour lui, qui les a posés une minute dans le temps afin qu'ils se rendent dignes de l'éternité.... à un Dieu qui, pendant que les hommes, ses enfants, travaillent à ce grand œuvre, les surveille, les aide, éloigne d'eux les périls, les excite et les soulève, pour qu'ils traversent la terre sans s'y arrêter, le monde sans s'y enfermer, s'y abaisser et s'y corrompre ; croyez cela, et vous allez commencer à entrevoir dans une lumière divine, qui sera déjà un commencement de consolation, d'où vient la douleur et pourquoi Dieu la permet. » (E. BOUGAUD, *le Christianisme et les temps présents*, 1ᵉʳ vol., p. 411.)

II. — ERREURS SUR DIEU ET LA CRÉATION

Principales erreurs sur Dieu et la création. — Les principales erreurs sur Dieu et la création sont : l'athéisme, le polythéisme, le dualisme ou manichéisme, le déisme, le panthéisme, le matérialisme ou positivisme, l'hétérogénie ou génération spontanée, l'évolutionnisme ou transformisme ou darwinisme.

Athéisme. — L'*athéisme* est la négation de Dieu. Y a-t-il des athées de bonne foi? Il est permis d'en douter. L'athéisme, s'il est possible, ne peut venir que d'une profonde corruption du cœur, et la corruption du cœur répand ordinairement dans l'esprit des ténèbres si épaisses, qu'on en vient à nier les vérités les plus évidentes. « Du désir qu'ont les libertins qu'il n'y ait pas de Dieu pour punir leurs crimes, ils concluent que Dieu n'existe point. »

Polythéisme. — Le *polythéisme* est la croyance à la pluraralité des dieux. Au sein du paganisme, « tout était Dieu, excepté Dieu lui-même. » (Bossuet.)

Dualisme ou manichéisme. — Le *dualisme* ou *manichéisme* suppose l'existence de deux principes ennemis : l'un bon, l'autre mauvais, auteurs du bien et du mal que nous voyons sur la terre.

Déisme. — Le *déisme* admet un Dieu, mais il nie la Providence et rejette toute religion révélée.

Panthéisme. — Le *panthéisme* est la doctrine qui ne reconnaît d'autre substance que la substance divine, comprenant à la fois Dieu, le monde et l'humanité. Cette monstrueuse erreur, qui divinisait l'univers et n'admettait d'autre Dieu que le *Grand-Tout*, a de nos jours perdu tout crédit.

Positivisme. — Le *positivisme* consiste à rejeter formellement les causes et les principes métaphysiques, et à ne reconnaître pour réel et positif que les faits matériels, les faits de l'expérience sensible et du calcul mathématique.

D'après cette doctrine, l'univers aurait pour éléments des atomes matériels incréés et éternels ; la vie ne serait que « la résultante de l'action des organes » ; la pensée, « une sécrétion du cerveau » ; la volonté, « une excitation cérébrale ».

Ainsi, pour vouloir répudier Dieu, et dans le vain espoir d'échapper aux nécessités de la logique, les positivistes se condamnent, eux, les dédaigneux ennemis de l'hypothèse, à accumuler des hypothèses sans nombre, dont le ridicule le dispute à l'absurde. Ils supposent des myriades d'effets sans une cause première et absolue, c'est-à-dire sans aucune cause. *Incrédules, les plus crédules!* le mot est de Pascal.

Hétérogénie ou générations spontanées. — L'*hétérogénisme* ou *générations spontanées*, système universellement rejeté aujourd'hui, prétendait que la matière inorganique peut passer à l'état d'être vivant par ses seules forces physiques et chimiques. « Singulier système, dirons-nous avec Lamartine, qui prend pour créateur une pelletée de boue desséchée dans un marécage! Et tout cela pour se passer de Dieu ou pour le reléguer dans l'abîme de l'abstraction et de l'inertie. »

C'est un fait que l'air, la terre et l'eau sont remplis des germes, déposés par des êtres vivants, et qui n'attendent pour éclore qu'un milieu propice; mais si l'on détruit ces germes, soit par la chaleur, soit par d'autres causes, aucune éclosion ne se produit, la matière reste absolument stérile; c'est ce qu'ont démontré victorieusement les expériences de MM. Longuet, de Quatrefages, Humboldt, Flourens, Pasteur et autres savants modernes. « Tous les animaux, conclurons-nous avec M. Milne-Edwards, sont soumis à la même loi; ils n'existent que *procréés* par des *êtres vivants.* »

Transformisme ou évolutionnisme. — Ce système n'admet, à l'origine, qu'un type rudimentaire, « pourvu de puissantes énergies créatrices tendant à se développer, à progresser toujours, à passer d'un état inférieur à un état supérieur. » Ainsi le simple *minéral* serait devenu végétal, le *végétal* animal, l'*animal* peu à peu singe, et l'homme lui-même descendrait ou d'un singe, ou d'un poisson, « nageant dans la mer primitive!»

Cette doctrine absurde est démentie par l'expérience et l'histoire. La paléontologie n'a découvert, dans les débris fossiles, aucune trace de la variabilité des espèces : « Les révolutions que notre globe a subies, et dont il porte dans notre âge les stigmates indélébiles, n'ont pu altérer les types originairement créés; les espèces ont conservé leur stabilité, jusqu'à ce que des conditions nouvelles aient rendu leur existence impossible alors ; elles ont péri, mais elles ne se sont pas modifiées [1]. »

« Voilà six mille ans que nous maniions la nature, dit M. Bougaud, et, en l'aidant avec tout notre esprit, nous ne sommes pas parvenus à lui faire, une seule fois, sauter le pas du minéral à la plante, de la plante à l'animal, pas même du singe à l'homme ; et la nature aurait fait cela toute seule, sans aide et des milliers de fois ! » Et pourquoi ne le fait-elle plus ?

« Croire à la transformation des espèces, dit Cuvier, c'est montrer une profonde ignorance de l'anatomie. » Linné, Blainville, Geoffroy Saint-Hilaire, Agassiz, sont du même avis.

« C'est un fait acquis à la science, conclut M. de Quatrefages, un des savants qui ont le plus étudié cette question, la loi des êtres vivants est la *fixité* des espèces et non la *variabilité*. »

Les transformistes doivent donc forcément recourir à un créateur pour expliquer l'apparition de la première ou des premières espèces, d'où dérivent toutes les autres.

QUESTIONNAIRE. — Nommez les principales erreurs sur Dieu et la création ? — Que savez-vous de l'athéisme ? — du polythéisme ? — du dualisme ou manichéisme ? — du déisme ? — du panthéisme ? — du matérialisme ou positivisme ? — de l'hétérogénisme ou générations spontanées ? — de l'évolutionnisme ou transformisme ?

NOTE COMPLÉMENTAIRE

(PROGRAMME DU BREVET DE CAPACITÉ)

Existence de Dieu. — Insister sur cette vérité capitale qu'*il y a un Dieu ;* que son existence ne saurait être sérieusement contestée, parce que les preuves qui la mettent en évidence sont aussi nombreuses que convaincantes.

Les preuves de l'existence de Dieu qui nous sont fournies par le *spectacle de l'univers* (son existence, sa durée, l'ordre qui y règne) s'adressent à toutes les intelligences. Les développer brièvement, d'après Fénelon. (Voy. son *Traité de l'existence de Dieu.*)

Celles qui nous sont fournies par le *sens intime* et la *conscience*, par le *sens commun* ou le *témoignage des hommes* et par la *raison pure*, sont plus difficiles à saisir.

Attributs divins. — Faire remarquer aux élèves combien insuffi-

---

[1] Godron, *De l'Espèce et des races.*

sante est notre raison pour connaître la nature et les perfections de Dieu ; elle est par rapport aux choses intellectuelles, ce que l'œil est par rapport aux choses matérielles : elle ne voit que certaines choses et même, de ces choses, elle ne voit *le tout de rien*.

Notre raison est *finie*, Dieu est *infini*; elle ne peut connaître de Dieu que ce qui est à sa portée. — C'est sa faiblesse qui fait le mystère.

Idée de Dieu. — L'idée de Dieu est la plus vraie, la plus haute, la plus sainte de toutes les idées :

> Otez cette idée de la terre,
> Et la raison s'évanouit.   (LAMARTINE)

« Il faut, dit J. Simon, que le patron apporte l'idée de Dieu dans l'atelier; que le maître répète son nom chaque jour dans l'école; que le malade trouve son image à l'hôpital; le citoyen dans le forum et le prétoire; le soldat dans la caserne, sur le champ de bataille : cette idée lui fera braver la mort. »

Il faut convaincre les enfants que la perpétuelle vision de Dieu les rendra bons, sages, bienveillants, justes et forts, dignes de l'intelligence, dignes de la liberté; qu'elle les préservera des lâchetés de caractère, des abdications de conscience, des capitulations qui dégradent; qu'avec elle, enfin, ils sauront pratiquer toujours leurs devoirs, simples aujourd'hui, plus complexes et plus difficiles demain.

Providence. — Faire apercevoir et sentir aux élèves le règne de l'ordre et de la loi dans l'univers; leur faire comprendre que cet ordre, soit physique, soit moral, prouve l'action de Dieu, sa puissance, sa bonté : car la bonté est la conséquence de la puissance, la méchanceté ne s'alliant qu'avec la faiblesse.

QUATRIÈME PARTIE

MORALE

Définition. — La morale[1] est la *science des mœurs*, c'est-à-dire *des actions libres de l'homme*. On la définit encore : *la science du devoir, la règle à laquelle l'homme doit conformer sa conduite*.

La morale est une science *pratique :* elle n'enseigne pas seulement ce qui est, elle dit ce qu'il faut faire, elle donne des règles à la volonté ; elle est à la volonté ce que la logique est à la raison : la logique apprend à bien raisonner, la morale apprend à bien agir.

Utilité de cette science. — L'utilité de la morale se tire, soit de l'*importance* de son objet, soit de ses *rapports* avec les autres sciences.

La morale a pour objet les *lois de la volonté*. Or quoi de plus important pour l'homme que de bien régler la faculté par laquelle il doit atteindre la fin de son existence, de la fortifier et de l'affermir dans le bien par l'étude réfléchie des principes de la morale.

Quant aux rapports de la morale avec les autres sciences, il est facile de voir que, d'une part, elle est la fin des sciences spéculatives : de la psychologie, de la logique, de la théodicée, puisqu'on ne doit apprendre à *mieux connaître le vrai* que pour *mieux pratiquer le bien*, et que, d'autre part, elle trace aux sciences pratiques : à la jurisprudence, à l'économie politique, à l'esthétique, les *principes* qui leur servent de base, et en

---

[1] *Morale* (lat. : *mos, mores*, mœurs ; ou grec *éthos*, éthique, nom employé parfois pour désigner la morale).

dehors desquels ces sciences deviendraient trompeuses et nuisibles [1].

Division. — La morale se divise en deux parties : la *morale générale* ou *théorique*, et la *morale particulière* ou *pratique* ; la première étudie la loi morale, et la seconde en fait connaître les applications particulières.

QUESTIONNAIRE. — Comment définit-on la morale? — D'où se tire l'utilité de cette science? — En combien de parties se divise la morale?

I. — MORALE GÉNÉRALE

Objet et division de la morale générale. — La morale générale ou théorique a pour objets la *loi morale, ses caractères, son principe, le devoir qu'elle impose et le droit qu'elle confère, la responsabilité et la sanction :* telle est aussi sa division.

I. — EXISTENCE DE LA LOI MORALE

De la loi en général. — **Ses espèces.** — La loi en général est *une règle constante d'après laquelle les phénomènes et les actions s'accomplissent nécessairement ou doivent s'accomplir ;* dans le premier cas, ce sont les lois *physiques* et *physiologiques*, et, dans le second, c'est la loi *morale* [2].

Il y a encore les lois *positives*. On appelle ainsi, par opposition à la *loi morale*, qui s'affirme dans la conscience de tous les hommes : — 1° la loi *divine* écrite (juive, mosaïque, évangélique), qui sert de complément à la loi morale ; — 2° les lois *humaines* (ecclésiastiques, civiles), librement établies par l'autorité.

---

[1] La morale est le complément de la psychologie : la connaissance de nos *pouvoirs* appelle naturellement l'étude de nos *devoirs*, et elle repose sur la théodicée, car sans la croyance en Dieu et à l'immortalité de l'âme elle n'aurait aucune efficacité pratique : Dieu seul a le droit de nous commander efficacement, parce que lui seul a le pouvoir de nous récompenser ou de nous punir dans la vie future. — Il n'y a donc pas, à proprement parler, de morale *indépendante*.

[2] La loi morale est dite aussi *loi naturelle*, parce qu'elle est essentielle à notre nature morale, qui ne peut se concevoir sans elle.

Définition de la loi morale.

— La loi morale est la *règle de nos déterminations*, ou encore la *règle à laquelle toute créature intelligente et libre doit conformer sa conduite dans les différentes situations de la vie*. Cette loi, comme toutes les lois, ordonne, défend, permet ; elle nous *ordonne* de faire le bien et d'éviter le mal. Mais parce que c'est à notre volonté libre qu'elle s'impose, il dépend de nous de lui obéir ou de nous y soustraire et de la violer.

Preuves de l'existence de la loi morale.

— L'existence de la loi morale nous est attestée : — 1° par la *croyance universelle* ; — 2° par la *conscience morale*.

1° Croyance universelle.

— Les hommes de tous les temps ont regardé certaines actions comme *bonnes* et permises ; d'autres, comme *mauvaises* et défendues ; ils ont admis la distinction du *juste* et de l'*injuste*, et, sur ce principe, fait reposer toute leur législation. Cette conduite prouve l'existence d'une loi morale.

2° Conscience morale.

— La conscience morale, c'est-à-dire la raison, en tant qu'elle éclaire l'homme sur la règle de sa conduite, conçoit, promulgue et applique la loi morale. Tout homme jouissant de ses facultés *entend* dans son âme une voix qui lui dit à chaque instant : Telle action est honnête et permise, *fais-la* ; telle autre action est honteuse et *défendue, ne la fais pas*. Cette voix de la conscience, nous pouvons la mépriser, — et nous ne le faisons, hélas ! que trop souvent ; — mais il n'est pas moins vrai que pour nous quelque chose demeure permis ou défendu : c'est le premier jugement de la conscience. Il y a donc pour l'homme une règle de conduite, une *loi* à observer.

La conscience morale ne se contente pas de concevoir, de promulguer et d'appliquer la loi morale, elle *juge* encore ce qui a été fait [1].

Sur quels actes portent les jugements de la conscience morale ?

— Les jugements de la conscience morale portent exclusivement sur les actes *voulus* et jugés libres que

---

[1] « Chaque homme a dans son cœur un tribunal où il commence par se juger lui-même en attendant que l'Arbitre souverain confirme la sentence. »
(CHATEAUBRIAND, *Génie du Christianisme*.)

nous voyons faire par nos semblables ou que nous accomplissons nous-mêmes. Ainsi :

1º Quand nous sommes **témoins d'une action librement exécutée**, nous portons aussitôt ce jugement : Ceci est *bien*, ceci est *mal*. Nous pensons en même temps que l'auteur de cette action est *responsable*, qu'il a *mérité* ou *démérité*, qu'il est digne de *récompense* ou de *châtiment*, d'*estime* ou de *mépris*.

2º Les actions que nous **accomplissons nous-mêmes** sont généralement *précédées* d'un jugement et *suivies* d'une satisfaction morale ou d'un remords. Ces phénomènes psychologiques, qui nous instruisent de la bonté ou de la malice de nos actions, qui les condamnent ou les absolvent, attestent, de la manière la plus évidente, que les *idées* du bien et du mal sont comme gravées dans notre conscience par la main même du Créateur.

Divers états de la conscience. — La conscience est *droite* par elle-même; mais les passions, les préjugés, les mauvaises doctrines et les mauvais exemples peuvent la dépraver.

Lorsqu'elle est *droite*, c'est-à-dire que ses jugements sont conformes à la loi morale, il faut lui obéir ; lorsqu'elle est *erronée*, c'est-à-dire que ses jugements déclarent bien ce qui est mal, ou mal ce qui est bien, il faut lui obéir encore si l'erreur est invincible; quand la conscience est *ignorante*, et que l'ignorance est vincible, il faut l'éclairer : on serait coupable de lui obéir : l'ignorance invincible excuse; enfin, quand la conscience est *douteuse*, il faut s'abstenir, si cela est possible, sinon prendre le parti le plus sûr.

Formation de la conscience. — La conscience, comme la raison, se développe et se fortifie par l'éducation et la réflexion ; elle se perfectionne par la lecture des moralistes et la fidélité au devoir.

Former en nous une conscience qui ne se laisse troubler ni par les mauvais exemples, ni par les mauvais conseils, ni par les sophismes, tel doit être le but de nos efforts de chaque jour, et la fin de toutes les études morales. — Le plus bel éloge qu'on puisse faire d'un homme, c'est de dire de lui qu'il est consciencieux.

Autorité de la conscience. — La conscience morale

étant le *juge* intérieur et pratique qui dans chaque cas particulier décide du bien ou du mal, on ne peut demander à chaque homme qu'une chose : c'est d'agir suivant sa conscience. La conscience est souveraine pour chaque individu : nulle autorité ne saurait prévaloir contre elle.

Remarque. — On désigne souvent la conscience morale ou raison pratique sous le nom de *sens moral*, comme la conscience psychologique ou raison théorique (V. p. 24), sous celui de bon sens ou de *sens commun*. — Dire d'un homme qu'il a perdu le sens moral, qu'il a le sens moral émoussé, signifie qu'il ne paraît pas ou qu'il ne paraît que très peu discerner le bien du mal. Quiconque rit du mal, quel que soit ce mal, n'a pas le sens moral parfaitement droit : « S'égayer du mal, c'est s'en réjouir. » (JOUBERT*.)

QUESTIONNAIRE. — Quel est l'objet de la morale générale? — Qu'est-ce que la loi en général? — Comment peut-on définir la loi morale? — Exposez les preuves de l'existence de la loi morale? — Sur quels actes portent les jugements de la conscience morale? — Que savez-vous des divers états de la conscience? — Comment se forme la conscience? — Quelle est la valeur des jugements de la conscience morale? — Sous quel nom désigne-t-on encore la conscience morale?

II. — CARACTÈRES DE LA LOI MORALE

Caractères de la loi morale. — La loi morale est *universelle, immuable, absolue, évidente, praticable, obligatoire.*

1º Universelle. — La loi morale est la même pour tous les hommes, pour tous les siècles et pour tous les pays. Le mot de Pascal* : « Vérité en deçà des Pyrénées, erreur au delà, » si on l'appliquait à la loi morale, contre l'intention de ce philosophe, serait un paradoxe. La loi morale est la même partout; elle n'admet ni exception ni privilège.

2º Immuable. — La loi morale demeure toujours la même; elle est plus ou moins connue de la conscience humaine; mais en elle-même elle est invariable. Ce qui était bien autrefois est encore bien aujourd'hui et le sera demain.

3º Absolue. — La loi morale ne dépend d'aucun intérêt,

d'aucune position, d'aucun caprice ; elle s'impose à tous les hommes *sans exception*.

4° **Évidente.** — Les premiers principes moraux sont évidents par eux-mêmes ; et la conscience révèle à tous, savants et ignorants, les prescriptions les plus essentielles de la loi morale.

5° **Praticable.** — La loi morale est toujours praticable, parce que l'être raisonnable et libre peut toujours distinguer le bien du mal, et vouloir faire le bien de préférence au mal.

6° **Obligatoire.** — La loi morale s'impose à l'être intelligent et libre, sans cependant lui faire violence : elle commande à sa volonté sans la contraindre ; et il sent que, s'il se soustrait à son autorité, il commet un acte coupable [1].

Différence de la loi morale et des lois positives. — La loi morale est *universelle, immuable, absolue* et *obligatoire*. Les lois positives, au contraire, sont *variables* : elles dépendent des temps, des lieux, des circonstances, des traditions, des coutumes, etc. ; elles ne sont *obligatoires* et n'ont de valeur qu'autant qu'elles viennent d'une autorité légitime, et qu'elles ne sont contraires ni aux *préceptes divins* ni à la *loi morale*.

En cas de collision de lois, la plus faible doit le céder à la plus forte ; or la loi divine et la loi morale, qui vient aussi de

---

[1] « Il y a, dit Cicéron, une loi *conforme* à la nature, *commune* à tous les hommes, *constante, immuable, éternelle*, qui nous commande la vertu et nous défend le mal. Ni le peuple ni les magistrats n'ont le pouvoir de *délier* des obligations qu'elle impose. Elle n'est pas *autre* à Rome et *autre* à Athènes, ni *différente* aujourd'hui de ce qu'elle sera demain ; *universelle, inflexible,* toujours la même, elle embrasse toutes les nations et tous les siècles. Par elle, Dieu, qui en est l'auteur, instruit et gouverne souverainement tous les hommes. » (*Traité des devoirs.*)

« Le très petit nombre de déviations que nous rencontrons, approuvées par les usages ou les lois de quelques peuples, ne regardent pas les *principes généraux* toujours immuables de cette règle du juste et de l'honnête, mais concernent quelques applications, quelques faits particuliers, qui, la plupart du temps, ne s'y rapportent pas. Ainsi, par exemple, à Sparte, on permettait le vol de petits objets, dans certaines circonstances, pour habituer les jeunes gens à l'adresse. Si le vol était découvert, c'était un sujet de honte ; s'il restait ignoré, c'était un sujet de gloire, non comme vol, mais comme preuve d'habileté. Quelquefois les législateurs ont toléré ou même permis certains abus pour éviter de plus grands maux. Mais alors ils cédaient à une espèce de nécessité, contrairement à leur conviction, meilleure que leurs actes. »

(NARDI, *Vérité de la religion catholique.*)

Dieu, l'emportent sur les lois humaines. Toute loi humaine qui sort de ses limites naturelles est un désordre [1].

QUESTIONNAIRE. — Quels sont les caractères de la loi morale? — Quelles différences y a-t-il entre la loi morale et les lois positives?

III. — PRINCIPE DE LA LOI MORALE

Raison de la distinction du bien et du mal. — La distinction du bien et du mal, ou, si l'on veut, l'*idée du bien*, est une vérité première que nul homme ne méconnaît. Mais d'où vient que certaines actions sont bonnes et que d'autres sont mauvaises ?

Le bien, pour chaque être, c'est ce qui *convient* à sa nature, ce qui le perfectionne et le conduit à sa fin. Or on distingue en l'homme la fin physique, la fin intellectuelle et la fin morale. Il y a donc pour lui trois espèces de biens: le *bien physique* (développement et conservation du corps), le *bien intellectuel* (connaissance de la vérité), et le *bien moral* (ce qui est bien en soi, abstraction faite de toute considération égoïste, ou, comme dit Cicéron*, « ce qui est louable en soi, quand même personne ne le louerait »).

Poursuivre ces trois espèces de biens, atteindre ces trois espèces de fins, c'est pour l'homme la règle de sa perfection, c'est la condition de son bonheur, c'est l'ordre dans la nature raisonnable vis-à-vis d'elle-même, vis-à-vis des autres êtres et vis-à-vis de Dieu. — Le mal pour l'homme, c'est ce qui est *contraire* à sa nature, à sa fin et à l'ordre moral.

La distinction du bien et du mal repose donc sur l'*essence même des choses*.

L'idée du bien moral : principe de la loi morale. — La distinction du bien et du mal ou l'idée du bien n'est pas une vérité purement spéculative ; elle est le principe, le fondement de la loi morale.

Comme le bien physique n'est pas libre et que le bien intel-

---

[1] « La loi de Dieu, dit Chateaubriand, est toute la force et toute la sécurité des lois humaines. » — « Toute loi, ajoute un jurisconsulte éminent, tout règlement de police qui ne s'appuie pas directement ou indirectement sur l'un des commandements de Dieu, n'oblige point. » (DELPECH, doyen de la faculté de droit de Toulouse.)

lectuel ne dépend pas entièrement de notre volonté, il s'ensuit que le *bien moral* est l'unique fondement de la loi morale.

Définition du bien et du mal. — Le bien moral peut être défini : la *conformité des actions d'un être libre avec la loi morale ;* et le mal moral : la *violation libre de cette loi.*

Dénominations diverses du bien moral. — Le bien moral prend différents noms, suivant les rapports que l'on considère. Lorsqu'il s'agit des rapports de l'homme avec lui-même, on l'appelle proprement l'*honnête ;* par rapport aux autres hommes, c'est le *juste*, et par rapport à Dieu, c'est le *pieux* ou le *saint.*

Le bien moral remplit toutes les conditions de la loi morale. — Le bien moral a les mêmes caractères que la loi morale ; il est *universel, immuable, absolu :* la conscience du genre humain juge partout et toujours que le bien est bien, que le mal est mal ; qu'il est bon d'honorer ses parents, de respecter les droits d'autrui, de se dévouer pour la patrie, d'aimer Dieu, etc. Enfin le bien moral est *obligatoire.* Nous allons le prouver.

Le bien est obligatoire. — La loi morale nous *oblige* de faire le bien et d'éviter le mal ; mais d'où vient pour nous cette obligation ? Le bien est obligatoire : 1° *parce qu'il est bien ;* 2° *parce que Dieu nous l'impose comme moyen nécessaire pour arriver à notre fin dernière.*

1° **Parce qu'il est bien.** — En effet, le bien, avons-nous dit, c'est l'*ordre moral.* Or la raison demande que l'ordre moral soit observé, et que l'on trouve dans les actes libres de l'homme la même régularité que dans les êtres impersonnels.

L'homme qui fait le bien reste dans l'ordre, se perfectionne suivant la loi de sa nature et de sa destinée ; il rencontre le plaisir par surcroît et sert ses intérêts ; car rien ne peut nous être plus utile, sinon actuellement, du moins dans l'avenir, que la pratique du bien. — Celui, au contraire, qui fait le mal sort de l'ordre et devient « la plus méprisable et la plus malheureuse des créatures ; car les forces qui devraient faire sa dignité, son bonheur: sa volonté, son intelligence, son cœur, son imagination, il les arme contre lui-même et contre ses semblables ; il les emploie à exalter ses penchants, à les corrompre, à les mettre en révolte contre les vœux de la nature ». (A. Franck.)

Ainsi, pour observer l'ordre, condition de son perfectionnement, l'homme doit faire les actions qu'il reconnaît être bonnes et éviter celles qu'il reconnaît être mauvaises ; tel est son *devoir* : c'est le second jugement de la conscience. Donc le bien est obligatoire par lui-même ; il l'est encore et surtout parce que Dieu l'impose.

2° **Parce que Dieu l'impose.** — Dieu est l'auteur de l'*ordre du monde*, c'est-à-dire de l'harmonie des moyens avec les fins, de l'organisation des êtres avec le but qui leur est assigné. Or Dieu *veut* nécessairement que l'être moral et raisonnable respecte cet ordre et ne brise pas cette harmonie.

L'homme a donc le devoir de *réaliser* l'ordre que Dieu veut, sous peine de ne pas *accomplir ses destinées secondaires et terrestres*, et de ne pas *arriver à sa fin dernière*, c'est-à-dire au bonheur *parfait* et sans *fin*, qui est la possession même de Dieu. L'homme ne s'explique bien la notion de l'obligation morale qu'en la rattachant à une *raison suprême* dont la sienne est le reflet[1].

Questionnaire. — Quelle est la raison de la distinction du bien et du mal ? — De quelle loi l'idée du bien moral est-elle le principe ? — Comment définit-on le bien moral ? — le mal moral ? — Quelles sont les dénominations diverses du bien moral ? — Le bien moral remplit-il toutes les conditions de la loi morale ? — Pourquoi le bien est-il obligatoire ?

IV. — LE DEVOIR ET LE DROIT

Le devoir. — **Sa définition.** — Le bien obligatoire s'appelle le devoir, parce qu'on doit le faire. Le devoir peut se définir : *un lien moral qui nous astreint à faire ou à omettre certaines choses.*

« Nous sommes liés, en effet, par la loi, non pas à la manière des êtres inintelligents qui sont enchaînés par elle fatalement, mais liés *moralement*, c'est-à-dire tenus d'agir conformément à

---

[1] Les incrédules et les positivistes contemporains, qui rejettent l'intervention d'un Dieu créateur et législateur suprême, veulent que le seul fondement rationnel de l'honnête ou du devoir soit l'*honneur*, la *dignité humaine*, sans retour d'égoïsme comme sans *considération aucune de divinité*. — Répondons-leur, avec M. Franck : *Voilà une morale sans couronnement nécessaire, sans efficacité, sans conclusion logique; une morale que répudie la saine raison, aussi bien que le sentiment et la foi universelle du genre humain.*

la loi sous peine de manquer à notre fin, de nous pervertir et de nous dégrader. Le devoir suppose ainsi deux idées élémentaires : l'idée de liberté et l'idée d'une dépendance absolue à l'égard de Celui qui nous impose sa volonté. » (P. REGNAULT.)

Caractère impératif du devoir. — Le devoir a un caractère *impératif* (KANT*), c'est-à-dire un caractère de commandement qui s'impose de lui-même ; quand la conscience nous déclare que nous devons faire une action, c'est une nécessité pour nous, sous peine de nous rendre coupables, de l'accomplir et de ne pas reculer, même devant le sacrifice de nos intérêts, de notre réputation, de notre plaisir. Le proverbe populaire : *Fais ce que dois, advienne que pourra*, exprime très bien cette nécessité. L'honnête homme « ne songe jamais qu'à son devoir, il laisse à Dieu le soin de son bonheur ». (TH. REID*.)

Division des devoirs. — Les devoirs peuvent être classés : 1° d'après leur *forme;* 2° d'après leur *matière*.

D'après leur forme, c'est-à-dire d'après la manière dont ils se formulent, on distingue :

1° Les devoirs **positifs** et les devoirs **négatifs**. Les devoirs sont dits *positifs* ou *affirmatifs,* s'ils ordonnent de faire le bien (rendre à chacun ce qui lui est dû, honorer ses parents) ; ils sont dits *négatifs* ou *prohibitifs,* s'ils défendent de faire le mal (ne faire tort à personne).

2° Les devoirs **larges** et les devoirs **stricts**. En général, les devoirs larges correspondent aux devoirs positifs : ils sont plus ou moins laissés à notre appréciation, quant à l'objet, au temps, à la mesure, à la manière [1]. Les devoirs *stricts* correspondent aux devoirs négatifs ; ils s'imposent absolument dans toutes les circonstances possibles et ne donnent lieu à aucune incertitude ni interprétation : du moment que deux personnes sont placées dans les mêmes circonstances, elles ont absolument les mêmes devoirs.

D'après leur matière, on distingue :

1° Les devoirs relatifs au sujet du devoir. Les anciens : Socrate*, Platon*, Aristote*, etc., divisaient les devoirs en quatre

---

[1] *Tout ce qui est bien n'est pas obligatoire.* Tout ce qui est devoir est bien ; mais tout ce qui est bien n'est pas devoir. — *Je n'ai fait que mon devoir,* dit-on. On peut donc faire plus que son devoir : au delà du devoir rigoureux, il y a la perfection ; au delà du bien, il y a le mieux ; au delà de ce qui est commandé, il y a ce qui doit être simplement conseillé.

classes correspondant aux vertus de prudence, de justice, de **courage** et de **tempérance**. (V. p. 182, *Morale de Platon*.)

2º Les devoirs relatifs à l'objet du devoir. D'après leur objet, ou, ce qui revient au même, d'après les diverses situations de l'homme, on distingue les devoirs **individuels**, les devoirs **sociaux** et les devoirs **religieux**. (Voir *Morale pratique*, p. 185 et suiv.) Cette dernière classification n'est pas absolument exacte, mais elle marque mieux la différence des devoirs que les précédentes.

Le droit. — Sa définition. — Le *droit* est inséparable du *devoir* : ils dérivent l'un et l'autre de la loi morale, dont ils sont des applications différentes : la loi morale est le *devoir* en tant qu'elle oblige, qu'elle commande le bien et défend le mal ; elle est le *droit* en tant qu'elle rend inviolable la personne ou le sujet de la loi.

Le droit est donc, pour l'homme, la puissance morale de remplir son devoir, d'atteindre sa fin, de réaliser, par l'effort libre de sa volonté, l'ordre voulu de Dieu. On peut le définir: *le pouvoir légitime de faire ou d'exiger certaines choses.*

Théories erronées sur l'origine du droit : 1º Théorie déterministe. — Hobbes et Proudhon prétendent que le droit dérive de la *force :* « On a, disent-ils, l'idée du droit dans la mesure où l'on se sent fort. »

La force est un pouvoir sans doute, mais un pouvoir physique, dont on se sert aussi bien pour opprimer le droit que pour le défendre ; dire que la force engendre le droit, c'est admettre que ce qui *est doit être* et que les lois physiques sont la règle de toutes choses. (P. Regnault.)

Quand le fabuliste nous dit que « la raison du plus fort est toujours la meilleure », il constate un fait, non un droit ; il dit ce qui est, non ce qui doit être. Le droit subsiste, lors même que la force l'opprime.

2º Théorie socialiste. — « L'homme, disent les socialistes, a autant de droits qu'il a de besoins naturels : droit au pain, au vêtement, à l'habitation, ou, comme disent les plus modérés, droit au travail quand il est valide, à l'assistance quand il ne peut gagner sa vie. »

Cette théorie n'est pas acceptable, car le droit est toujours parfaitement déterminé par rapport aux personnes qu'il intéresse et aux objets auxquels il s'applique ; au contraire, le besoin est vague, indéfini. (Fonsegrive). Comment d'ailleurs distinguer les besoins *naturels, nécessaires*, des besoins *factices*, qui ne sont que des désirs transformés en besoin par l'habitude?

Division des droits. — On distingue deux espèces de droits : les droits *naturels* et les droits *positifs*.

Les droits naturels ont pour fondement la *nature même des choses* (droit de conserver ma vie, de me servir de mes facultés, droits du père sur ses enfants) ; ils sont innés, absolus, universels. — Les *droits positifs* sont acquis par le travail ou résultent des contrats librement consentis (droit de posséder telle maison, tel champ, tel animal, tel livre) ; ils sont variables et relatifs. (V. *Morale*, p. 216 et suiv.)

Corrélation du devoir et du droit. — Le *devoir* et le *droit* sont corrélatifs : le devoir suppose le droit, et réciproquement : si j'ai le *devoir* d'accomplir tel acte, d'en éviter tel autre, j'ai le *droit* de n'être pas empêché d'accomplir l'acte prescrit, de n'être pas contraint à faire celui qui m'est défendu.

Ce qui est un droit pour moi crée un devoir pour mon semblable, et réciproquement. Ainsi, le *droit* du créancier, relativement à son débiteur, fait le *devoir* du débiteur, relativement à son créancier. Les droits du père à l'égard de son fils, du patron par rapport à l'ouvrier, font les devoirs du fils à l'égard de son père, de l'ouvrier par rapport au patron. — Quiconque possède un droit, impose par là même aux autres hommes un devoir, celui de respecter son droit. Voici, en effet, un principe absolu : *Nul n'a le droit d'empêcher ce que la loi morale prescrit certainement comme un devoir.* Ce qui revient à dire, avec Bossuet[*] : « il n'y a point de droit contre le droit. »

Limites de nos droits. — Nos droits sont limités par nos devoirs : ce que le devoir nous défend, nous n'avons pas le droit de le faire; ils le sont aussi par les droits de nos semblables, que nous sommes tenus de respecter, comme ils sont tenus de respecter les nôtres.

Étendue de nos droits. — Nos droits s'étendent plus loin que nos devoirs : nous pouvons faire beaucoup de choses qu'aucune obligation ne nous impose. Nous avons le *droit de* *faire* tout ce que nous n'avons pas le devoir d'omettre, et le *droit d'omettre* tout ce que nous n'avons pas le devoir de faire.

Nous pouvons quelquefois abandonner nos droits; nous ne pouvons jamais abandonner nos devoirs.

Dignité de la personne humaine. — Le fait d'avoir des droits et des devoirs constitue l'*éminente dignité de la personne humaine,* dignité que nous avons le devoir de respecter en nous et dans les autres.

Les animaux n'ont ni droits ni devoirs. Les droits et les devoirs ne se conçoivent pas sans l'intelligence et la liberté : l'intelligence pour connaître et comprendre la règle; la liberté pour l'accomplir. Dans l'ordre purement physique, la loi s'accomplit aveuglément et fatalement; dans l'ordre moral, elle est connue et librement observée.

Jamais l'homme ne peut se traiter ni être traité comme une chose, comme un moyen; il a la loi morale à suivre, un but moral à atteindre; il doit se respecter et être respecté à cause de la loi morale, dont il est le sujet; il est *inviolable* dans la loi morale qui le couvre, dans la fin qu'elle lui enjoint de poursuivre. Ce principe condamne l'esclavage.

Les droits forment autour de chaque homme comme un rempart que nul ne peut franchir sans sortir de l'ordre, sans déchoir, sans s'avilir.

L'homme qui manque au devoir abaisse et diminue sa dignité. Il ne perd pas pour cela ses droits : il demeure toujours le sujet de la loi morale, mais il devient moins digne de les exercer. Une sorte de contradiction s'établit entre sa nature raisonnable, source de ses droits, et sa vie contraire à la raison. « Celui qui fait son devoir, au contraire, conserve et augmente la dignité de sa personne. A la dignité naturelle se joint une dignité librement acquise, qui lui attire tout spécialement et avec justice l'honneur et le respect. » (A. DE BROGLIE.)

QUESTIONNAIRE. — Comment définit-on le devoir? — Que signifie cette expression de Kant : le devoir a un caractère impératif? — Comment divise-t-on les devoirs? — Que savez-vous du droit? — Exposez et réfutez les théories erronées sur l'origine du droit. — Combien distingue-t-on d'espèces de droits? — Exposez les relations réciproques du devoir et du droit? — Quelles sont les limites de nos droits? — Tout droit correspond-il à un devoir et réciproquement? — Qu'est-ce qui constitue l'éminente dignité de la personne humaine?

V. — RESPONSABILITÉ MORALE

Définition. — La responsabilité morale est la *nécessité où se trouve l'homme de répondre de ses actions volontaires et libres, et d'en rendre compte*. Un homme a fait tort à autrui, volontairement et librement; il est responsable du dommage, soit qu'il ait été exécuteur, coopérateur ou simple conseiller.

De tous les êtres de la création, l'homme seul est responsable, parce que seul il a des *devoirs*, les *connaît* et *peut les remplir*.

Conditions de la responsabilité. — La première condition de la responsabilité est la *pleine connaissance* des décisions de la volonté. La conscience psychologique nous révèle nos faits volontaires, et la conscience morale les apprécie, les juge, les approuve ou les condamne; par là elle nous rend témoignage du bien et du mal que nous faisons. — La seconde condition de la responsabilité est la *liberté d'action*. Nous ne devenons responsables que du moment où nous acceptons le bien ou le mal que renferme une action.

Mesure de la responsabilité. — Notre liberté morale et la connaissance de nos actes et de nos obligations peuvent être plus ou moins parfaites; d'où il faut conclure que la responsabilité morale a des degrés. S'il en est ainsi, personne, excepté Dieu, n'est capable d'apprécier rigoureusement les actions humaines. « Dieu seul, dit M. Léon Gautier[1], a de ces grands regards profonds qui percent tout. » Abstenons-nous donc de juger : « Ne jugez point » (Évangile); flétrissons les actes coupables, mais soyons miséricordieux et indulgents pour leurs auteurs, et montrons-nous sévères pour notre propre conduite.

Remarque. — *La liberté n'est pas l'indifférence.* — L'homme qui agit librement et avec réflexion ne prend jamais une détermination sans y être excité par quelque motif; il a un *but*, une *raison*. La raison qui le fait agir s'appelle *motif d'action*.

QUESTIONNAIRE. — Qu'est-ce que la responsabilité morale? — Quelles sont les conditions de la responsabilité? — Pouvons-nous apprécier rigoureusement les actions humaines? — L'homme peut-il agir sans motif?

---

[1] Professeur à l'école des Chartes, membre de l'Institut.

I. — MOTIFS D'ACTION

Principaux motifs d'action. — Les divers motifs d'action qui sollicitent notre volonté peuvent se réduire à quatre : le *plaisir*, la *passion*, l'*intérêt*, l'*honnête* ou le *devoir*. Ces quatre motifs d'action sont parfaitement distincts, et il n'est pas indifférent d'obéir à l'un ou à l'autre.

1° **Mobile du plaisir.** — Le plaisir, qui nous porte à la *jouissance sensible*, à la satisfaction du moment, sans préoccupation de l'avenir, ne peut être un motif digne de l'homme. Il nous est permis, à coup sûr, de nous accorder certains plaisirs légitimes, certains délassements nécessaires, mais non de chercher uniquement le plaisir en toutes choses. Ce serait s'abaisser au niveau de la brute. Inutile d'ajouter que l'homme doit combattre plutôt que rechercher le plaisir corporel.

2° **Mobile de la passion.** — La passion nous porte à agir sans règle ni loi ; elle livre ceux qu'elle domine aux mouvements désordonnés de l'orgueil, de l'ambition, de la haine, de la vengeance, de la colère, etc. D'où l'on doit conclure qu'il faut soumettre à la raison toutes les passions, même les plus nobles.

3° **Mobile de l'intérêt.** — L'intérêt nous porte aussi à la jouissance, mais à la jouissance durable ; il demande le sacrifice du plaisir présent, impose même une fatigue, une peine, dans le but d'arriver finalement à un bien-être plus complet. Ce motif d'action, moins bas que les précédents, n'offre aucune base solide à la loi morale. — Mais il ne s'agit ici que de l'intérêt temporel.

4° **Mobile de l'honnête ou du devoir.** — L'honnête ou le devoir nous porte à la recherche d'un *bien*, non pour le plaisir qui peut y être attaché, non pour les avantages qui peuvent en résulter, mais avant tout pour *obéir à la loi morale*. Ce motif d'action est le *seul* qui soit digne de l'homme.

Intention morale. — Quelle que soit la *bonté* d'une action, si on l'accomplit uniquement ou parce qu'elle est *agréable*, ou parce qu'elle est *utile*, elle devient moralement nulle pour l'agent, c'est-à-dire qu'elle ne lui donne droit à aucune récompense.

Pour qu'une action, bonne en soi, le devienne moralement, il faut l'accomplir *par devoir*.

Mais le motif du *plaisir* et celui de l'*intérêt bien entendu* peuvent se trouver réunis au motif du devoir, sans altérer la bonté d'une action d'ailleurs conforme à la loi morale : la morale n'exclut que le plaisir et l'intérêt contraires à la raison ou à l'honnêteté. Celui qui fait l'aumône : — 1° parce que son cœur compatissant y trouve du plaisir; — 2° à cause des récompenses promises à la charité, et en même temps par devoir, fait une action en tout point excellente.

Remarque. — Cet accord du plaisir, de l'intérêt et du devoir, a été méconnu dans l'antiquité par les philosophes *stoïciens*, et dans les temps modernes par les *rationalistes* et les *positivistes*. De là vient que leur morale, même lorsqu'ils la fondent sur le devoir, est fausse, excessive ou chimérique. (V. plus bas, p. 176 : *Erreurs relatives à la loi morale*.)

Les *effets* du devoir accompli ou violé, sont : la *vertu* ou le *vice*, le *mérite* ou le *démérite*.

QUESTIONNAIRE. — Quels sont les principaux motifs d'action? — discutez-les. — A quelle condition un acte est-il moralement bon?

II. — VERTU ET VICE, MÉRITE ET DÉMÉRITE

Définition de la vertu. — On peut définir la vertu : *l'habitude de faire le bien ou de conformer ses actes à la loi du devoir.*

Conditions et caractères de la vertu. — La première condition de la vertu, comme de tout acte moral, est que celui qui agit *sache ce qu'il fait*, c'est-à-dire qu'il *connaisse* la valeur morale de son acte et qu'il ait l'intention d'agir pour le bien; la seconde condition de la vertu est la *volonté de la pratiquer;* la troisième est l'*amour du bien;* la quatrième est l'*habitude* de bien faire. Enfin, la cinquième est la *force morale*.

L'homme vertueux, c'est-à-dire déterminé au bien et ardent à le poursuivre, est dans une disposition conforme à sa nature raisonnable. Il est dans l'ordre.

Mais la vertu n'est pas une qualité innée; elle résulte de l'effort et de l'énergie de la volonté. « Il n'y a point de vertu proprement dite sans victoire sur nous-mêmes. » (J. DE MAISTRE [*]). Il faut du courage, surtout au début, pour accomplir son devoir toujours. Aussi la vertu tire-t-elle son nom du mot latin *virtus*, qui veut dire force, courage, ou mieux virilité. L'âme virile est donc celle qui maîtrise ses passions et suit fidèlement la loi du devoir. — Remarquons toutefois que cette lutte contre nos passions devient facile en proportion de nos efforts, et que la vertu « nous paraît de plus en plus aimable et souriante à mesure que nous la pratiquons ».

Division des vertus. — On distingue quatre vertus principales qui contiennent en elles toutes les autres, et que pour cette raison on appelle *vertus cardinales*. Ce sont : la *prudence* ou la *sagesse*, qui nous fait discerner et choisir les meilleurs moyens à prendre pour remplir notre devoir; la *justice*, qui consiste à rendre à chacun ce qui lui est dû; la *force*, qui donne le courage de supporter l'adversité et de résister aux passions; la *tempérance*, qui nous fait éviter les excès et user de toutes choses avec modération.

Au-dessus de toutes ces vertus, s'élèvent les *vertus théologales*, qui résument toute la morale religieuse : la *foi*, l'*espérance*, la *charité*.

Définition du vice. — Le vice naît des passions (V. *Psychologie*, p. 18). On peut le définir : *l'habitude de faire le mal et de désobéir à la loi du devoir*, c'est le dernier terme de l'égoïsme qui a deux noms : **sensualité et orgueil**; c'est le triomphe des forces aveugles sur la personnalité libre, comme la vertu est le triomphe de la raison et de la liberté sur ces mêmes forces. Dans le vice, l'homme est vaincu, défait, asservi; dans la vertu, l'homme est vainqueur, il commande, il règne. « Le plaisir d'être maître de soi-même et de ses passions doit être balancé avec celui de les contenter, et il emporte le dessus, si nous savons comprendre ce que c'est que la liberté. » (Bossuet[*].)

La vertu est aimable et le vice détestable. — La vertu est l'ordre dans notre nature; elle donne la *paix*. — Le vice est le désordre dans notre nature; il produit le *trouble* et la *tristesse*.

La vertu perfectionne le cœur; elle nous rend bienveillants, généreux, dévoués. — Le vice tue le cœur : il est l'égoïsme même.

En un mot, la vertu est force, harmonie, dignité, amour, dévouement, liberté. — Le vice, au contraire, est faiblesse, désaccord, bassesse, égoïsme, esclavage.

Il faut donc : — 1° aimer la vertu et la pratiquer avec joie. La vertu chagrine n'est pas la vraie vertu : « Le serviteur triste déshonore son maître. » (ÉCRITURE.) « La plus expresse marque de la sagesse, c'est une éjouissance (*joie tranquille*, sérénité) constante. » (MONTAIGNE*.) (V. p. 191, les moyens pratiques d'acquérir la vertu.) — 2° détester le vice et s'en préserver à tout prix; car, ainsi que le constatent la médecine, l'histoire, l'économie politique, ses effets sont désastreux, au point de vue physique comme au point de vue moral.

Pour contenir les mauvais penchants dans l'ordre, il suffit de le vouloir, et, pour le vouloir fortement, il est nécessaire de nous rappeler que nous ne sommes jamais à l'abri de tout regard. « Et que personne ne dise ici qu'il ne saurait maîtriser ses passions, ni empêcher qu'elles se déchaînent et le forcent d'agir; car ce qu'il peut faire devant un prince ou quelque grand homme, il peut le faire, s'il le veut, lorsqu'il est seul en présence de Dieu. » (LEIBNITZ*.) La *crainte de Dieu* est le commencement de la sagesse. (V. p. 187, les moyens pratiques de corriger les habitudes coupables.)

Mérite et démérite. — Le mérite ou le démérite, l'estime ou le mépris, l'approbation ou le blâme, sont les conséquences rationnelles et nécessaires des actions morales. Quand l'homme fait le bien librement, il comprend qu'il mérite une *récompense*, ou tout au moins l'*approbation* et l'*estime;* quand il fait le mal, il comprend qu'il mérite un *châtiment*, ou, tout au moins, la *désapprobation* et le *blâme :* c'est le troisième jugement de la conscience.

La raison dit, en effet, que les généreux efforts qu'impose la vertu ne doivent pas être confondus avec les lâches défaillances du vice, c'est-à-dire que les bons et les mauvais ne méritent pas le même traitement.

La loi morale a donc une sanction.

QUESTIONNAIRE. — Comment peut-on définir la vertu? — Quelles sont les conditions de la vertu? — Combien distingue-t-on d'espèces de vertus? — Qu'est-ce que le vice? — Pourquoi faut-il aimer la vertu et détester le vice? — Que savez-vous du mérite et du démérite?

VI. — SANCTIONS DE LA LOI MORALE

Définition. — On appelle sanction morale les *récompenses et les peines attachées à l'exécutiom ou à la violation de la loi morale*, et destinées à en garantir l'exécution.

Toute loi doit avoir une sanction : une loi privée de sanction serait une loi dérisoire. L'homme, entraîné par son intérêt particulier, manquerait souvent aux lois, si l'espoir d'une récompense ou la crainte d'un châtiment ne l'excitait à leur obéir.

Diverses espèces de sanctions. — Les actes libres de l'homme se rapportent à *lui-même*, à la *société* et à *Dieu*; il y aura donc des sanctions *individuelles*, des sanctions *sociales* et des sanctions *divines*.

Sanctions individuelles. — Les sanctions individuelles comprennent : les *sanctions naturelles, physiques et matérielles*, et les *sanctions naturelles intérieures* ou *du sentiment moral*.

Les sanctions naturelles, physiques et matérielles consistent dans les *biens* et les *maux* qui découlent comme naturellement de nos actions. La santé du corps, la vigueur de l'intelligence, l'énergie du caractère, le succès dans les entreprises, sont les résultats ordinaires de la tempérance, du travail et de la vertu. Au contraire, les infirmités, les maladies corporelles et intellectuelles, les déceptions et les échecs, proviennent trop souvent de l'intempérance, de la paresse et du vice.

Les sanctions intérieures ou du sentiment moral consistent dans les *joies* et les *remords* de la conscience. Il n'y a pas de plaisir plus vrai, de joie plus pure et plus noble au cœur de l'homme que le témoignage d'une bonne conscience à la suite d'un devoir accompli ou d'une action vertueuse. Il n'y a pas non plus de tourment comparable à celui que fait éprouver le remords qui poursuit partout le coupable et ne lui laisse aucun repos. — « La joie du cœur est la vie de l'homme, et la joie de l'homme rend sa vie plus longue. » (Eccl.)

Sanctions sociales. — Les sanctions sociales comprennent : les *sanctions de l'opinion* et les *sanctions de la loi civile*.

Les sanctions de l'opinion consistent dans les *juge-*

ments que portent sur nos actes ceux qui nous entourent. Ils estiment et admirent la vertu et accordent leur confiance à celui qui fait le bien ; ils méprisent, ils blâment, ils flétrissent l'égoïsme, le vice, le crime, et repoussent celui qui fait le mal.

Les sanctions de la loi civile consistent dans l'ensemble des *récompenses* et des *peines* que le code assigne au respect ou à la violation des lois civiles. Les honneurs, les distinctions, les dignités, etc., sont réservés à l'homme de bien ; la prison, la déportation, la déchéance sociale (mort civile), l'échafaud, etc., à l'homme criminel. — Les lois civiles sont plus souvent coercitives et pénales que rémunératrices.

Sanctions divines dans la vie présente. — Les sanctions divines consistent dans les *récompenses* que Dieu accorde et les *châtiments* qu'il inflige souvent dans la vie présente aux individus et aux nations.

La justice divine se montre quelquefois en ce monde d'une manière évidente ; le plus souvent elle se cache sous le voile des *causes naturelles*. (En preuve : la fin tragique d'Athalie[1], d'Aman, de Balthazar, de Julien l'Apostat, de Robespierre et de la plupart des Terroristes, etc.) Mais, en pareille occurrence, il serait imprudent de ne voir que châtiments et punitions où il y a seulement épreuve et miséricorde : « Il ne faut voir dans les tribulations que le fouet de celui qui corrige pour prévenir les arrêts de celui qui châtie. » (S. Augustin.)

QUESTIONNAIRE. — Qu'appelle-t-on sanction morale ? — Exposez les diverses espèces de sanction ?

INSUFFISANCE DES SANCTIONS TERRESTRES

Les sanctions terrestres ne sont ni proportionnées ni universelles. — Les sanctions terrestres sont insuffisantes, parce qu'elles ne sont ni *proportionnées* ni *universelles* : les unes n'offrent ni une récompense ni une peine en rapport avec le mérite et le démérite ; les autres sont loin d'atteindre tous les actes bons ou mauvais. Ainsi :

[1] Par cette fin terrible et due à ses forfaits,
Apprenez, roi des Juifs, et n'oubliez jamais
Que les rois dans le ciel ont un juge sévère,
L'innocence un vengeur, et l'orphelin un père.
(RACINE, *Athalie*.)

Les sanctions naturelles sont insuffisantes; car la pratique du bien, la fidélité au devoir, coûtent quelquefois de pénibles sacrifices à la nature; d'autre part, la vertu ne produit pas toujours des conséquences utiles, le vice des conséquences nuisibles à l'intelligence, aux situations temporelles, à la santé.

Les sanctions de la conscience sont insuffisantes : le remords, qui d'ordinaire s'affaiblit à mesure que le coupable s'enfonce dans le crime, n'inflige plus une punition proportionnée au mal; le soldat qui donne sa vie pour sa patrie, l'innocent qui meurt pour la défense d'une cause juste, le martyr qui se laisse massacrer plutôt que de renier sa foi, ne trouvent pas dans le témoignage de leur conscience une récompense proportionnée à l'héroïsme de leur sacrifice.

Les sanctions de l'opinion sont insuffisantes; car tous nos actes n'arrivent pas à la connaissance de nos semblables. Combien de vertus ignorées, combien de crimes qui demeurent cachés! Parmi les actes qui sont connus, combien sont mal appréciés! car il s'en faut que l'opinion publique prononce des jugements infaillibles, et se montre toujours parfaitement équitable.

Les sanctions de la loi sont insuffisantes; car la loi ne punit que les actes qui blessent le droit d'autrui, le vol, la diffamation, le meurtre, et nullement les fautes intérieures ou extérieures qui dégradent l'homme : la colère, les turpitudes de la sensualité. Le coupable peut éviter, et n'évite que trop souvent le châtiment, en fuyant ou en corrompant les juges. La justice humaine est sujette à se tromper; combien de fois n'a-t-elle pas condamné l'innocence et laissé le crime impuni!

Les sanctions providentielles sont insuffisantes; car Dieu permet plus d'une fois que le méchant prospère et que le juste vive dans l'adversité; et, lorsqu'il châtie ou récompense dès cette vie, il ne donne pas à la vertu et au vice tout ce qu'ils méritent.

Conclusion : *la sanction éternelle.* — Toutes les sanctions de la vie présente sont imparfaites. Cependant l'ordre moral exige que les injustices de ce monde soient réparées. La sanction véritable de la loi morale est dans la vie future, où chacun recevra ce qu'il aura rigoureusement mérité par ses actes. Tel est l'enseignement de la raison et de la foi catholique. (V. Év. *S. Matthieu*, xxv, 31 à 46; *S. Marc*, ix, 40 à 42.)

Remarque. — Cet ensemble de *récompenses* et de *châtiments* réservés à la vertu et au crime prouve que, si le devoir et l'intérêt sont distincts, ils ne sont point inconciliables, et même qu'ils ne sont jamais réellement séparés; car le bonheur est finalement le partage de la vertu, et la souffrance, le partage du vice.

QUESTIONNAIRE. — Montrez que les sanctions précédentes ne sont ni proportionnées ni universelles. — N'existe-t-il pas une sanction parfaite de la loi morale?

VII. — ERREURS RELATIVES A LA LOI MORALE

De nombreux systèmes ont été imaginés par les philosophes pour expliquer l'origine du bien et du mal. Nous les divisons en deux groupes : le premier comprend les systèmes qui veulent faire dériver la loi morale d'une *cause extérieure;* le second, ceux qui en cherchent la raison dans un *principe intérieur*.

I. — SYSTÈMES QUI FONT DÉRIVER LA LOI MORALE D'UNE CAUSE EXTÉRIEURE

1º Système d'une convention humaine. — Les philosophes anglais Hobbes * et Locke * ont prétendu qu'il n'y a rien de juste ou d'injuste en soi; que l'idée du bien tirait son origine d'une convention humaine, d'un contrat primitif.

Autant vaudrait dire, suivant une expression de Montesquieu *, « qu'avant qu'on ait tracé des cercles, tous les rayons n'étaient pas égaux. » D'ailleurs, les hommes diffèrent trop de sentiment et d'opinion pour faire d'un commun accord un pacte si gênant pour les passions. De plus ce pacte, n'étant fixé par aucune loi antérieure, serait arbitraire : une nouvelle convention suffirait pour la détruire. La loi morale, au contraire, est immuable.

2º Système de l'éducation, de l'habitude, de la civilisation. — Les matérialistes et les positivistes contemporains, David Hume *, Stuart Mill *, Bain *, etc., prétendent que les idées morales sont fondées sur l'éducation, l'habitude, la civilisation; ils disent que les idées de bien et de mal sont postérieures à la société, qu'elles se sont formées avec le temps, à la suite d'une longue *évolution intellectuelle*.

Leur assertion, purement hypothétique et peu rationnelle, ne repose sur aucun fondement sérieux. Cet état social sans moralité, ou pendant lequel la moralité se serait formée, à la suite de la « longue évolution intellectuelle » dont ils parlent, est absolument inconnu de la science historique et même de la science préhistorique. Aussi haut qu'on remonte dans la littérature de tous les peuples, on trouve les idées de bien et de mal telles que nous les concevons aujourd'hui. L'éducation, l'habitude, la civilisation, *perfectionnent* la conscience morale, mais ne *créent* pas le principe de la morale.

3° **Système du bon plaisir de Dieu.** — Selon quelques philosophes, parmi lesquels on peut citer Duns Scott*, Descartes* et Puffendorf*, l'idée du bien aurait pour *fondement* le bon plaisir de Dieu. Cette doctrine est vraie s'il s'agit de la *volonté nécessaire* de Dieu, par laquelle il veut et doit vouloir l'observation de l'ordre établi par lui. Mais elle est fausse s'il s'agit de la *volonté libre* ou arbitraire de Dieu.

Croire qu'une chose est bonne ou mauvaise uniquement parce que Dieu l'a commandée ou défendue, ce serait admettre que Dieu eût pu faire le contraire; que, s'il l'eût voulu, ce qui est mauvais serait bon et ce qui est bon serait mauvais. Une pareille contradiction répugne à la fois à notre raison et à la sagesse de Dieu. Il y a donc un bien et un mal antérieurs au commandement divin et qui lui servent de motif. Les actions sont bonnes ou mauvaises en elles-mêmes, selon qu'elles se conforment à l'ordre moral que Dieu a établi ou qu'elles tendent à le troubler. Il y a entre le bien et le mal une différence intrinsèque et objective.

Dieu peut, sans doute, rendre accidentellement mauvaises des actions indifférentes en elles-mêmes : la défense faite aux Hébreux de manger le sang des animaux, la chair du porc, la viande étouffée, en sont des exemples. Mais ces défenses ont leur fondement dans la loi naturelle.

QUESTIONNAIRE. — Exposez et réfutez les systèmes qui font dériver la loi morale d'une convention humaine, — de l'éducation, — de l'habitude, — de la civilisation, — du bon plaisir de Dieu.

II. — SYSTÈMES QUI FONT DÉRIVER LA LOI MORALE D'UN PRINCIPE INTÉRIEUR

1° Système sensualiste : morale du plaisir. — Le plaisir est-il le *bien*, et la douleur est-elle le *mal*? Aristippe* de Cyrène et Épicure*, dans l'antiquité; Hobbes* et Helvétius*, Saint-Simon[1] et Fourier[2], chez les modernes, ont professé cette opinion; ils appelaient bien ce qui nous procure du plaisir, et mal ce qui nous cause de la douleur. L'*expérience* et la *raison* démontrent aisément la fausseté d'une telle doctrine. Elles nous apprennent, en effet :

1° Que le plaisir n'est pas toujours un *bien*, ni la douleur toujours un *mal*; qu'ils peuvent se transformer, le plaisir en douleur et la douleur en plaisir. Ainsi les plaisirs de l'*intempérance* amènent, un jour ou l'autre, la maladie, la perte de la santé, quelquefois de la raison, et abrègent la vie; les plaisirs de la *paresse* entraînent la pauvreté et le mépris; les plaisirs de la *vengeance* exposent au châtiment et au remords, etc. — Au contraire, l'*amputation* d'un membre gangrené sauve la vie; le *travail énergique* nous procure l'aisance; les *fatigues de l'étude* nous méritent les honneurs. Si l'on considère ici les résultats, le plaisir est un mal, la douleur un bien.

2° Que le plaisir *varie avec les individus* : ce qui est un plaisir pour le pauvre, le marchand, le paysan, le jeune homme, peut être une douleur pour le riche, le guerrier, le bourgeois, le vieillard; qu'il *varie avec le temps* : ce qui est un plaisir aujourd'hui peut être une peine demain.

3° Qu'on a toujours regardé certains plaisirs comme *défendus*, par exemple : le plaisir du gourmand, de l'ivrogne; d'autres comme *permis*, par exemple : le plaisir de faire l'aumône, de se dévouer pour ses semblables, et l'on a prononcé sur leur malice ou leur bonté sans s'arrêter aux suites qui en pouvaient découler pour leur auteur.

Le plaisir n'est donc pas le but de la vie. Partout, à tous les degrés de l'échelle animale, le plaisir n'est qu'un *moyen*, jamais une *fin*. Il est permis quand il accompagne une activité permise;

---

[1] Saint-Simon (1760-1825), né à Paris, socialiste, chef de la secte des *saint-simoniens*.

[2] Fourier Charles (1772-1837), né à Besançon, chef de l'école phalanstérienne.

mais il n'est jamais obligatoire ni méritoire : si je sacrifie un plaisir légitime, un délassement nécessaire, ma conscience ne m'adresse aucun reproche. — Le plaisir n'est ni universel, ni immuable, ni obligatoire; on ne saurait donc y reconnaître le principe de la loi morale.

Les *cyrénaïques* et les *épicuriens*, sensualistes les uns et les autres, diffèrent en ce que les premiers sacrifiaient l'avenir au présent, et les seconds, le présent à l'avenir. Les *premiers* enseignaient que l'homme, ne pouvant trouver le vrai bonheur, le bonheur durable, devait se contenter du plaisir présent, quel qu'il fût, sans se préoccuper de l'avenir. Les *seconds* prétendaient que la sagesse consiste moins à rechercher le plaisir qu'à fuir la douleur; et, comme les plaisirs sensuels, d'ailleurs passagers, causent à l'âme plus d'inquiétude que de joie, il fallait leur préférer les plaisirs du repos, de la paix, de l'insensibilité. La meilleure morale épicurienne consistait à pratiquer par égoïsme, la prudence, la sobriété, la vertu.

La *morale du plaisir*, condamnée par l'expérience et la raison, l'est encore par ses honteuses conséquences : on sait que cette doctrine fut la cause principale de la décadence des Grecs et des Romains, et l'on voit tous les jours ce que deviennent les hommes qui la mettent en pratique.

2º Système utilitaire : morale de l'intérêt. — La *bonté* de nos actes vient-elle de leur utilité? La Rochefoucauld* prétend que les hommes n'obéissent jamais qu'à l'intérêt personnel, et Bentham*, que l'intérêt est un motif légitime et le seul motif de nos actions. Hobbes* faisait aussi consister la fin de toute action dans le *bien-être*. La conscience morale et le bon sens protestent contre une pareille doctrine.

La *conscience morale* reconnaît : 1º qu'il y a des intérêts légitimes que l'on peut rechercher, et des intérêts illégitimes qu'un homme honnête réprouvera toujours; — 2º que les intérêts n'ont rien d'absolu : ils changent avec nos habitudes, nos passions, les temps, les lieux, et aussi avec notre condition : autres sont les intérêts du riche, du soldat, du médecin, autres les intérêts du pauvre, du rentier, du malade; — 3º qu'ils n'ont rien d'obligatoire : si je sacrifie un intérêt légitime, on peut m'accuser d'imprudence, mais non de crime.

Le *bon sens* suffit à faire comprendre que, dès lors que nous ne sommes pas seuls sur la terre, la recherche de notre intérêt propre ne peut être la règle unique de notre conduite; car les intérêts et les besoins de nos semblables, comme leurs droits, nous imposent à tous des concessions mutuelles. — La mise en pratique de l'utilitarisme engendrerait l'anarchie et le despotisme dans la société.

Diverses théories utilitaires. — Les philosophes utilitaires, voyant qu'on rejetait leur système pour ses conséquences funestes, ont essayé de le relever : les uns en établissant une distinction entre le *vrai* et le *faux* intérêt; les autres en le fondant sur l'intérêt général.

Intérêt bien entendu. — L'intérêt bien entendu, dit Stuart Mill *, consiste à sacrifier certains plaisirs et à accepter certaines douleurs, quand cela peut nous assurer la possession de plaisirs plus complets ou plus nobles. — Cette doctrine, qui prétend remplacer la *quantité* par la *qualité*, quoique moins dégradante que la précédente, ne peut pas davantage servir de fondement à une morale universelle, obligatoire, et n'explique pas mieux les actes de désintéressement qui excitent notre admiration, comme, par exemple, l'héroïsme de Socrate*, mourant pour la vérité, ou de Régulus, s'exposant au supplice pour garder sa parole, ou de d'Assas, méprisant les menaces de l'ennemi pour sauver ses compagnons d'armes.

Intérêt général. — Le bien, disent Hume*, Helvétius*, etc., est ce qui est utile à la société, et le mal, ce qui lui est nuisible. — Selon cette doctrine, on devra sacrifier ses intérêts particuliers aux intérêts généraux. Mais alors de deux choses l'une : ou l'intérêt général est conforme au mien, ou il lui est contraire. Dans le premier cas, je retombe dans l'égoïsme de l'intérêt privé; dans le second, qu'est-ce qui m'oblige à sacrifier mon intérêt, si aucune force ne m'y contraint? Est-ce le devoir? nous abandonnons alors le système de l'intérêt. En outre, l'intérêt général, tout comme l'intérêt particulier, est relatif et variable.

Le bien et l'utile devant l'histoire. — L'utile résulte souvent du bien; mais les *deux* idées ne se confondent jamais. Les hommes distinguent toujours les mots devoir, justice, charité, dévouement, des mots intérêt, passion, amour du bien-être. Les premiers impliquent l'idée de vertu; les autres, l'idée d'égoïsme. On admire les hommes désintéressés : les martyrs de la foi, de la vérité, du patriotisme, de l'honneur militaire, du respect du serment, de la piété filiale, de la charité; on flétrit, ou tout au moins on refuse d'honorer ceux qui n'agissent que par intérêt.

La morale de l'intérêt, quel qu'il soit, est donc condamnée par ses conséquences antisociales, par la conscience individuelle et par la conscience du genre humain, manifestée par l'histoire.

3° **Système sentimentaliste : morale du sentiment.** — L'idée du *bien* vient-elle du sentiment? Hutcheson*, Adam Smith*, Thomas Reid*, Jacobi*, etc., ont essayé de fonder la morale sur les sentiments du cœur, la *satisfaction morale*, la *bienveillance* ou la *sympathie*. Voici leurs formules : « Faites ce qui agrée au sens moral, évitez ce qui lui répugne. — Ce que nous approuvons dans les actions humaines, ce qui provoque la sympathie, est le *bien;* ce que nous désapprouvons, ce qui provoque l'antipathie, est *mal.* »

Cette doctrine, plus noble que les précédentes, a au moins le mérite de reconnaître le désintéressement de la vertu; mais on lui objecte : — 1° que le sentiment de sympathie pour le bien suppose l'idée du bien; qu'il en est le résultat et non le principe : on n'éprouve de la satisfaction, après un acte, que lorsqu'on a conscience d'avoir accompli son devoir; — 2° que le sentiment n'est pas le même chez tous les hommes : il varie suivant les âges, les tempéraments et les circonstances; — 3° que le bien ne provoque pas toujours notre sympathie, ni le mal notre antipathie; car le sentiment prend sa source dans la sensibilité, et l'on ne gouverne pas sa sensibilité comme on gouverne sa volonté. On ne peut pas nous forcer d'aimer tel ou tel de nos semblables; on peut, tout au plus, exiger que nous le respections et que nous lui rendions service. Il s'en faut, du reste, que la conscience agrée tout ce que nous suggère la sympathie ou l'antipathie. Que d'écarts, que d'égarements, que de crimes même, proviennent uniquement de la sympathie ou l'antipathie!

Le défaut capital de ce système est de supprimer l'idée de l'obligation. D'après la morale du sentiment, on pourrait dire à ses parents : « Je ne vous aime plus; donc je ne vous dois rien. »

Remarque. — On ne doit pas toutefois exclure le sentiment ; car, quoique insuffisant comme principe, il peut, dans bien des circonstances, rendre plus facile l'accomplissement du devoir.

Morale platonicienne. — La *morale de Platon* est le développement de celle de Socrate. Il y a, selon lui, trois parties dans l'âme humaine : la *raison*, qu'il place dans la tête ; l'*appétit supérieur*, qu'il place dans le cœur ; l'*appétit inférieur*, qu'il place dans les sens.

Chacun de ces éléments doit avoir une vertu particulière. La vertu de la raison, c'est la *prudence*, la sagesse ou la science dans ce qu'elle a de plus élevé, c'est-à-dire la science du bien ; celle du cœur, c'est le *courage* qui fait surmonter tous les obstacles, soit dans la bonne, soit dans la mauvaise fortune ; celle des sens, c'est la *tempérance*, qui les maintient sous la discipline du devoir et ne leur accorde que ce qui est utile et nécessaire.

De l'accord de ces trois vertus, naît, selon Platon, une quatrième vertu, la *justice*, qui est la vertu parfaite. L'âme est juste lorsque la paix règne entre ses diverses puissances, lorsque la partie raisonnable triomphe de la partie animale. Alors elle ressemble à Dieu.

Malgré de graves erreurs, la morale platonicienne n'en est pas moins le plus beau monument philosophique que nous ait légué l'antiquité.

4° Système rationaliste : a) Morale stoïcienne. — Les stoïciens, « ces premiers apôtres de la morale indépendante [1] : » Zénon * et Chrysippe en Grèce, Sénèque *, Épictète * et Marc-Aurèle à Rome, ont professé une morale austère, qui fut du moins une protestation contre la morale épicurienne. Leur doctrine peut se résumer dans cette maxime célèbre : « Supporte et abstiens-toi » (*Sustine et abstine*) ; supporte les choses qui ne dépendent pas de toi : la calomnie, la trahison, la pauvreté, la maladie, la mort même ; abstiens-toi des plaisirs des sens, des satisfactions viles et grossières, de tout désir relatif aux biens extérieurs, de tout sentiment, de toute affection ; sois insensible à tout, car la parfaite insensibilité est la gloire du sage. *Suis la nature*, mais ta nature d'être raisonnable. Obéis à la raison, qui est en toi l'image et comme une parcelle de la raison divine. Puisque tu as appris par ton intelligence à comprendre dans les choses l'ordre et la beauté, qui révèlent partout une Providence, mets l'ordre et la beauté dans ta conduite ; car le seul but que tu doives te proposer d'at-

---

[1] P. Monsabré (1827), né à Paris, célèbre prédicateur dominicain.

teindre, le souverain bien auquel tu doives aspirer, c'est l'*honnête* et la *vertu*.

Appréciation. — On voit par ce rapide exposé les vues élevées, et en même temps les idées fausses et dangereuses de cette morale. Les stoïciens s'accordent avec tous les spiritualistes pour enseigner qu'il faut vivre conformément à la raison; mais ils s'égarent lorsqu'ils affirment que les biens extérieurs, la santé, la richesse, la réputation, les honneurs, sont des choses indifférentes; que l'homme vertueux doit être insensible, impassible, même en face des plus grands dangers; qu'il doit mépriser ce qui est périssable, même la vie, qu'il peut se donner la mort; que toutes les passions sont mauvaises, que la pratique de la vertu répond à toutes les aspirations de l'âme humaine.

b) **Morale du devoir pur.** — Le commandement moral, on le sait, oblige par lui-même et en dehors de toute considération humaine; Kant*, nous l'avons dit (p. 164), l'appelle un *impératif catégorique*. Or, prétendent les rationalistes, cet impératif catégorique nous dit : « Sois tempérant, respecte la vérité, etc., sans donner d'autre raison, sans subordonner à rien ces prescriptions, parce qu'elles valent par elles-mêmes et qu'elles portent avec elles leurs raisons et leur autorité. » De là ils tirent la loi du *devoir pur*, c'est-à-dire du devoir accompli parce que c'est le devoir, à l'exclusion de toute idée d'intérêt personnel, de tout retour sur soi-même.

Mais le commandement moral, ou l'impératif catégorique, n'est pas seulement obligatoire : il est encore universel. De ce caractère, Kant déduit la formule de la loi morale, qui doit selon lui suffire à nous diriger dans toutes les circonstances de la vie. Voici cette formule : *Agis toujours de telle sorte, que la règle de tes actions puisse valoir comme principe de législation universelle.* D'après cette maxime, l'être libre est tenu de faire ce que la raison lui déclare *devoir être fait par tous*, et d'éviter *ce que tous semblent devoir éviter.*

Appréciation. — Le système rationaliste, si excellent qu'il paraisse, est : — 1° *contre nature :* l'homme, qui cherche instinctivement le bonheur, ne peut pas renoncer volontairement à cette recherche; accomplir des actes dignes de récompense et ne désirer aucune récompense; rendre à chacun ce qui lui est dû et n'attendre rien en retour; la religion le lui défend, car Dieu lui commande de *pratiquer la vertu d'espérance;* — 2° *dangereux :* mépriser le plaisir, l'intérêt, la sympathie, même les plus légitimes, pour obéir simplement, est sans doute un bel idéal; mais une morale si austère ne tarderait pas à dégénérer en *orgueil,* en *égoïsme,* en *stoïcisme;* — 3° *impraticable :* Kant n'explique pas plus que les autres moralistes *comment* et *pourquoi* l'homme pourra sacrifier au *devoir* ou à l'ordre général ses préférences personnelles.

« Si l'homme qui croit à la vie future est exposé à s'attacher trop à la récompense, l'homme qui n'y croit pas est exposé au péril de faire reposer sa vertu sur l'*orgueil.* Ne connaissant pas de Dieu, ne croyant pas à une rétribution, c'est en lui-même seul qu'il trouve le type et la règle de la justice. C'est sa propre dignité, sa propre excellence qu'il poursuit en restant vertueux. Lorsqu'il est juste, il se sent supérieur à l'ordre du monde, où l'injustice règne, puisque, selon sa croyance, tout finit à la mort. Or l'orgueil est une forme de l'*égoïsme;* être vertueux par orgueil, c'est tout aussi bien être égoïste que de l'être par amour de la récompense.

« Ne demandons pas à l'homme plus que sa nature ne le veut et ne le permet. *Qu'il connaisse et cherche d'abord le devoir,* c'est-à-dire le bien en soi, le bien désintéressé. *Qu'il ne cherche le bonheur que comme récompense,* c'est-à-dire comme conséquence du devoir accompli; mais qu'il puisse aimer et chercher le bonheur de cette manière, qu'il ait le droit et le devoir d'espérer qu'il l'obtiendra de la justice de Dieu. Qu'il soit juste lui-même, mais qu'en même temps il croie à la justice universelle. Une telle morale, mieux adaptée aux besoins de l'humanité, praticable pour tous les hommes, est supérieure à la morale exagérée des stoïciens, qui poursuivent le devoir sans vouloir être récompensés. » (DE BROGLIE, *Inst. morale.*)

La maxime de Kant peut rendre plus claire et plus évidente l'obligation morale; elle peut même, dans certaines circonstances, exciter la volonté à agir ou la détourner de quelque résolution. Ainsi, qu'un ivrogne, un voleur, un débauché, se pose cette question : Si tous agissaient comme moi, qu'en résulterait-il? Son esprit voit mieux les inconvénients des actes coupables et la valeur des actes honnêtes, quand il généralise sa conduite particulière. Mais cette maxime est : — 1° *insuffisante :* elle ne s'applique point aux actes bons non obligatoires, comme, par exemple, au dévouement volontaire, etc.; — 2° *insoutenable :* une chose n'est pas bonne parce qu'on est obligé de la faire : « L'obligation est la conséquence du bien, elle n'en est pas le principe. Fonder le bien sur l'obligation, au lieu de fonder l'obligation sur le bien, c'est prendre l'effet pour la cause, c'est tirer le principe de la conséquence. » (V. Cousin*.)

Conclusion. — La *morale spiritualiste,* c'est-à-dire la morale qui a pour fondement la *loi du devoir,* pour principe suprême *un Dieu juste,* et pour sanction une *récompense* ou un *châtiment,* est la seule morale rationnelle, complète et efficace. C'est la morale de tous les peuples et de tous les temps. Les efforts faits pour la remplacer ne font que montrer plus clairement qu'elle est la seule et unique morale digne de devenir la règle de la vie des hommes¹.

Questionnaire. — Exposez et réfutez le système sensualiste, — le système utilitaire, — le système sentimentaliste, — le système rationaliste, — la morale du devoir pur, — la morale platonicienne.

---

¹ « L'idée de *Dieu* et celle d'une *récompense* ou d'un *châtiment,* nous l'avons reconnu, sont nécessaires pour constituer une morale rationnelle et complète.

« Doit-on conclure que les hommes qui ne croient pas à ces vérités sont nécessairement dépourvus de moralité? Ce ne serait pas exact d'une manière générale.

« On rencontre, en effet, assez souvent chez ceux qui ne croient pas en Dieu et en la vie future la pratique de certaines vertus, principalement de celles qui concernent les rapports de l'homme avec ses semblables. — Les exemples d'un accomplissement intégral des devoirs individuels, de la pratique de la tempérance, de la chasteté, sont beaucoup plus rares; il y aurait cependant de l'exagération à dire qu'il ne s'en rencontre aucun.

« Nous avons dit que le sentiment du devoir est universel dans l'humanité. Les *athées* sentent donc, comme les autres hommes, l'obligation qui pèse sur eux. Comme les autres hommes, ils ont devant eux l'idéal de la perfection morale, ils ont donc la base essentielle de la moralité. De plus, ils peuvent trouver certains appuis pour les aider à accomplir le devoir et pour suppléer aux sanctions de la vie future. — Il y a d'abord leur intérêt, l'opinion publique, le désir de la louange, la crainte du déshonneur, les affections bienveillantes, la sympathie pour les maux d'autrui.

« Donc, il n'y a rien d'étonnant à ce que certaines vertus soient pratiquées, parfois à un haut degré, par des hommes qui ne croient ni à Dieu ni à la vie future. Mais cette morale partielle et indépendante de Dieu ne peut exister que chez les hommes qui ont, soit au point de vue de la conscience, soit au point de vue du dévouement, d'heureuses dispositions naturelles. » (DE BROGLIE.)

II. — MORALE PARTICULIÈRE

Objet de la morale particulière. — La morale particulière ou pratique traite des *applications* de la loi morale, ou des *devoirs particuliers* de l'homme suivant les situations diverses dans lesquelles il peut se trouver.

Division. — Selon que l'on considère l'homme en lui-même ou dans ses relations avec ses semblables et avec Dieu; on reconnaît qu'il a des devoirs personnels ou envers lui-même, des devoirs sociaux et des devoirs religieux. La morale pratique comprend donc trois parties : — 1° la *Morale individuelle*; — 2° la *Morale sociale*; — 3° la *Morale religieuse*.

I. — MORALE INDIVIDUELLE

Objet de la morale individuelle. — La morale individuelle traite des devoirs de l'homme envers lui-même.

Principes des devoirs individuels. — Les devoirs individuels ont pour principes le respect de la *dignité* personnelle et de l'*ordre* établi par le Créateur.

Dignité personnelle. — L'homme est doué d'intelligence et de liberté; il connaît le bien, il peut et doit l'accomplir; s'il fait le mal, il abuse de ses nobles facultés, il se dégrade.

Ordre établi par le Créateur. — L'homme n'est pas isolé dans la création, sa destinée est un des éléments principaux de l'ordre universel; or cet ordre exige que chaque être agisse conformément à sa fin particulière. Si donc l'homme ne règle pas sa propre conduite, il ne réalise pas sa fin, et son existence est un *désordre*. De ce principe résulte l'obligation de veiller sur nous et de faire tous nos efforts pour suivre fidèlement la voie que la Providence nous a marquée.

Division des devoirs individuels. — L'homme est un esprit uni à un corps; il a donc des devoirs à remplir envers son *âme* et envers son *corps*.

QUESTIONNAIRE. — Quel est l'objet de la morale pratique? — Comment se divise-t-elle? — Quel est l'objet de la morale individuelle? Quels sont les principes des devoirs individuels? — Comment se divisent les devoirs individuels?

I. — DEVOIRS ENVERS L'AME

Objet des devoirs envers l'âme. — Les devoirs envers l'âme ont pour objet la *sensibilité*, l'*intelligence* et la *volonté*; en un mot, le *perfectionnement de l'être moral*.

Devoirs relatifs à la sensibilité. — L'homme doit d'abord discipliner avec le plus grand soin la sensibilité, source de ses penchants et de ses passions; car cette faculté, ne pouvant distinguer par elle-même le bien du mal, menace perpétuellement de déranger l'équilibre des autres facultés et de nous entraîner dans le désordre. Or comme elle a son principe dans les inclinations de l'âme (*appétits physiques* ou *sentiments moraux*), il est de notre devoir de favoriser les inclinations conformes à notre destinée, de combattre celles qui nous en détournent et de corriger les habitudes coupables.

Pour cela il faut, d'une part, *cultiver*, *fortifier*, *étendre*, les sentiments qui nous rendent meilleurs et plus heureux, tels que l'amour du vrai, du bien, du beau, de Dieu, les affections domestiques, la sympathie, la pitié active, la reconnaissance, l'amitié, la bienveillance, le patriotisme. Si l'on n'éprouve pas naturellement ces nobles sentiments, il faut au moins s'efforcer de les acquérir par l'exercice. — D'autre part, *restreindre*, autant que possible, l'amour de soi, *régler* son imagination [1], *diriger* ses pensées vers le bien, *éviter* ce qui peut mal impressionner, *s'interdire* les lectures dangereuses [2], les représentations théâ-

---

[1] « Pour corriger l'abus et l'égarement de notre imagination vagabonde et dissipée, il la faut remplir d'images saintes. Quand notre mémoire en sera pleine, elle ne nous ramènera que ces pieuses idées. La roue agitée par le cours d'une rivière va toujours, mais elle n'emporte que les eaux qu'elle trouve en son chemin : si elles sont pures, elle ne portera rien que de pur; mais, si elles sont impures, tout le contraire arrivera. Aussi, si notre mémoire se remplit de pures idées, la circonvolution, pour ainsi dire, de notre imagination agitée ne puisera dans ce fonds et ne nous ramènera que des pensées saintes. La meule d'un moulin va toujours, mais elle ne moudra que le grain qu'on aura mis dessous; si c'est de l'orge, on aura de l'orge moulu; si c'est du blé et du pur froment, on en aura la farine. Mettons donc dans notre mémoire tout ce qu'il y a de saintes et de pures images; et quelle que soit l'agitation de notre imagination, il ne nous reviendra, du moins ordinairement, dans l'esprit, que la fine et pure substance des objets dont nous nous serons remplis. » (BOSSUET, *Élév. sur les mystères.*)

[2] « Quand une lecture nous élève l'esprit et qu'elle nous inspire des senti-

trales, les danses publiques, et, en général, tout ce qui peut porter au mal.

On corrige les habitudes coupables en donnant un libre cours aux tendances de nature différente, aux inclinations vertueuses opposées. Ainsi, l'habitude du mensonge se corrige par l'habitude de la sincérité; celle de l'égoïsme, par la générosité; celle de l'avarice, par le détachement; celle de l'envie, par la charité; celle de la colère, par la douceur, etc.

La vertu propre de la sensibilité, c'est la *tempérance* ou la *modération en tout*, qui soumet nos inclinations, nos penchants, nos passions, au contrôle de la raison, nous affermit dans la voie du devoir et nous permet d'arriver au plus haut degré de perfection qu'il nous soit possible d'atteindre.

On ne peut légitimement rechercher les plaisirs sensibles que s'ils concourent à l'accomplissement de notre *triple destinée* : tout plaisir sensible qui nuirait à la vigueur du corps, et, en même temps, au développement des facultés intellectuelles et à la liberté morale, serait illégitime et pernicieux; on ne pourrait s'y arrêter comme à une fin, sans se dégrader et s'avilir.

Devoirs relatifs à l'intelligence. — Nous devons à notre intelligence : — 1° *l'instruction suffisante*; — 2° la *délibération prudente*; — 3° le *respect de la vérité* et les vertus qui s'y rattachent.

1° Instruction suffisante. — L'intelligence est faite pour la vérité : la vérité est son objet et sa fin. Or la vérité ne se découvre et ne se développe que par l'*étude* et la *réflexion* [1]. Nous avons donc le devoir spécial de travailler à l'acquisition d'idées nouvelles et à la connaissance des rapports qui existent entre les idées déjà connues. « Tant que tu vivras, disait Solon,

---

ments *nobles* et courageux, ne cherchez pas une autre règle pour juger l'ouvrage : *il est bon.*

« Si, au contraire, à mesure que vous avancez dans une lecture, vous sentez venir des sentiments *bas, égoïstes*, des pensées *déshonnêtes*, jetez le livre, jetez-le vite : *il est mauvais.* » (LA BRUYÈRE, *Caractères*.)

[1] « La vérité se développe par la succession des temps et des hommes, toujours ancienne dans son commencement, toujours nouvelle dans ses développements successifs... Si le temps amène le développement de la vérité, l'homme qui la développe aujourd'hui n'a pas plus d'intelligence que celui qui l'a développée hier; mais il a l'intelligence de plus de vérités, parce que, venu plus tard, il trouve plus de vérités connues. » (DE BONALD.)

travaille à t'instruire; ne t'imagine pas que les années t'apporteront à elles seules les connaissances nécessaires. »

Mais jusqu'à quel point et dans quelle mesure devons-nous cultiver notre intelligence? Sommes-nous appelés à tout savoir? Non, évidemment : il y a des connaissances inutiles et même nuisibles, mais il en est aussi que personne ne doit ignorer. Ainsi, tout homme est tenu de connaître ses *devoirs envers Dieu, envers soi-même, envers ses semblables,* et ses *devoirs professionnels.* L'artisan et le laboureur sont obligés de connaître les principes de leur industrie; le médecin, les principes de la médecine; le magistrat, les principes de la jurisprudence; le général, les principes de la science de la guerre, etc.

Lorsqu'un homme dans l'exercice de sa profession compromet, par manque d'instruction, les intérêts qu'il doit servir, il porte devant Dieu, comme devant les hommes et devant sa conscience, la responsabilité du mal causé par son ignorance.

Le savoir ne suffit pas à coup sûr pour être homme de bien : on pourrait connaître à merveille ses devoirs et ne les point remplir. Cependant la rectitude et la saine culture de l'esprit sont des conditions essentielles de la bonne conduite [1].

2° **Délibération prudente.** — La prudence nous fait un devoir de délibérer mûrement avant d'agir, c'est-à-dire de discerner notre intérêt dans ce qui nous concerne, et l'intérêt des autres dans ce qui les concerne. Il y a donc deux sortes de prudence : la prudence *personnelle,* qui nous fait rechercher notre intérêt bien entendu, toujours subordonné au devoir; et la prudence *civile,* qui s'applique aux intérêts d'autrui. Ainsi, un notaire prudent, un juge prudent, un médecin prudent, un général prudent, doivent veiller aux intérêts des personnes placées sous leur conduite ou sous leur autorité, sous peine d'engager leur responsabilité.

---

[1] « De ce que l'homme est obligé de cultiver son intelligence, on doit conclure qu'il est faux de soutenir, avec J.-J. Rousseau, que le progrès des sciences et des arts amène naturellement la dépravation de l'homme. D'autre part, il est absurde aussi de voir, avec quelques philosophes modernes, dans le progrès des sciences et des arts le remède à tous les maux de l'humanité. L'expérience, aussi bien que la raison, montrent, au contraire, les funestes conséquences d'un développement intellectuel qui ne coïncide pas avec un égal développement moral. » (F. LOUIS DE P., *Cours élém. de phil. chrét.*)

« La science est plus vilaine que l'ignorance, si elle n'est accompagnée de piété et de vertus. » (AMYOT.)

Pour se conduire avec prudence, il faut, comme dit Montaigne, se maintenir « en puissance de bien juger; » éviter de tomber dans les *préjugés*, l'*insouciance* ou la *routine*.

Remarque. — Il peut y avoir faute à juger avec précipitation, à juger témérairement, comme à suspendre trop longtemps son jugement en présence des vérités qu'on n'a pas le droit d'ignorer et de méconnaître (telles sont, pour les catholiques, les vérités contenues dans la *profession de foi* qui leur vient des Apôtres).

3º Respect de la vérité. — L'intelligence ne se développe, ne se perfectionne que par la vérité. La vérité est notre premier bien, notre premier droit, le point de départ et le fondement de tout bien; nous devons donc la respecter. Le respect de la vérité ou la *véracité* nous élève à nos propres yeux et nous mérite la confiance des hommes. Le plus bel éloge que l'on puisse faire d'un homme est de rendre de lui ce témoignage : C'est un homme droit; il ne connaît d'autre règle que la vérité.

Le *mensonge*, au contraire, diminue notre valeur intellectuelle, nous fait perdre toute autorité dans nos paroles et nous rend méprisables; car le masque de la dissimulation finit par tomber un jour ou l'autre.

On distingue le mensonge *intérieur* et le mensonge *extérieur*. Par le premier, l'homme se ment à lui-même; ainsi, transformer en qualités les défauts des personnes qu'on aime, ou en défauts les qualités de celles que l'on hait; donner de mauvaises raisons pour justifier ses fautes ou pour étouffer ses remords, etc., c'est se tromper soi-même. Par le second, l'homme ment à autrui : affirmer contre la vérité qu'une marchandise est du premier choix, qu'un animal n'a pas de défauts, pour les vendre plus cher; affirmer devant les tribunaux des choses qu'on sait être fausses, c'est mentir à autrui. Ce dernier mensonge s'appelle *faux témoignage*.

Le *faux témoignage* implique une triple malice; il est à la fois un *mensonge*, puisqu'on y affirme le contraire de la vérité; une *injustice*, puisqu'on y donne comme coupable un innocent ou comme innocent un coupable; enfin un *parjure*, puisqu'on y atteste, par serment, comme vrai ce que l'on croit être faux [1].

---

[1] L'*hypocrisie*, le *respect humain*, la *flatterie*, l'*astuce*, la *perfidie*, en un

La morale sociale aussi bien que la morale individuelle condamnent le mensonge.

Cependant le devoir de ne pas mentir n'oblige pas à dire tout ce que l'on sait, ni tout ce que l'on pense : la vérité ne condamne pas la discrétion. Quand il y a obligation de parler, on doit dire la vérité *loyalement, sincèrement*. Quand il n'y a pas obligation, on ne doit dire que la vérité *utile*. On se doit à soi-même et l'on doit à autrui de garder le silence pour ne pas révéler une chose confiée sous le sceau du secret.

Devoirs relatifs à la volonté. — La volonté joue le rôle principal dans la vie morale; elle porte toutes les responsabilités, parce que, seule entre toutes facultés, elle se détermine librement et dirige les autres. Or, pour lui conserver son caractère éminent : la liberté, et la maintenir constamment à la hauteur de sa tâche, nous devons la fortifier, l'assouplir, en un mot, la perfectionner.

La volonté se perfectionne : — 1° par l'*étude approfondie de nos devoirs :* mieux on connaît ses devoirs, et mieux on les remplit; — 2° *par l'obéissance à la raison :* lorsqu'on obéit à la raison, on agit conformément à l'ordre, on aspire à se rapprocher de Dieu, principe de tout ordre, et « qui fait, comme dit Leibnitz[*], l'harmonie universelle »; — 3° par la *pratique de la vertu :* la volonté n'est forte qu'autant qu'elle est vertueuse; si elle cède aux penchants mauvais, elle abdique sa liberté et devient esclave; — 4° par le *courage*, qui nous soutient contre les défaillances, et nous fait braver le péril et la mort même, pour accomplir notre devoir. Ex. : Socrate, d'Assas, le soldat sur le champ de bataille, le médecin, la sœur de Charité, au milieu d'une épidémie, tous les martyrs de la vérité, du devoir, du dévouement, de la vertu; — 5° par la *patience*, cette autre forme du courage, qui consiste à supporter avec résignation les épreuves inévitables et sans cesse renouvelées de la vie. Nous devons donc étudier notre devoir, obéir à la raison, pratiquer la vertu[1],

---

mot, tous les moyens déloyaux que l'on emploie pour tromper les autres sont de véritables mensonges.

[1] *Moyens pratiques d'acquérir la vertu.* — La vertu étant le résultat des efforts de l'homme, il doit exister un art de diriger ses efforts de manière à acquérir ces dispositions de l'âme si belles et si nécessaires. Voici les principaux conseils que l'on peut donner à celui qui cherche à devenir vertueux :

1° « Réfléchir sur l'importance et la beauté de la vertu. Lire des livres qui nous tenir en garde contre nos penchants, fuir la servitude du vice, résister au mauvais exemple, supporter avec courage et patience les épreuves de la vie, nous habituer à vouloir le bien et à demeurer fidèles à toutes les nobles et saintes causes. C'est ainsi que l'on acquiert cette *grandeur d'âme*, cette *force de caractère* d'où vient principalement le succès en toutes choses. « Celui qui *veut* une chose en vient à bout; mais la chose la plus difficile dans ce monde, c'est de *vouloir*. » (J. DE MAISTRE *.)

Remarque. — Il ne faut pas confondre le vrai courage, la vraie grandeur d'âme, la vraie force de caractère, avec la témérité, le caprice et l'obstination.

QUESTIONNAIRE. —. Quel est l'objet des devoirs envers l'âme? — Exposez les devoirs relatifs à la sensibilité? — les devoirs relatifs à l'intelligence? — les devoirs relatifs à la volonté?

II. — DEVOIRS ENVERS LE CORPS

Objet des devoirs envers le corps. — Les devoirs envers le corps se rapportent à la *conservation de la vie* et à *l'entretien de la santé*.

Conservation de la vie. — Le premier devoir envers notre corps est sa conservation. L'existence, en effet, nous est nécessaire pour accomplir notre destinée en cette vie. Or l'existence terrestre consiste essentiellement dans l'union de l'âme et du corps. En brisant cette union par la mort volontaire, on se soustrait à la loi du devoir; on viole tous ses devoirs à la fois.

contiennent des exemples d'actions vertueuses. Fréquenter les personnes vertueuses. Éviter, au contraire, les livres dangereux et les mauvaises sociétés. Par ces moyens, on entretient en soi la connaissance, l'estime et le désir de la vertu.

2° Examiner sa conscience périodiquement, à des moments choisis d'avance, et apprendre ainsi quelle vertu on doit principalement chercher à acquérir, et quel vice on doit combattre.

3° Prendre des résolutions précises à la suite de cet examen. Avoir soin de ne se proposer que des actions que l'on pourra accomplir, et de ne pas trop présumer de ses forces.

4° Suivre énergiquement les résolutions que l'on a prises, en luttant contre ses passions et ses mauvaises habitudes, et en tâchant de vaincre l'habitude par une habitude contraire.

5° Implorer fréquemment le secours de Dieu par la prière. » (DE BROGLIE, *Instruction morale*.)

Que penser du suicide? — Le suicide ou l'acte d'un homme qui se donne volontairement la mort est une *lâcheté*, une *cruauté* contre soi-même, une *injustice* contre la société, un *crime* contre Dieu.

1º **Une lâcheté.** — Celui qui se donne la mort se déclare vaincu par les souffrances physiques ou morales. On ne se suicide, en effet, que parce qu'on ne se sent pas le courage d'accomplir ses devoirs. Le suicide est donc un acte de lâcheté et de défaillance, un aveu implicite de l'impuissance où l'on se trouve de supporter les douleurs et les amertumes de la vie. « Lâche qui veut mourir, courageux qui veut vivre. » (RACINE.)

2º **Une cruauté.** — Tout être vivant éprouve une horreur instinctive de la mort. Le suicide détruit le corps, arrête le perfectionnement de l'âme, viole toutes les lois de la nature. Celui qui se donne la mort commet donc une brutalité, une cruauté contre lui-même.

3º **Une injustice.** — L'homme, en vertu de sa nature essentiellement sociable, se doit à sa famille, à ses semblables, à sa patrie, à cause des bienfaits qu'il en a reçus et des services qu'il doit leur rendre. En se donnant la mort, il commet une injustice envers la société et lui donne un exemple pernicieux.

4º **Un crime.** — La vie est un dépôt : celui qui se donne la mort dispose d'un bien qui ne lui appartient pas; il foule aux pieds le plus précieux des dons de la Divinité, il contrarie tous les desseins de la Providence. Quiconque se suicide usurpe les droits du Créateur, et par conséquent commet un crime contre Dieu. — Le suicide viole tous les devoirs de l'homme et toute la loi morale.

Objections en faveur du suicide. — La vie nous a été donnée, disent les apologistes du suicide; nous pouvons donc en disposer. Quand elle devient inutile ou à charge aux autres, ou insupportable par les maladies ou le déshonneur, on peut s'en débarrasser.

Réfutation. — La vie nous a été donnée en vue d'une fin; nous devons en user pour accomplir cette fin, mais nous n'avons pas le droit de la limiter arbitrairement. Elle n'est jamais inutile : nous pouvons toujours acquérir des mérites pour nous, et donner à nos semblables l'exemple de la souffrance patiemment supportée. La vie est une épreuve, et nous n'avons jamais le droit d'abréger cette épreuve ni de quitter notre poste en ce monde. Si le déshonneur pèse sur nous et qu'il soit mérité, il faut l'accepter comme un châtiment nécessaire; s'il est immérité, nous ne sommes pas coupables, et nous n'avons pas le droit de tuer un innocent dans notre personne. « Plus le malheur est grand, plus il est grand de vivre. » (CORNEILLE.)

« Le suicide est toujours commun chez les peuples corrompus. L'homme réduit à l'instinct de la brute meurt indifféremment comme elle. » (CHATEAUBRIAND, *Génie du Christianisme*.)

Ne pas confondre le suicide avec le dévouement. — La loi morale défend le suicide; mais elle approuve l'abnégation héroïque de ceux qui affrontent la mort pour le bien de l'humanité, de la famille, de la patrie, de la vérité. On ne peut même sans honte hésiter à sacrifier sa vie quand le devoir le commande.

Conservation de la santé. — Un autre devoir envers le corps, c'est de prendre soin de notre santé. L'âme a besoin de la santé du corps pour développer ses facultés et remplir ses devoirs. Nous devons donc prendre soin de notre santé. Les principaux moyens à employer sont : la *tempérance* et les vertus qui s'y rattachent (sobriété, chasteté), la *propreté*, l'*exercice corporel*.

1° **Tempérance.** — La *tempérance* consiste à ne donner au corps que les soins raisonnablement nécessaires. Par la pratique de cette vertu, l'homme établit l'équilibre entre les pouvoirs qui sollicitent l'âme en sens contraire; il exerce sur ses inclinations une influence salutaire qui les empêche de s'écarter de leur véritable fin et de dégénérer en passions. L'*intempérance*, qui est le vice opposé, franchit les limites du nécessaire et du permis, flétrit et dégrade les plus belles existences. La tempérance nous commande : la *sobriété* dans le manger, le boire et les délassements nécessaires; la *continence* ou la *chasteté*[1], qui, en répri-

---

[1] « La vertu de chasteté est de tous les âges comme de toutes les conditions. Personne n'en est dispensé.

« L'obligation de pratiquer la vertu de chasteté entraîne comme conséquence une nombreuse série de devoirs. Il est obligatoire d'éviter les occasions si nombreuses et si dangereuses qui peuvent entraîner à des fautes contre cette vertu.

mant les instincts bas de notre nature, nous conserve dans toute la plénitude de la force et de l'honneur. Au contraire, la *gourmandise*, l'*ivrognerie*, la *paresse*, la *dépravation des mœurs* surtout, ruinent la santé, abrègent la vie, portent atteinte aux facultés intellectuelles, et rendent incapable de toute action énergique et virile. L'intempérance est donc contraire au devoir qui nous incombe de nous conserver, de respecter nos facultés et de maintenir la supériorité de l'âme sur le corps.

2° **Propreté.** — L'hygiène, qui enseigne à conserver la santé, recommande d'une manière particulière la *propreté* du corps et des vêtements. « Il faut, dit Cicéron, observer dans tout notre extérieur une propreté qui ne tienne rien de l'affectation, et fuir une négligence qui décèle de la grossièreté. » — La santé comme la morale ne demandent dans les vêtements que l'aisance, la propreté, la décence et rien de plus : « Le sage s'habille, le fat se pare. »

L'âme se montre en quelque sorte dans les gestes, les mouvements, la tenue du corps, surtout dans la physionomie [1]. Il importe donc de bien ordonner et de bien régler nos sentiments intérieurs, si nous voulons que notre physionomie et tout notre extérieur rendent de nous un témoignage favorable.

3° **Exercice corporel.** — L'oisiveté *énerve* les corps les plus robustes; l'exercice corporel *fortifie* les plus faibles et les rend

---

Cette obligation résulte du principe général qu'une action doit être évitée quand on en prévoit les conséquences mauvaises.

« De là une vigilance nécessaire sur tous les sens, sur la *vue* et sur l'*ouïe* principalement. De là l'obligation de choisir avec soin, parmi les *divertissements*, ceux qui sont honnêtes; parmi les *lectures* et les *conversations*, celles qui ne blessent pas les mœurs; parmi les *amis* ou *compagnons*, ceux dont la vie est régulière.

« Nulle part le principe évident : *qui veut la fin veut les moyens*, ne s'applique avec plus de certitude et n'impose plus de sacrifices. » (DE BROGLIE, *Instruction morale*.)

[1] « Une certaine beauté, une grâce extérieure est répandue sur la personne qui se tient bonne compagnie à elle-même, qui non seulement n'a rien à se reprocher, mais obéit à un désir constant de s'améliorer, de se dévouer, de faire des actes de bonté. On dirait, selon l'expression d'un écrivain anglais, que, dans cet état de l'âme, « tous nos mouvements obéissent à une musique cachée. » Cette sérénité gracieuse contraste de tous points avec les attitudes basses ou violentes et les traits tourmentés sous lesquels on se représente toujours les méchants et les malfaiteurs. » (H. MARION.)

« C'est le défaut d'harmonie entre les traits du visage, plutôt que l'irrégularité de chaque trait, pris séparément, qui fait les physionomies malheureuses ou suspectes. » (DE BONALD.)

capables des plus grandes choses. La marche, la course, les jeux de barres, de cerceau, de balle et de ballon, sont d'excellents exercices corporels, parce qu'ils font travailler tous les membres à la fois.

Les mouvements du corps soumis à certaines règles constituent la gymnastique. On peut diviser les exercices gymnastiques en deux classes principales : — 1º ceux qui s'exécutent par la seule action du corps, la gymnastique naturelle, et c'est la meilleure : marche, course, saut d'obstacle, travail manuel; — 2º ceux qui s'exécutent au moyen d'instruments particuliers : barres parallèles et de suspension, cordes, échelles, haltères, perches, trapèze, etc. Il faut ajouter l'exercice militaire, l'équitation, l'escrime, la natation, le canotage, etc.

Limite des soins du corps. — La morale défend : — 1º de donner au corps des soins *trop minutieux* : se préoccuper avec excès de sa conservation matérielle, c'est user la vie au lieu de la prolonger; — 2º de *soigner* le corps au *préjudice* de l'âme : le corps étant serviteur de l'âme, on doit subordonner les intérêts du corps à ceux de l'âme; sous peine de renverser l'ordre naturel.

Dans l'état présent de notre nature, le corps se révolte souvent contre l'âme; « il la tyrannise, » selon l'énergique expression de Malebranche *. Il est donc nécessaire de *dompter le corps par la mortification* et de le *plier à l'obéissance*[1].

Objection. — « Mais, dira-t-on, la mortification peut *nuire* à la santé et *abréger* la vie. »

Réfutation. — Au contraire, l'expérience démontre que la

---

[1] « Comportez-vous avec votre corps comme avec un malade confié à vos soins, à qui vous devez, sans tenir compte de ses désirs, non plus que de ses répugnances, refuser impitoyablement tout ce qui peut lui être contraire et faire prendre tout ce qui doit lui faire du bien. Si une bonne fois nous étions bien pénétrés de cette idée, que nous sommes des malades, que tous nos appétits déréglés ne sont que des envies de malades et des tentations de notre ennemi, combien il nous serait facile de les combattre et d'en triompher! Mais si, au lieu de vous croire malade, vous vous persuadez que vous jouissez d'une santé parfaite; si, au lieu de voir en vous-même votre ennemi capital, vous vous considérez comme votre meilleur ami, il y a vraiment de quoi gémir sur votre sort. Comment espérer que vous résistiez à un mal que vous ne connaissez pas, que vous ne soupçonnez même pas; que dis-je? à un mal que vous regardez comme un bien, et que vous vous teniez en garde contre une illusion qui se présente à votre esprit comme une vérité? » (S. BERNARD.)

sobriété, que les *austérités modérées,* assurent la longévité tandis que l'abondance et la mollesse abrègent la vie. « Si l'on ôtait de l'univers l'*intempérance* dans tous les genres, on en chasserait la plupart des maladies, et peut-être même il serait permis de dire toutes. » (J. DE MAISTRE *.) Toute mortification utile à l'acquisition de la vertu et au parfait accomplissement de notre mission sociale est non seulement licite, mais digne d'approbation et d'estime.

Pour sauver la vie physique, on n'hésite pas à sacrifier un membre gangrené, et l'on hésiterait à contenir ses mauvais penchants par la mortification, afin de sauver l'âme et le corps pour l'éternité? Bref, traitons notre corps comme un ennemi dont il faut se méfier toujours, alors même qu'il garderait des dehors amis et des allures pacifiques; car « nous sommes nés pour quelque chose de plus grand que pour être esclaves de notre corps ». (SÉNÈQUE *.)

Une âme saine dans un corps sain est, sans doute, chose bien désirable ; mais, tout considéré, *une âme vigoureuse dans un corps débile* vaudra toujours mieux qu'*une âme débile dans un corps robuste.*

Remarque. — Parmi nos devoirs envers nous-même, il en est un, le *travail,* qui intéresse à la fois l'âme et le corps.

QUESTIONNAIRE. — Quel est l'objet des devoirs envers le corps? — Quel est le premier devoir envers le corps? — Que penser du suicide? — Exposez les objections en faveur du suicide, et réfutez-les. — Quelle différence y a-t-il entre le suicide et le dévouement — Quel est le second devoir envers le corps? — Quelles sont les limites des soins du corps? — Quelle objection fait-on relativement à la mortification? — réfutez-la.

TRAVAIL

Deux sortes de travail. — Les hommes travaillent, les uns de leurs bras, et les autres de leur intelligence. Il y a donc deux sortes de travail : le travail *manuel* et le travail *intellectuel.*

Nécessité du travail. — Le travail, soit manuel, soit intellectuel, est indispensable : — 1º à la *conservation du corps :* il nous procure les choses nécessaires à la vie, la nourriture, le vêtement, le logement, etc.; il entretient et développe nos forces physiques; — 2° au *perfectionnement de l'âme :* sans travail, point d'instruction possible, et sans l'instruction point de développement intellectuel et moral.

L'homme se détruit, met en péril son existence, son bonheur, sa dignité, s'il ne travaille pas, s'il s'abandonne à la fainéantise et laisse se rétrécir ses facultés au lieu de les développer.

Le travail est obligatoire. — Le travail, étant indispensable à l'accomplissement de nos plus impérieux devoirs, s'impose donc comme un devoir absolu, universel, obligeant tous les hommes sans exception. « *L'homme,* dit Job, *est né pour travailler comme l'oiseau pour voler,* » c'est-à-dire que le travail, ici-bas, est la grande loi de notre nature, notre suprême fonction, et que notre vie et notre destinée dépendent de la manière dont nous savons l'accomplir. « La voix de l'histoire, la voix de la nature et la voix de Dieu rendent un même témoignage; ils disent : L'homme naît pour travailler; le travail est la loi de la vie. » (P. Félix.) L'homme, quelle que soit sa position, ne peut, ne doit donc jamais se soustraire à cette loi.

Ses influences diverses. — Le *travail manuel,* s'il est modéré, procure la santé du corps; le *travail intellectuel* augmente la vigueur de l'esprit; l'un et l'autre font contracter des habitudes d'ordre, assurent le bien-être et l'indépendance [1]; tandis que l'oisiveté amène toujours à sa suite l'ennui, la misère, la destruction de la santé, la perte des facultés intellectuelles et d'autres maux plus funestes encore [2]. « Celui qui ne fait rien, dit Franklin*, est bien près de mal faire. » — « Quand notre pensée n'est fixe à rien, quand nos facultés restent sans emploi, tout les tente et les entraîne; elles sont livrées à la merci de tous les caprices de l'imagination et des sens. Le travail, même quand il ne s'applique qu'à des œuvres matérielles, est, par la volonté soutenue qu'il exige, une sorte de gymnastique de l'âme qui entretient le cours régulier des idées et des

---

[1] « Se coucher de bonne heure et se lever matin, rend l'homme sain, riche et sage. » (Prov. anglais.)

[2] « L'oisif, toujours en pleine détresse, court à la mort physique, intellectuelle et morale. » (*Prov.,* XXI, 5.)

« J'ai compris de bonne heure, dit M⁻ᵉ Swetchine, que le travail est encore ce qui use le moins la vie. »

sentiments, comme la gymnastique du corps entretient le cours régulier du sang. » (FRANCK, *Élém. de morale.*)

Remarque. — Intellectuel ou manuel, le travail, pour correspondre à la loi morale, doit être *utile* et *honnête*. (V. plus bas, *Notions d'économie politique.*)

QUESTIONNAIRE. — Combien y a-t-il de sortes de travail? — Le travail est-il nécessaire? — Le travail est-il obligatoire? — Que savez-vous des influences diverses du travail?

II. — MORALE SOCIALE

Objet de la morale sociale. — La morale sociale a pour objet les devoirs de l'homme envers ses semblables.

L'homme est naturellement sociable. — L'homme ne vit pas isolé dans le monde; car, pour se procurer les choses nécessaires à la vie physique, pour acquérir la perfection de l'esprit et du cœur, il a besoin de vivre constamment en rapport avec ses semblables. Son état normal et naturel, c'est la société. Il entre dans la vie par la *société familiale*; mais bientôt la famille devient impuissante à protéger efficacement ses *droits* et à pourvoir à tous ses *besoins*. Aussi voyons-nous, dès les premiers âges du monde, les familles s'unir entre elles pour leur commune défense, et constituer des *sociétés civiles* (*cités* ou *tribus*, *nations* ou *États*), capables de maintenir dans le devoir une agglomération considérable d'individus de tout âge et de toute condition.

L'*état de nature* antérieur à la société dont parlent les sophistes anciens et modernes, l'auteur du *Contrat social* entre autres, est donc une chimère. « Le sauvage n'est pas l'homme, il n'est pas même l'homme enfant, il n'est que l'homme dégénéré. »
(DE BONALD [*].)

Division de l'humanité. — L'humanité forme comme une triple société : 1° la *société domestique* ou la *famille*; — 2° la *société humaine en général*; — 3° la *société civile* ou l'*État*.

De là résultent pour l'homme des *droits* et des *devoirs* plus ou moins nombreux, suivant l'étendue de ses rapports sociaux.

QUESTIONNAIRE. — Quel est l'objet de la morale sociale? — L'homme est-il naturellement sociable? — Comment se divise l'humanité?

I. — SOCIÉTÉ DOMESTIQUE

Définition. — La société domestique ou la famille est une société *régulièrement organisée,* qui se compose du *père*, de la *mère* et des *enfants*, auxquels il convient d'ajouter les *serviteurs*.

La famille est la *première condition,* et par conséquent la *première forme* de la société.

Origine de la famille. — La famille est une institution *naturelle*, et par conséquent *divine :* — 1° *naturelle*, car elle résulte de la constitution de la nature humaine, elle est nécessaire à la propagation de l'espèce et à la vie de l'enfant, qui ne peut, pendant plusieurs années, se suffire à lui-même ; il a besoin du secours de ses parents ; donc la famille est une institution naturelle ; — 2° *divine*, car Dieu est l'auteur de la nature humaine et des lois qui la régissent.

Cette institution est établie par le *mariage*, qui est fondé lui-même sur un *consentement mutuel* qui constitue un véritable contrat, le *contrat matrimonial.*

Définition du mariage. — Le mariage est l'acte par lequel un homme et une femme *s'engagent* librement et volontairement à former ensemble une seule et même communauté, consacrée par la religion et protégée par les lois civiles. Cet engagement contient implicitement l'*obligation* de subvenir aux besoins matériels et moraux des enfants auxquels ils donneront le jour.

Conditions de sa légitimité. — Le mariage, dont l'existence remonte à l'origine du monde, a toujours été mis sous la protection de la religion, non seulement chez les Hébreux, mais encore chez les peuples païens ; si les autorités civiles intervenaient pour en assurer les engagements, elles ne pouvaient en modifier la nature essentiellement religieuse ; car la société familiale, antérieure à toute autre, subsiste par elle-même, en dehors et en l'absence de toute société civile ou politique.

Jésus-Christ éleva le mariage à la dignité de *sacrement.* Or les sacrements ne relèvent que de l'Église. Le mariage est donc soumis à l'autorité et aux lois de l'Église, et ne dépend d'aucune autre puissance.

Certaines législations (la législation française actuelle entre autres) ne considèrent le mariage que comme un contrat purement civil. Pour ces législations, le mariage est légitime s'il est contracté avec les formalités qu'elles prescrivent ; mais, aux yeux de la religion et de la conscience, il n'est *légitime* que si les époux donnent leur consentement mutuel en présence du prêtre assisté de deux témoins : telles sont les règles fixées par l'Église catholique. — L'autorité civile a cependant le droit d'intervenir.

Intervention de l'autorité civile. — L'autorité civile, gardienne de l'ordre et de l'équité des relations sociales, a le droit de régler les effets civils qui résultent de la société conjugale. « L'état civil, c'est-à-dire la constatation de la vie ou de la mort, des rapports de parenté de chacun des membres de l'État, a dans tous les actes de la vie commune une importance considérable. Aujourd'hui surtout que les transactions sont si nombreuses et les rapports sociaux si complexes, qui pourrait calculer le nombre, l'étendue, la gravité des contestations, des procès et des désordres de toute nature qui envahiraient la société, si cette constatation n'était pas faite exactement, authentiquement, par une autorité irrécusable et nécessairement acceptée de tous les citoyens? » (H. JOLY, *Cours de phil.*)

Donc, pour qu'un mariage soit reconnu et *protégé* par l'État, il faut que les époux comparaissent devant le représentant de l'autorité civile, et qu'ils la prennent à témoin de leur libre et irrévocable volonté.

En somme, le mariage relève de l'Église; mais l'État doit intervenir pour en régler les effets civils.

Caractères du mariage. — Les deux caractères essentiels du mariage chrétien sont : — 1° l'*unité* ou la *monogamie*, c'est-à-dire qu'un homme marié ne peut, du vivant de sa femme, en épouser une autre, et réciproquement; — 2° l'*indissolubilité*, c'est-à-dire que le mariage ne peut être rompu que par la mort d'un des deux époux, et nullement par la séparation. En sorte que les époux, malheureusement réduits à se séparer, ne sont libres ni l'un ni l'autre de contracter un second mariage.

Sous la loi naturelle, surtout après le déluge, le mariage perdit de sa sainteté et de sa pureté originelle ; la loi de Moïse elle-même tolérait la *polygamie* et le *divorce*. Mais Jésus-Christ, « le divin restaurateur de toutes les grandes lois de la nature et de la société ; Jésus-Christ, qui seul a créé sur la terre une vie digne de l'homme et digne de Dieu » (Lacordaire), rendit au mariage son caractère primitif : l'*unité*, et promulgua de nouveau la grave loi de l'*indissolubilité* du lien conjugal [1]. (Voir Évang. de S. Matthieu, xix, 3-8.)

Remarque. — Les législateurs civils, — ce qui précède le démontre, — n'ont pas le droit d'annuler un mariage réel ; leurs codes auraient beau tolérer ou permettre le divorce, il n'en resterait pas moins un désordre, une injustice et une immoralité.

Les tribunaux ecclésiastiques, établis à Rome par le Souverain Pontife, se bornent à examiner si les conditions requises pour un véritable mariage ont été oui ou non remplies. Dans le premier cas, ils confirment le contrat matrimonial ; dans le second, ils le déclarent nul.

Questionnaire. — Comment peut-on définir la société domestique ? — Quelle est l'origine de la famille ? — Comment définit-on le mariage ? — Quelles sont les conditions de la légitimité du mariage ? — Quel est le rôle de l'État, relativement au mariage ? — Quels sont les caractères du mariage ? — Les législateurs civils ont-ils le droit d'annuler un mariage légitime ?

---

[1] Le mariage est une grande et sainte institution, fondée par Dieu lui-même dans le dessein de perpétuer ses serviteurs sur la terre et de donner des élus au ciel.

Il y a néanmoins un état plus noble, plus parfait, plus agréable à Dieu que l'état du mariage : c'est la virginité chrétienne et l'état religieux. Les livres saints ne cessent d'exalter ces deux états ; Jésus-Christ leur fait les plus magnifiques promesses (S. Matthieu, xix, 29 ; S. Marc, x, 30), et l'Église, pour réfuter les doctrines impies de Luther, a prononcé la sentence suivante : « Si quelqu'un dit que l'état du mariage doit être préféré à l'état de virginité, et que ce n'est pas quelque chose de meilleur de demeurer dans la virginité que de se marier, qu'il soit anathème. » (*Concile de Trente*, sess. xxiv.)

Cette excellence du célibat vertueux est encore confirmée par l'admiration que lui témoignèrent les peuples et les sages de tous les temps.

Heureux ceux à qui Dieu donne cette vocation sublime : elle porte toutes les marques du *salut* et conduit à la plus haute *perfection*.

« Dans l'état de mariage, c'est déjà beaucoup de marcher droit dans la voie des préceptes. La virginité, au contraire, va au delà des préceptes et entre d'emblée par la porte réservée des conseils évangéliques. Par son essence même, elle appartient à la vie parfaite, et, pour se protéger comme pour s'épanouir, elle appelle à son aide une foule de vertus qui la rendent plus belle et plus charmante. » (Monsabré, *Conférences*, 1887.)

I. — DEVOIRS DE FAMILLE

Division. — Il y a dans la famille quatre espèces de rapports : rapports des époux, rapports des parents aux enfants, rapports des enfants aux parents et rapports des enfants entre eux, d'où : 1° les *devoirs mutuels des époux ;* — 2° les *devoirs des parents envers leurs enfants ;* — 3° les *devoirs des enfants envers leurs parents ;* — 4° les *devoirs des enfants entre eux.*

Devoirs mutuels des époux. — Les personnes mariées doivent *s'aimer* d'un amour honnête et respectueux : « Maris, écrivait saint Paul aux Éphésiens, aimez vos femmes comme Jésus-Christ a aimé son Église pour laquelle il s'est sacrifié. » Que l'amour des époux doit donc être parfait! Se *supporter* réciproquement, *s'entr'aider* dans les charges du mariage et dans les peines de la vie, vivre dans la *paix* et la *concorde,* se garder une *fidélité* inviolable : tels sont les devoirs des époux.

Au mari appartient l'*autorité,* c'est-à-dire le droit de commander ; mais cette autorité doit être tempérée par la déférence et des égards. A la femme convient la *soumission,* mais la soumission d'une égale et non d'une esclave ; car, en se mariant, elle a entendu se donner un protecteur, et non un despote.

Devoirs des parents envers leurs enfants. — Les parents doivent à leurs enfants : — 1° *des soins physiques,* c'est-à-dire la nourriture et un entretien convenables : ce devoir impose aux parents le travail, l'ordre et la prévoyance ; — 2° *des soins intellectuels,* c'est-à-dire l'instruction nécessaire et surtout l'instruction religieuse ; — 3° l'*éducation morale,* qui consiste à former le caractère, à corriger les penchants et à diriger la volonté vers le bien, par les encouragements, les sages conseils et les bons exemples.

Les soins *intellectuels* et l'éducation *morale* sont les seules garanties de l'avenir ; c'est en éclairant les hommes et en les moralisant qu'on fait de bons citoyens. « Le défaut d'instruction fait des ignorants, et le défaut de bonne éducation, des hommes vicieux. » (De Bonald*.)

Ces devoirs des parents résultent de la faiblesse même de l'enfant. Incapable de se suffire à lui-même, l'enfant ne peut se conserver physiquement, encore moins procurer son perfectionnement moral nécessaire. Il a besoin qu'on le *soutienne*, qu'on le *nourrisse*, qu'on l'*éclaire*, qu'on l'*aime*. Ce rôle d'éducateur et de protecteur appartient naturellement aux parents. Voilà pourquoi la Providence leur met dans le cœur tant d'affection pour leurs enfants.

Que le père fasse donc entendre sa *voix d'autorité*, et la mère sa *voix de bienveillance*; que la *gravité* de l'un soit tempérée par la *douceur* de l'autre, et qu'ainsi l'enfant laisse développer sa nature sous l'impression de la sollicitude combinée du père et de la mère [1].

Fondement de l'autorité paternelle. — L'autorité paternelle, commune au père et à la mère, tire son droit :

1º Du fait même de la paternité. — En effet, de même que Dieu possède sur l'homme une autorité souveraine, parce qu'il est l'auteur premier de son être, de même le père et la mère ont sur leurs enfants une autorité véritable, quoique subordonnée, parce qu'ils sont, après Dieu, les auteurs de leurs jours.

L'autorité paternelle émane donc de Dieu. Aussi est-elle la première et la plus indiscutable des autorités humaines.

2º De l'obligation où sont les parents d'élever leurs enfants. — Les soins laborieux nécessités par cette obligation donnent au père et à la mère un second titre d'autorité; car l'obligation exige le pouvoir. Comment le père et la mère pourraient-ils élever leurs enfants, s'ils n'avaient pas le droit de se faire obéir? Les parents peuvent donc disposer de leurs enfants dans une certaine mesure.

Limites de l'autorité paternelle. — L'étendue de l'autorité paternelle est déterminée par le but même pour lequel Dieu l'a instituée. Or les parents reçoivent de Dieu l'autorité

---

[1] Le bon père de famille dirige sa maison avec douceur et fermeté. Il sait que celui qui n'a pas soin des siens (S. Paul, I*re* *Épître à Timothée*, v, 8) fait honte à la religion et n'est pas digne de porter le nom de chrétien; il sait quelle lourde responsabilité pèse sur celui qui a des sujets, et qu'un compte sévère lui sera demandé des âmes qui lui ont été confiées. (S. PAUL, *Épître aux Hébreux*, XIII, 17.)
Il faut mettre en œuvre les paroles et les exemples, les avis et les réprimandes, la vigilance et le zèle, la sévérité et la bonté, tout enfin pour diriger sagement les siens et pour leur procurer le bonheur dans le temps et dans l'éternité. Quelle noble tâche pour celui à qui le ciel l'a confiée!

pour nourrir, protéger, élever leurs enfants. Cette autorité est donc limitée par l'intérêt des enfants, et ne s'étend pas au delà de ce qui peut servir à leur développement physique, intellectuel et moral.

Ainsi les parents ne peuvent pas plus s'arroger sur leurs enfants le droit de vie et de mort que le droit de trafiquer de leur liberté, de les maltraiter, etc.

Les lois, dans l'antiquité païenne, exagérèrent l'autorité paternelle. L'infanticide, l'exposition et le meurtre des enfants, sur un simple mot du chef de famille, se pratiquaient communément à Sparte et à Rome, et les législateurs les plus vantés, Lycurgue, Aristote *, Platon * même, n'y trouvaient point à redire. Le christianisme corrigea ce désordre, et ramena l'autorité paternelle à ses justes limites. Cette autorité n'est pas absolue, puisque les parents ne sont pas les premiers auteurs de la vie de leurs enfants. Leur autorité dérive de l'autorité de Dieu, et doit s'exercer conformément à l'ordre naturel.

Sa durée. — L'autorité paternelle s'exerce encore, quoique avec moins d'étendue, à mesure que l'enfant avance en âge. Devenu *majeur* (à 21 ans), l'enfant peut s'affranchir légalement de l'autorité de contrainte, mais sans abdiquer jamais les devoirs de la piété filiale, qui subsistent toujours.

Devoirs des enfants envers leurs parents. — Les enfants doivent à leurs parents l'*amour*, le *respect*, l'*obéissance* et l'*assistance*. Les enfants **aiment** véritablement leurs parents quand ils satisfont leurs moindres désirs, supportent leurs défauts, évitent de les contrarier et de les peiner; ils les **respectent** s'ils les traitent avec tous les égards qui leur sont dus, s'ils défèrent à leurs avis, demandent leurs conseils, reçoivent avec docilité leurs représentations et leurs réprimandes; ils leur **obéissent** s'ils exécutent leurs ordres ponctuellement, sans discussion ni murmure. L'obéissance doit s'inspirer de l'amour et de cette crainte qu'on appelle justement filiale, qui exclut la trop grande familiarité. Enfin, l'assistance, en cas de besoin, est un devoir bien doux à remplir pour des cœurs aimants et reconnaissants. Devenus grands, les enfants doivent assister leur père, leur mère et autres ascendants (grands-pères, grand'mères), s'ils sont dans le besoin ou dans le malheur, et leur donner dans leur vieillesse les soins qu'ils en reçurent eux-mêmes dans leur enfance.

Les enfants doivent encore obéissance, respect et amour à ceux qui représentent auprès d'eux leurs parents : frères ou sœurs aînés, grands-parents, oncles, maîtres, précepteurs. Ils doivent honorer le nom qu'ils portent, car l'honneur est le plus précieux des patrimoines. Plus tard, ils éviteront avec soin les querelles de famille et les procès entre parents : le plus beau spectacle qu'on puisse voir en ce monde est celui d'une nombreuse famille bien unie.

Remarques. — 1° Les enfants à qui leurs parents ou ceux qui les représentent ordonneraient quelque chose de contraire à la loi divine devraient refuser d'obéir : *Il vaut mieux obéir à Dieu qu'aux hommes.*

2° Une fois *majeurs*, les enfants peuvent s'affranchir de l'autorité de contrainte, lorsqu'elle est incompatible avec leurs intérêts. Ainsi, le choix d'une carrière ou d'un état de vie dépend de l'attrait et des aptitudes personnelles, plus que de la volonté des parents. « Le jeune homme est libre de choisir ; mais, pour se déterminer avec sagesse, il doit avant tout considérer le but de la vie... Avant tout, il doit être un homme de devoir, un homme probe et vertueux, dévoué à ses semblables, fermement attaché aux principes qui sont la base de la religion et l'honneur de la société. Examinant ensuite ses aptitudes et ses aspirations légitimes, prenant conseil de ses parents et d'amis éclairés, tenant compte de certaines situations de famille, il fait son choix sans précipitation et sans passion, avec maturité et pleine connaissance de cause. Une décision prise avec de telles garanties est la condition des vocations sûres et fécondes, des carrières vraiment utiles à la famille, à la patrie, à la religion. » (P. Chabin, *Cours élém. de phil.*)

Devoirs des enfants entre eux. — Les enfants d'une même famille doivent s'aimer d'une affection sincère, vivre dans la concorde et la paix et s'assister réciproquement.

Si les parents viennent à manquer avant que tous les membres de la famille soient en état de se suffire, les aînés peuvent être obligés de les remplacer et de veiller à l'éducation des plus jeunes. De leur côté, les plus jeunes doivent à leurs aînés le respect, l'obéissance et la reconnaissance qu'on doit à ses parents.

« Pour bien pratiquer envers les hommes la science divine de la charité, dit un célèbre moraliste, Silvio Pellico*, il faut en faire l'apprentissage en famille... Ceux qui contractent, à l'égard de leurs frères et de leurs sœurs, des habitudes de malveillance et de grossièreté, restent malveillants et grossiers avec tout le monde. Que le commerce de la famille soit uniquement tendre et saint, et l'homme portera dans ses autres relations sociales le même besoin d'estime et de nobles affections[1]. »

Devoirs réciproques des maîtres et des serviteurs. — Les maîtres doivent à leurs ouvriers et à leurs serviteurs le *salaire* convenu, la *bienveillance*, la *vigilance*, le *bon exemple* et tous les *soins* possibles dans le malheur, les besoins et les maladies. — Les ouvriers et les serviteurs doivent à leurs maîtres l'*obéissance*, le *respect*, la *fidélité*, l'*exactitude* dans le service : le défaut d'exactitude est une faute morale qui peut entraîner l'obligation de restituer tout ou partie des salaires perçus.

Remarque. — Il importe, pour la tranquillité et la sécurité de la famille, et pour la bonne éducation des enfants, de bien choisir et de bien gouverner ses serviteurs.

QUESTIONNAIRE. — Comment se divisent les devoirs de famille? — Quels sont les devoirs mutuels des époux? — les devoirs des parents envers leurs enfants? — D'où l'autorité paternelle tire-t-elle son droit? — Quelles sont ses limites? — Quelle est sa durée? — Exposez les devoirs des enfants envers leurs parents. — Quels sont les devoirs des enfants entre eux? — Quels sont les devoirs réciproques des maîtres et des serviteurs?

II. — L'AUTORITÉ PATERNELLE ET LES LOIS CIVILES

L'autorité paternelle peut-elle être modifiée par les lois civiles? — L'autorité paternelle peut être accidentellement modifiée par les lois civiles, quand le bien public l'exige : les lois civiles doivent maintenir partout l'ordre et la justice. A ce titre, il leur appartient de régler dans une certaine mesure les rapports des parents et des enfants, mais sans porter aucune atteinte aux droits essentiels de l'autorité paternelle;

---

[1] *Des devoirs de l'homme*, ch. XII.

car la famille, avec tous ses droits, existe avant la société civile, et celle-ci doit protéger la famille, mais non la désorganiser.

Rôle de l'État dans l'œuvre de l'éducation. — Le droit et le devoir d'élever des enfants appartiennent aux *parents* seuls, car les enfants relèvent exclusivement de la famille tant qu'ils ne savent pas se gouverner. L'État ne possède donc sur les enfants aucune juridiction immédiate et première. Son rôle est d'*encourager* les parents à remplir le devoir de l'éducation, de les aider en ouvrant des écoles auxquelles ils puissent librement et sûrement confier leurs enfants, et de veiller à ce qu'ils n'abusent pas de leur autorité. Là se borne naturellement sa mission.

Conséquences de l'affaiblissement de l'autorité paternelle. — L'affaiblissement de l'obéissance, et par conséquent de l'autorité paternelle, est une des causes les plus actives de la dissolution sociale. Quand l'ordre et l'autorité règnent dans la famille, ils règnent dans la société. Si, au contraire, le désordre s'introduit dans la famille, il passe bientôt dans la société, et le pouvoir civil s'affaiblit à mesure que le régime paternel se relâche. La loi paraît toujours plus ou moins tyrannique à celui qui n'a pas su respecter la parole de son père ou de sa mère.

L'autorité paternelle est affaiblie, soit par les empiètements de l'État, soit par la faiblesse des parents qui ne se font pas respecter par leurs enfants. — La mauvaise éducation des enfants prépare ordinairement les *mauvais citoyens*.

QUESTIONNAIRE. — L'autorité paternelle peut-elle être modifiée par les lois civiles? — Quel est le rôle de l'État dans l'œuvre de l'éducation? — Quelles sont les conséquences de l'affaiblissement de l'autorité paternelle?

II. — SOCIÉTÉ HUMAINE EN GÉNÉRAL

Devoirs sociaux. Leur division. — L'homme étant essentiellement sociable, la vie sociale est son état normal. Or le commerce de ses semblables lui impose des devoirs nombreux, que l'on divise en deux classes : 1° les *devoirs de justice;* — 2° les *devoirs de charité.*

Les devoirs de justice correspondent à cette maxime : *Ne faites point aux autres ce que vous ne voudriez pas qu'on vous fît à vous-même.* — Les devoirs de charité correspondent à cette autre maxime : *Faites aux autres tout ce que vous voudriez qu'on vous fît à vous-même.* La première de ces deux maximes évangéliques nous *défend* de faire du mal à nos semblables ; la deuxième nous *ordonne* de leur faire du bien.

Leur fondement. — Les devoirs de l'homme envers ses semblables résultent de l'*égalité,* de la *fraternité* et de la *destinée* humaine.

Les hommes sont *égaux* en ce sens qu'ils tiennent de Dieu les mêmes *facultés naturelles* et les mêmes *droits naturels;* ils sont *frères,* car ils reçoivent tous la vie d'un même père, qui est Dieu ; enfin ils ont la même *destinée.* Ils doivent donc se traiter comme les membres d'une même famille, et s'aider réciproquement à atteindre le but que le Créateur a marqué à leur existence.

Mais l'état social comporte des droits aussi bien que des devoirs.

Origine des droits sociaux. — Les diverses personnes dont se compose la société, possédant par nature les mêmes facultés et la même destinée, possèdent, par là même, le *droit d'exercer leur liberté.*

Le **devoir** et le **droit** s'appellent mutuellement, et se fondent l'un et l'autre sur l'obligation morale d'observer l'ordre imposé par la loi naturelle. Du moment, en effet, que l'ordre exige qu'une personne agisse de telle manière ou jouisse de tel avantage, il exige pareillement que les autres personnes ne gênent pas l'action ou la jouissance de la première. Tout droit a donc son origine dans le devoir.

Tout devoir social correspond-il à un droit? — Tout *droit social* correspond à un *devoir,* mais tout *devoir social* ne correspond pas à un *droit.* — Ainsi les *devoirs de justice* correspondent à des droits stricts du prochain : celui-ci peut exiger, en vertu de la loi civile, ce qu'on lui doit; les *devoirs de charité,* au contraire, ne correspondent pas à un droit social, mais à un droit divin. Quiconque tue ou vole manque à la *justice*; on le punit. Quiconque refuse l'aumône à un pauvre manque à la *charité*; la conscience n'est pas satisfaite; mais les tribunaux ne peuvent le poursuivre, quand même le pauvre viendrait à mourir de faim : Dieu seul revendiquera, soit dans le temps, soit dans l'éternité, les droits de la charité.

« Quand on parle des droits de l'humanité souffrante, il ne faut pas prendre à la lettre cette expression. L'État n'a pas plus que l'individu le droit d'exiger la charité; et, entendus rigoureusement, les droits de l'humanité souffrante n'iraient à rien moins qu'à la suppression du travail et de la propriété, et à la substitution continuelle et anarchique non seulement des pauvres aux riches, mais des hommes lâches et sans énergie aux hommes de valeur et de caractère. » (E. Durand.)

La société civile ne peut donc pas déterminer et fixer les devoirs de la charité; mais ces devoirs existent devant Dieu, et la loi morale les affirme.

Questionnaire. — Comment divise-t-on les devoirs sociaux? — Quel est le fondement des devoirs sociaux? — Quelle en est l'origine? — Tout devoir social correspond-il à un droit?

I. — DEVOIRS DE JUSTICE

En quoi consistent les devoirs de justice? Leur division. — D'une manière générale, les devoirs de justice consistent à *ne pas rendre le mal pour le bien*; à *ne pas faire de mal à ceux qui ne nous ont pas fait de mal*; à *ne pas rendre le mal pour le mal*; enfin à *rendre le bien pour le bien*.

De là, plusieurs espèces de devoirs stricts de justice : le devoir de ne pas attenter à la *vie*, à la *liberté*, à l'*honneur* et à la *propriété* d'autrui; celui de *rendre à chacun* (fonctionnaire, employé, ouvrier, etc.) *ce qui lui est dû* (récompenses ou peines, faveurs ou rigueurs), *selon son mérite ou son démérite*; etc.

I. — DEVOIRS RELATIFS A LA VIE D'AUTRUI

Respect de la vie d'autrui. — La vie est le premier de tous les biens; elle est nécessaire à l'homme pour l'accomplissement de sa *destinée actuelle* et pour la réalisation de sa *fin dernière.* Donner la mort à quelqu'un de propos délibéré, c'est violer à la fois tous ses droits et commettre un crime contre la nature, contre la famille et contre la société. Le précepte du Décalogue : *Tu ne tueras point*, défend absolument d'attenter à la vie d'autrui, sauf le cas de légitime défense [1]. — Nous avons donc le devoir de respecter la vie de nos semblables.

À l'interdiction du crime de l'homicide, se joint celle des voies de faits : *mutilations, blessures, coups*, et tout ce qui pourrait nuire à l'existence et la compromettre.

Droit de légitime défense. — Le droit de légitime défense consiste à repousser par la force quiconque nous attaque injustement. — Tout homme menacé dans son existence a le droit de se défendre et même de frapper à mort celui qui l'attaque, quand il n'a pas d'autres moyens de conserver sa propre vie. « Le rôle de victime résignée ne serait pas seulement sot en pareil cas, il serait lâche et moralement indigne d'un homme courageux, dont le premier devoir est de faire respecter ses droits. » (H. MARION.) Mais, pour cela, il ne suffit pas d'avoir été menacé, le péril doit être *présent* et moralement *certain*. Lorsqu'on peut échapper au danger par la fuite, par des menaces ou en désarmant l'agresseur, le droit de le tuer disparaît.

Le cas de légitime défense n'implique ni le droit de vengeance, ni celui de se faire justice à soi-même : nul n'est bon juge en sa propre cause. Il appartient à la *justice sociale*, quand elle peut intervenir, de faire respecter les droits de chacun. Ainsi l'homme violent qui attente à la vie de ses semblables, et celui qui refuse de payer ses dettes, de rendre un dépôt ou d'exécuter un contrat qu'il a librement signé, sont soumis par la loi à des voies de contrainte ou à des punitions plus ou moins graves selon le degré de gravité de leur faute ou du tort qu'ils font à leur prochain.

Il n'est jamais permis de tuer le *calomniateur* ni le *voleur* ; car la réputation et les biens terrestres sont en eux-mêmes

---

[1] « Pour concevoir plus d'horreur de l'homicide, souvenez-vous que le *premier crime* des hommes corrompus a été un homicide en la personne du premier juste; que le *plus grand crime* a été un homicide en la personne du chef de tous les justes; et que l'homicide est le seul crime qui détruit tout ensemble l'État, l'Église, la nature et la piété. » (PASCAL, *Provinciales*, XIVe.)

inférieurs à la vie, et par conséquent ne confèrent pas le droit de donner la mort à celui qui nous les ravit.

Au droit de légitime défense se rattache naturellement la question du *duel*.

Le duel. — Le duel est un *combat* entre deux citoyens, avec des armes qui peuvent donner la mort. Le choix du lieu, de l'heure, des armes et la présence des témoins, distinguent le duel de l'homicide proprement dit. Mais, en dépit de ces formalités, le duel n'en demeure pas moins une tentative de meurtre.

Tout condamne le duel. — Le duel est *immoral, antisocial et injuste :* — 1° **Immoral,** car il expose à la fois au suicide et à l'homicide : deux actes également défendus par la loi morale. — 2° **Antisocial,** car les pouvoirs publics sont établis pour défendre nos droits ; c'est par l'intermédiaire de ces pouvoirs, et conformément aux lois, que l'on doit exiger la réparation des torts ou des injures : on ne peut se faire justice à soi-même, substituer l'autorité privée à l'autorité publique, sans violer l'ordre social. — 3° **Injuste,** car il expose la vie de l'innocent tout aussi bien que celle du coupable ; il ne proportionne pas le châtiment à l'offense ; il naît souvent des causes les plus futiles, d'un léger outrage, d'une parole, d'un geste.

Rien ne justifie le duel. — Le duel n'est pas plus nécessaire pour conserver l'honneur que pour le défendre ; car il y a plus d'honneur à *mépriser* ou à *pardonner* une injure qu'à en tirer vengeance. L'honneur bien entendu consiste à faire son devoir public ou privé, à le faire coûte que coûte sans souci de l'opinion. Si l'offense faite est injuste, elle n'atteint pas réellement l'honneur, et l'on n'a aucune raison de se battre ; si, au contraire, l'offense est méritée, de quel droit verserait-on le sang ? « Il ne tient donc qu'à moi seul de garder intact mon honneur dans le sens exact du mot ; personne ne peut ni me le ravir, ni le diminuer, ni l'accroître : seul je puis y porter atteinte par mes fautes, ou y ajouter par mon mérite. » (H. MARION.)

« Quand il serait vrai, dit J.-J. Rousseau, qu'on se fait mépriser en refusant de se battre, quel mépris est le plus à craindre, celui des autres en faisant le bien, ou le sien en faisant le mal ? Je regarde les duels comme le dernier degré de brutalité où les hommes puissent parvenir. » On l'a dit, avec vérité : « la plus grande des lâchetés est de ne point oser refuser un duel. »

Ces règles de morale concernant le duel en général s'appliquent aux duels prescrits quelquefois aux soldats par des officiers oublieux ou peu éclairés de leurs devoirs. « Cette démence, disait le roi de Prusse Frédéric II, ne produit pas un seul bon effet, pas même celui de rendre le soldat brave dans la mêlée. Il ne l'est que quand il attire seul les yeux des autres sur lui. » — « Le duelliste, ajoutait Napoléon 1er, est à l'épée du soldat ce que le bavard est à la parole du sage. »

Origine du duel. — Les anciens ne connaissaient pas le duel tel qu'il se pratique de nos jours : les combats de David et de Goliath, des Horaces et des Curiaces, etc., étaient des combats singuliers mais *publics,* ordonnés pour décider la victoire entre deux peuples, et non pour vider une querelle entre *particuliers.* Le duel privé nous vient des Germains; la loi Gombette l'ordonnait comme épreuve judiciaire. Au moyen âge, on employa quelquefois le duel judiciaire pour découvrir la vérité en justice. Cette coutume superstitieuse, appelée le *jugement de Dieu,* fut tolérée à tort par quelques évêques; mais les Souverains Pontifes la désapprouvèrent toujours. Saint Louis l'abolit dans ses domaines, en 1260.

QUESTIONNAIRE. — En quoi consistent les devoirs de justice? — Comment les divise-t-on? — Que savez-vous des devoirs relatifs à la vie d'autrui? — En quoi consiste le droit de légitime défense? — Qu'est-ce que le duel? — Quelles raisons le condamnent? — Peut-on le justifier? — Quelle est l'origine du duel?

II. — DEVOIRS RELATIFS A L'AME D'AUTRUI

Respect de la liberté d'autrui. — L'homme a le droit .

1° D'exercer sa liberté, c'est-à-dire d'aller et de venir, de parler et d'écrire comme il veut, pourvu qu'il ne porte préjudice à personne. A quoi lui servirait la vie, en effet, s'il ne pouvait l'employer à accomplir la fin pour laquelle il l'a reçue, s'il n'était que l'instrument d'autrui? La vie sans la liberté n'a aucune valeur morale. — Il nous est donc défendu de porter atteinte à la liberté de nos semblables. D'où il suit que l'*esclavage antique,* la *traite des nègres,* et toute *contrainte* imposant par violence des travaux injustes, tout abus de pouvoir à l'égard des enfants mineurs, de salariés, etc., tombent également sous la condamnation de la loi morale.

2° **D'exercer ses facultés intellectuelles.** L'homme se perfectionne par l'instruction et par la pratique de la vertu. Il possède donc naturellement le droit d'acquérir l'*instruction* qui convient à sa situation; le droit de pratiquer la *vertu;* le droit de choisir le genre de vie auquel il se sent appelé et toute carrière qu'il peut légitimement embrasser. — Nous avons donc le devoir de ne pas empêcher nos semblables de s'instruire, de ne pas leur enseigner l'erreur, de ne pas les tromper par le mensonge, l'hypocrisie, la flatterie, etc.; le devoir d'éviter tout ce qui peut nuire à leur *moralité :* les mauvais conseils et les mauvais exemples.

3° **D'être respecté dans ses croyances et ses opinions.** Nous devons donc *respecter* les croyances religieuses et les opinions politiques d'autrui, sauf à les discuter, car l'indifférence n'est pas permise entre la vérité ou l'erreur; mais « la tolérance conditionnelle, ou le support mutuel, doit exister entre des hommes qui professent de bonne foi des opinions différentes. » (De Bonald*.) — Comme il est de l'intérêt du prochain de connaître son devoir, nous devons *éclairer* sa conscience, l'inviter à faire le bien, l'exciter à la recherche de la vérité, mais sans intimidation ni contrainte.

Quant à la liberté *intérieure,* il est superflu d'en parler; car cette sorte de liberté « se prend, a dit Lacordaire, elle ne se donne pas », et rien au monde n'est capable de nous la ravir. On peut être libre intérieurement et vertueux, même dans la plus dure captivité. (Voy. plus haut, *Liberté morale,* p. 54.)

Questionnaire. — Quels sont les devoirs relatifs à la liberté d'autrui?

III. — DEVOIRS RELATIFS AUX BIENS D'AUTRUI

Respect de l'honneur d'autrui. — L'homme ne peut se passer de la société; or, pour vivre en société, il a besoin de l'estime et de la confiance de ses semblables. Le droit à l'honneur est imprescriptible, malgré les fautes passagères qui peuvent en ternir l'éclat. « La bonne réputation vaut mieux que les grandes richesses. » (Bible.) — La loi morale défend donc de porter atteinte à l'honneur et à la réputation du prochain par l'*indiscrétion*, l'*envie*, la *médisance*, la *calomnie*, les *injures*, la *délation*.

L'**indiscrétion** consiste : — 1° dans une *curiosité malsaine*, qui fait qu'on s'immisce dans les affaires des autres, qu'on fait une sorte d'enquête sur leur vie, qu'on les importune de questions, les forçant à dire ce qu'ils veulent taire. Cette sorte d'indiscrétion, outre qu'elle décèle un manque de délicatesse, donne ordinairement naissance aux paroles nuisibles, aux mauvais rapports, aux médisances ; — 2° dans la *divulgation d'un secret*, soit pour nuire, soit par intempérance de langue ou pour paraître entendu et bien informé.

L'**envie**, cette basse tristesse que l'on ressent, ou cette joie maligne que l'on éprouve du bonheur ou du malheur d'autrui, est fille de l'égoïsme impuissant, qui ne pardonne aucune supériorité. L'envieux cherche son bonheur dans le malheur d'autrui : il offense en cela la raison et la nature, autant que la loi morale, car on ne peut vivre heureux sans coopérer au bonheur des autres.

La **médisance** et la **calomnie** consistent à dire du mal d'autrui. On *médit* lorsqu'on révèle un mal vrai ; on *calomnie* lorsqu'on attribue à autrui des fautes qu'il n'a pas commises.

La médisance et la calomnie nuisent : — 1° *à celui qui en est l'objet :* elles lui enlèvent la réputation, l'un des plus grands biens sociaux ; — 2° *à celui qui en est l'auteur :* elles blessent sa conscience ; — 3° *à ceux qui les entendent :* en les portant à la méfiance, à la haine en les empêchant de pratiquer les devoirs sociaux envers les personnes calomniées. « Par un seul coup de langue, dit saint François de Sales, le médisant fait ordinairement trois meurtres : il tue, d'un homicide spirituel, son âme et celle de celui qui l'écoute, et il ôte la vie civile à celui dont il médit. » — La médisance et la calomnie deviennent la *diffamation*, quand elles revêtent la forme d'imputations graves et publiques.

L'**injure** est une offense publique qui nuit à la réputation du prochain. Elle consiste soit en *paroles*, soit en *actions*. Elle implique, outre la transgression de la loi morale, une violation du droit d'autrui soumise aux pénalités de la loi civile.

La **délation** est une dénonciation inspirée par des mobiles odieux, tels que l'intérêt, la vengeance, l'envie. On peut s'en rendre coupable de vive voix ou par écrit : la forme la plus repoussante est la lettre anonyme. — Il ne faut pas confondre la délation avec la *dénonciation*, qui ne se propose que la défense de la justice et de l'ordre social.

Respect de la propriété d'autrui. — L'homme a le droit de posséder en propre. Ce droit découle de la liberté individuelle : l'homme ne serait pas libre, s'il ne pouvait disposer du fruit de son travail et de son épargne. Les *communistes* et les *socialistes* nient l'existence de ce droit. Les premiers, sous prétexte que tous les hommes naissent égaux, considèrent la propriété privée comme un vol fait à l'humanité et réclament la possession et l'exploitation en commun de tous les biens; les seconds prétendent que l'État, unique propriétaire de tous les biens, doit en percevoir et en répartir les revenus entre les citoyens.

La droite raison condamne et réfute les théories communistes et socialistes, dont le moindre des résultats « serait, dit M. Thiers, d'aboutir à la pauvreté universelle ». Remarquons seulement que la communauté des biens rendrait le vol impossible. Or Dieu défend de voler : *Tu ne déroberas point* (Décalogue); et cette défense, confirmée par l'histoire de tous les peuples qui de tout temps punirent le vol, suppose nécessairement le droit de posséder en propre.

Origine du droit de propriété. — Le droit de propriété résulte de l'*occupation primitive*, complétée par le *travail*, l'*échange*, l'*hérédité* et les *testaments*.

1º Occupation primitive. — Celui qui *occupe* le premier une chose exerce son droit, puisque, à l'origine, tous les biens appartiennent en commun également à tous les hommes. Or l'exercice d'un droit entraîne, comme conséquence pour autrui, le devoir de le respecter; les autres hommes perdent donc le pouvoir d'occuper un objet déjà possédé par un de leurs semblables. Mais l'occupation réelle d'une chose non encore appropriée ne se fait que par le travail.

2º Travail. — Le travail fertilise la terre, transforme le bois, la pierre, le fer, et leur donne une valeur qu'ils n'avaient point d'abord. Cette plus-value est une espèce de création dont personne ne peut contester la propriété à son auteur. Le travail donne nécessairement naissance à la propriété.

3° **Échange.** — L'échange des biens par donation, vente ou achat, engendre aussi un droit de propriété. La liberté des échanges est une des principales conditions du progrès matériel de la société.

4° **Hérédité et droit testamentaire.** — Les enfants héritent légitimement de leurs parents; le droit testamentaire s'ajoute d'ordinaire au droit d'hérédité, car le droit de propriété appelle nécessairement celui de la *transmission* de la propriété. Cependant, depuis 1789, le droit de tester est limité par les lois civiles.

Fondement du droit de propriété. — Le droit de propriété est fondé sur la *nature de l'homme,* sur ses *besoins* et sur la *paix sociale.*

1° L'homme, en vertu de sa **nature** essentiellement libre, est évidemment maître de sa personne, de ses facultés, de ses forces physiques et intellectuelles. S'il les applique à un objet utile, le fruit de son travail lui appartient légitimement. Il peut donc en user et en disposer comme bon lui semble.

2° L'homme doit subvenir à ses **besoins** présents et se ménager des ressources pour les temps de disette ou d'infirmités. Il doit donc pouvoir garder tous les objets mobiliers et immobiliers qui lui sont utiles.

3° Le droit de propriété est la plus solide *base* de la **paix sociale.** Sans lui, on ne verrait partout que désordre et confusion; la société serait en proie à des discussions et à des luttes incessantes. Les hommes se réunissent en société, surtout afin de se protéger mutuellement contre les voleurs et les assassins.

Caractère sacré des promesses et des contrats. — Les promesses et les contrats sont des *engagements* que l'on prend envers le prochain, et qui lui confèrent un certain droit sur l'objet promis. On en distingue deux sortes : la *promesse* ou *parole donnée* et le *contrat.*

La promesse ou parole donnée est un engagement par lequel on s'oblige *gratuitement* à quelque chose en faveur d'une ou de plusieurs personnes.

Si la promesse n'exprime qu'une intention vague de faire quelque chose si on le peut, elle n'oblige pas. Lorsque, sans impliquer l'intention de s'engager en stricte justice, on la fait de telle façon que la personne qui la recevait ait pu y compter en prenant ses dispositions pour l'avenir, on est tenu, en conscience, de l'accomplir : elle a créé un droit pour cette personne. Enfin, si elle est faite avec l'intention très nettement exprimée de s'engager, elle est un contrat qui *oblige* toujours devant la conscience, et devant les tribunaux civils lorsqu'elle est écrite.

Le **contrat** est le moyen le plus ordinaire d'*acquérir* et de *transmettre* la propriété. On le définit : une convention par laquelle une ou plusieurs personnes s'obligent envers une ou plusieurs autres, à donner, à faire ou à ne pas faire quelque chose.

« Rien de plus conforme à la raison naturelle que de voir un fait générateur d'obligations dans le contrat qui se forme par le consentement et qui résulte de l'accord des volontés. » (LARCHER.)

Probité, équité, loyauté, politesse. — La **Probité**, c'est la justice légale. Un homme probe remplit exactement les devoirs de la vie civile : s'il trouve une bourse, il la rend à son propriétaire; il ne porte pas atteinte aux droits d'autrui; il observe la justice étroite ou stricte qui consiste dans la conformité rigoureuse à la loi écrite.

L'équité c'est la justice naturelle. L'homme équitable consulte moins les lois écrites que sa conscience, et si celles-là lui concèdent des droits excessifs, il n'en use pas. Le texte des lois toujours abstrait et général ne se plie point à tous les cas, en sorte qu'une application trop stricte de la loi peut être injuste : « Extrême justice, extrême injustice, » dit un proverbe. L'équité corrige l'injustice de la justice stricte. — L'homme équitable pratique aussi les devoirs de la justice distributive[1], reconnaît le

---

[1] On appelle justice distributive et rémunératrice l'obligation de traiter chacun suivant son mérite. — C'est la vertu du père de famille, du patron, du magistrat, du juge. — Sa formule est : « Rendre à chacun ce qui lui est dû. »

droit ou le mérite de chacun, fait impartialement à chacun une part proportionnée à son droit ou à son mérite.

La **loyauté**, ou bonne foi, consiste dans la fidélité à la parole donnée. L'homme loyal obéit aux lois de l'honneur, il n'a qu'une parole, et, quand il l'a donnée, il la tient. Il se le doit à lui-même : il y va de son caractère même d'honnête homme ; il le doit à celui qui a reçu sa promesse et qui compte sur elle ; il le doit à la société, dont la plupart des transactions et des relations ne sont possibles que si les hommes peuvent se fier réciproquement à leur parole. « Entre gens d'honneur, la parole vaut un contrat. » (La Rochefoucauld *.)

La **politesse** est le respect d'autrui dans sa sensibilité : ce qui est du domaine de la justice. On n'a pas le droit de faire souffrir, de déplaire. Les injures, le mépris, la raillerie, sont autant de formes de l'injustice.

Mais la politesse n'est pas toute du domaine de la justice. Dans bien des cas, en effet, la politesse c'est la bienveillance, la compassion, le sacrifice de ses aises, de ses intérêts, le souci de faire plaisir : c'est la *charité*.

L'homme poli est ingénieux à faire plaisir ; non seulement il ne fait rien qui blesse les règles de la morale et de l'honneur, mais il évite avec une attention délicate tout ce qui pourrait choquer le prochain : sans-gêne, humeur farouche et sauvage, etc. ; il trouve des paroles et des procédés aimables pour donner, pour refuser, pour témoigner sa reconnaissance, pour faire accepter un conseil, une observation, un reproche [1].

Devoirs professionnels. — L'homme qui n'accomplit pas consciencieusement ses devoirs professionnels *pèche contre* la probité. Il faut accomplir consciencieusement les devoirs professionnels en vue de s'acquitter non seulement d'un devoir individuel, mais d'un devoir social : la société forme un corps dont les membres se doivent de mutuels services. Chacun, en

---

[1] Comme exemple de *probité,* on peut citer saint Éloi, fabriquant deux trônes avec l'or qu'on lui avait donné pour un seul ; d'*équité,* saint Louis rendant aux Anglais quelques provinces confisquées par Philippe-Auguste sur Jean sans Terre ; de *loyauté* poussée jusqu'à l'héroïsme, Régulus, chez les anciens, retournant à Carthage pour tenir sa parole ; Porcon de la Barbinais, sous Louis XIV, retournant à Alger, bien qu'il sût que le supplice l'y attendait, plutôt que de trahir son serment ; enfin de *délicatesse,* Boileau, achetant la bibliothèque de Patru, à condition que son ami en jouirait jusqu'à la mort.

remplissant les devoirs de sa profession, travaille pour les autres, comme les autres travaillent pour lui. Celui qui ne les remplit pas ou les remplit mal, ne paye pas sa dette sociale et vit, comme le voleur, aux dépens d'autrui. Il ne donne pas ce qu'on est en droit d'exiger de lui et reçoit une rémunération que la société ne lui doit pas.

Un *médecin* ou un *pharmacien* expose, par sa négligence, la vie d'un malade; un *avocat* perd une cause faute de l'avoir suffisamment étudiée; un *négociant* laisse se détériorer ses marchandises, puis il les livre au public comme bonnes; un *industriel* fabrique de mauvais produits; un *magistrat* rend des services au lieu de prononcer des arrêts; un député, un sénateur votent sur une question sans la connaître; un professeur néglige sa classe; un électeur vend son suffrage au lieu de le donner en conscience, un ouvrier perd son temps aux heures de travail, etc. : ils manquent tous à la probité, ils portent préjudice à ceux dont les intérêts sont en jeu, et cela pour ne pas remplir consciencieusement leurs devoirs professionnels.

Remarque. — Personne ne méconnaît l'*autorité* de ces lois naturelles : qu'il ne faut faire tort à personne; qu'il faut rendre à chacun ce qui lui appartient; qu'il faut être sincère dans les engagements, fidèle à la parole donnée; qu'il faut vouloir du bien à celui qui nous en a fait et lui témoigner notre affection; qu'il faut respecter la vieillesse, les services, les supériorités morales résultant du talent et de la vertu, et d'autres règles semblables de la justice et de l'équité. Ce ne sont donc pas les lumières qui manquent, mais bien la *volonté d'être juste* qui fait défaut.

QUESTIONNAIRE. — Quels sont les devoirs relatifs à l'honneur d'autrui? — à la propriété d'autrui? — Quelle est l'origine de la propriété? — Quel est le fondement du droit de propriété? — Que savez-vous de la probité, de l'équité, de la loyauté, de la politesse, des devoirs professionnels?

II. — DEVOIRS DE CHARITÉ

En quoi consistent les devoirs de charité? — Les devoirs de charité consistent, en général, à faire pour nos semblables plus qu'ils ne peuvent exiger de nous. Les devoirs de charité tempèrent et complètent les devoirs de justice.

Leur division. — Il y a au moins autant de devoirs de charité que de devoirs de justice; « car, sur chaque point où la justice nous défend de manquer au droit des personnes, la charité nous ordonne de faire plus, de sacrifier pour les autres quelque chose de nos propres droits. » La charité a pour objet les besoins *matériels* ou *moraux* d'autrui. On peut donc répartir les devoirs de charité en deux groupes : l'un, des devoirs concernant l'*appui matériel;* l'autre, des devoirs relatifs à l'*appui moral* que nous devons aux autres.

Appui matériel. — Le dévouement ou la charité nous commande d'aider le prochain, même à nos dépens; par exemple, de recueillir un orphelin, de donner à celui qui n'a pas, de visiter et de soigner un malade, de se jeter à l'eau ou au milieu des flammes, d'arrêter un cheval emporté, etc., s'il y a chance de succès, pour sauver une vie en danger.

Appui moral. — L'humanité ou la bienveillance nous oblige à tout bon office qui aide autrui, sans léser nos intérêts; par exemple, à donner à propos un bon conseil, un sage avertissement, une instruction utile [1]; à consoler celui qui se trouve dans la peine et l'affliction; à éteindre les haines et les dissensions; à défendre l'absent contre la médisance et la calomnie, et quiconque est menacé dans sa vie, sa liberté, son honneur, ses biens.

Caractères qui distinguent les devoirs de charité de ceux de justice. — Les devoirs de justice sont *déterminés :* ils ne laissent aucune part à la libre interprétation de l'individu; ils obligent sans restriction et semblablement à

---

[1] « Semer autour de soi, à pleines mains, la vérité, la répandre par la plume, par la parole, par l'enseignement, dire tout ce qu'on croit bon et utile, le dire vaillamment coûte que coûte, c'est pratiquer la charité sous une de ses formes les plus hautes. Si, en effet, nous avons bien compris que la valeur de l'homme tient essentiellement à sa dignité d'être pensant, nous comprendrons également qu'on ne peut rien faire de mieux pour augmenter sa valeur et travailler à sa perfection que de cultiver et d'éclairer son intelligence. L'enseignement, en particulier, quand il est inspiré par un ardent désir de faire la lumière dans les âmes, apparaît comme une manifestation supérieure de la charité, de la bienfaisance morale. » (H. MARION, *Leçons de morale.*)

l'égard de tous. Il n'y a en somme qu'une manière d'être juste, c'est de payer ce qu'on doit, de réparer les torts qu'on a faits, de faire ce à quoi l'on est tenu par le respect des droits.

Les devoirs de charité sont *indéterminés* : ils laissent à l'individu une certaine latitude; ils obligent différemment, suivant les moyens, les circonstances, les lieux. On peut être charitable de bien des façons, et à bien des degrés, cela dépend surtout de la générosité du cœur.

Rapports de la justice et de la charité. — La justice est impraticable sans la charité : « Les hommes ne sont justes qu'envers ceux qu'ils aiment. » (JOUBERT*.)

Celui qui n'aime pas ses semblables comprend difficilement leurs droits et, plus difficilement encore, les respecte. Il ne les comprend pas : les vérités morales veulent être saisies à la fois par la raison et par le cœur; il ne les respecte pas : la charité seule nous rend capables des sacrifices qu'exige la stricte justice, par exemple, de l'oubli de toutes les considérations personnelles, oubli sans lequel il est impossible d'être juste : « On ne peut être juste, si l'on n'est humain, » a dit Vauvenargues*.

Beauté morale du dévouement. — Le dévouement impose parfois de pénibles sacrifices; et ces sacrifices méritent d'autant plus l'admiration, qu'on les accomplit pour des êtres à qui l'on ne doit rien, dans le sens rigoureux de la justice, auxquels on n'est attaché par aucune affection personnelle, et qu'on ne connaît même pas.

Le degré le plus élevé de la charité consiste à rendre le bien pour le mal, suivant cette belle maxime de l'Évangile : « Aimez vos ennemis, faites du bien à ceux qui vous haïssent, et priez pour ceux qui vous persécutent et vous calomnient. »

QUESTIONNAIRE. — En quoi consistent les devoirs de charité? — Quels sont les caractères qui distinguent les devoirs de charité de ceux de justice? — Quels rapports y a-t-il entre la justice et la charité? — Comment divise-t-on les devoirs de charité? — Faites ressortir la beauté morale du dévouement.

III. — SOCIÉTÉ CIVILE OU ÉTAT

Définition. — On appelle *société civile* ou *État* une réunion d'hommes soumis à une *autorité* commune et à des *lois* communes dans un but d'utilité publique, et qui peuvent être contraints par la force à respecter réciproquement leurs droits.

Origine ou raison d'être de la société civile. — La raison d'être de la société civile se trouve dans la nécessité d'assurer aux familles et aux individus la jouissance de leurs *droits* et de leurs *libertés* par le maintien de l'ordre extérieur et de la sécurité publique.

La société civile est donc établie pour protéger ses membres et pour favoriser le progrès physique et matériel, intellectuel et moral de tous et de chacun. Ce but suffit à distinguer la société civile des sociétés commerciales, industrielles, scientifiques, littéraires, artistiques, etc., qui ne poursuivent que des intérêts particuliers.

Le gouvernement et les citoyens. — Dans toute société civile, on distingue le *gouvernement* et les *citoyens*. Le *gouvernement* comprend l'ensemble des pouvoirs publics qui maintiennent l'ordre et représentent l'État au dedans et au dehors. Les *citoyens* sont les membres de la société civile ou de l'État.

Diverses formes de gouvernement. — On ramène à trois principales les diverses formes de gouvernement : la *monarchie* ou gouvernement d'un seul, l'*aristocratie* ou gouvernement de plusieurs, et la *démocratie* ou gouvernement de tous. Quelle est la meilleure? Elles sont toutes plus ou moins imparfaites, mais aucune n'est mauvaise en soi. L'Église catholique prêche l'obéissance à tout gouvernement qui, de fait, est « apte à procurer l'utilité et le bien commun [1] ». Mais on doit préférer celui qui offre le plus de garantie contre les abus, c'est-à-dire qui assure le mieux la liberté des citoyens et le règne du droit.

Fondement de l'autorité publique. — Il est bien évi-

---
[1] *Lettre encyclique*, 1885.

dent que nulle société ne peut exister sans un *chef* assez puissant « pour gouverner les volontés de chacun, afin de les ramener toutes à l'unité et de les diriger avec ordre et sagesse pour le bien commun [1] ». L'*autorité sociale* ou *publique* est donc indispensable aux hommes constitués en société civile. D'où l'on peut conclure que cette autorité, aussi bien que la société civile, résulte de l'essence même des choses, c'est-à-dire qu'elle procède de la nature, et par suite de Dieu, auteur de la nature. Dieu, en effet, veut le maintien et l'observation de l'ordre. Or l'ordre ne subsiste dans la société que par l'*autorité*. L'autorité est donc *voulue* de Dieu; c'est donc de Dieu qu'elle tire originairement sa *force* et son *droit*. *Tout pouvoir vient de Dieu.* (Rom. XIII, 1.)

Communication de l'autorité. — L'autorité vient de Dieu; mais il reste à savoir comment elle s'établit dans un gouvernement quelconque. Le *principe constitutif* de toute société politique, qu'il s'agisse d'une monarchie, d'une aristocratie ou d'une démocratie, est de droit naturel; tandis que la *forme* du gouvernement et le *choix* des personnes qui exercent l'autorité sociale sont des *faits conventionnels* : ils dépendent de la volonté des hommes. Comme les hommes sont égaux par nature, aucun membre de la société, en tant qu'homme, n'a le droit naturel de la gouverner. Aussi la formation de la société civile exige-t-elle le consentement de tous ceux qui veulent en faire partie. Ce consentement, explicite ou implicite, est nécessaire à l'institution légitime du gouvernement. Donc l'autorité, qui *objectivement* vient de Dieu, se transmet *subjectivement* par la volonté nationale, manifestée par le *suffrage* publiquement exprimé ou par un consentement tacite équivalent à cette solennelle manifestation.

Remarque. — Lorsqu'une personne tient l'autorité de la majorité des citoyens, aucune minorité ne peut la lui enlever sans commettre un crime social. La volonté générale seule, et pour des raisons graves, peut reprendre l'autorité publique et la transférer à une autre personne.

Les trois pouvoirs de l'État. — Pour atteindre son

---

[1] *Lettre encyclique*, 1881.

but, l'autorité sociale doit posséder *trois* pouvoirs différents, qu'une bonne organisation rend, autant que possible, indépendants les uns des autres : le *pouvoir législatif*, qui fait les lois ; le *pouvoir judiciaire*, qui en punit la violation ; le *pouvoir exécutif*, qui les promulgue et les applique [1].

Ces trois pouvoirs publics ont, chacun dans sa sphère, des *droits* inhérents à leurs attributions et des *devoirs*, soit envers l'État, soit envers les citoyens ; et, comme ils personnifient la société civile, leurs droits et leurs devoirs sont appelés *droits et devoirs de l'État*.

QUESTIONNAIRE. — Qu'appelle-t-on société civile ou État? — Quelle est l'origine ou raison d'être de la société civile? — Que distingue-t-on dans toute société civile? — Quelles sont les principales formes de gouvernement? — Que savez-vous du fondement de l'autorité publique? — de la communication de l'autorité? — Quels sont les trois pouvoirs de l'État?

I. — DROITS ET DEVOIRS DE L'ÉTAT

Droits et devoirs du pouvoir législatif. — Le pouvoir législatif s'exerce en France, par les *députés* et les *sénateurs*. Les législateurs ont le **droit** de faire toutes les lois que réclame le bien commun de la société ; d'exiger le service militaire pour la défense du territoire et le maintien de l'ordre intérieur ; d'organiser les services publics, et de créer les impôts et les contributions nécessaires à leur fonctionnement. — Le *Sénat* peut être constitué en haute cour de justice pour juger les attentats commis contre la sûreté de l'État. — Les deux chambres se réunissent, soit pour l'élection du chef de l'État, soit pour la revision de la Constitution, c'est-à-dire des lois fondamentales qui fixent la forme du gouvernement.

Les législateurs ont le **devoir** de respecter la Constitution ; de prêter leur concours et leur appui à l'autorité religieuse ; de proscrire tout ce qui est contraire au bien de la société ; en un mot, d'assurer à tous les citoyens la liberté convenable par des

---

[1] « La division de la puissance publique en plusieurs *pouvoirs* est un des principes les plus importants du droit public français. Il tend à favoriser la liberté, à éviter la dictature ; il assure l'indépendance du législateur et du juge. » (Terrat, avocat, professeur de droit.)

lois justes, honnêtes, possibles, faites pour l'utilité générale et non pour l'avantage particulier.

Droits et devoirs du pouvoir judiciaire. — Le pouvoir judiciaire est exercé par tous les tribunaux ou plutôt par des *magistrats* qu'on appelle juges. Les juges ont le *droit* de connaître des délits et des crimes; de diriger des poursuites; enfin, de décider des peines méritées par les coupables qui ont attenté à la personne ou aux biens d'autrui. — Les diverses peines qu'ils peuvent infliger sont l'amende, l'incarcération, les travaux forcés, le bannissement, et même la peine de mort.

Les juges ont le *devoir* de respecter les lois et la Constitution, et de juger en conscience, sans acception de personnes.

Droits et devoirs du pouvoir exécutif. — Le pouvoir exécutif appartient au *chef de l'État*, qui l'exerce par ses *ministres* et leurs *agents*. Le chef de l'État prend l'*initiative* des lois concurremment avec les chambres; il les *promulgue* après le vote des chambres; il a le *droit* de faire grâce; de *choisir* les ministres, qui gouvernent sous son nom; de *négocier* les traités, sauf à les soumettre à la ratification des chambres; d'employer la force quand il le faut, pour défendre le bien commun de la nation et le bien particulier des citoyens contre la violence et l'agression injuste des ennemis du dedans et du dehors.

Le pouvoir exécutif a le *devoir* d'assurer l'exécution des lois, des arrêtés, des jugements; de défendre les mœurs publiques contre la licence; de ne déclarer la guerre que pour des raisons graves et légitimes; de ne pas gaspiller les fonds de l'État; de garantir les droits et les libertés des citoyens, sans distinction de parti ou de culte.

Fondement du droit de punir. — Le droit de punir repose sur une *triple* nécessité : nécessité de *répression*, nécessité de *réparation*, nécessité d'*expiation*.

1º **Répression.** — Le premier devoir de l'autorité publique l'oblige à *réprimer* toute tentative contraire au bien commun de la nation et au bien particulier des citoyens. Or comme il se rencontre certains hommes, que la justice et la loi ne suffisent pas à empêcher de mal faire, il faut que l'autorité emploie, pour les arrêter, la force dont elle dispose, et qu'elle réduise les méchants à l'impuissance de nuire.

2º Réparation. — L'autorité publique, malgré sa vigilance, ne parvient pas toujours à empêcher le mal : sa mission consiste alors à faire *réparer,* autant que possible, le tort injustement causé, soit à l'ensemble de la nation, soit aux particuliers, dans leurs biens, leur personne et leur honneur. Si, après le jugement porté par les magistrats, le coupable se refuse à la réparation exigée, il doit y être contraint par la force.

3º Expiation. — L'autorité ne doit pas seulement réprimer le mal ou en exiger la réparation, mais encore *punir* le crime déjà commis et le faire expier.

Le châtiment doit être *proportionné* au délit ou au crime. Le crime d'homicide réclame la *mort* du meurtrier. L'expérience démontre la nécessité de ce châtiment pour imprimer une crainte salutaire aux méchants. — La suppression de la peine de mort en Allemagne et en Toscane, avant 1789, produisit une telle multiplication des assassinats, que l'on fut obligé de rétablir au plus tôt la peine capitale : le nombre des crimes diminua aussitôt. La *sûreté publique* exige donc la peine de mort.

On doit regarder comme injuste toute peine que le maintien de l'ordre dans la société civile ne rend pas nécessaire. D'où il suit que les magistrats ne peuvent prononcer une peine que la loi n'impose pas.

QUESTIONNAIRE. — Quels sont les droits et les devoirs du pouvoir législatif? — du pouvoir judiciaire? — du pouvoir exécutif? — Quel est le fondement du droit de punir?

II. — DROITS ET DEVOIRS DES CITOYENS

Droits des citoyens. — Les citoyens ont des *droits* que l'État doit reconnaître et protéger. Ce sont les *droits naturels,* les *droits civils* et les *droits politiques.*

1º Droits naturels. — Les droits naturels de l'homme résultent de sa double qualité d'être raisonnable et libre. — Les principaux droits naturels du citoyen sont : le droit de *vivre* et de *développer* sa vie physique, sa vie intellectuelle et sa vie morale [1]; le droit de *disposer* librement de sa personne, c'est-à-dire d'aller et de venir comme il lui plaît : l'esclavage, qui supprime ce droit, outrage la nature; le droit d'*exercer* telle ou telle profession, de mener tel ou tel genre de vie, pourvu qu'ils n'offensent pas l'honnêteté publique; le droit d'être respecté dans sa *conscience* et ses autres *facultés*, dans son *honneur* et dans ses *biens;* en un mot, le droit de jouir de sa liberté en tant qu'elle n'attente pas à la liberté d'autrui.

2º **Droits civils.** — Les droits civils découlent, pour chaque citoyen, de sa qualité de membre de la société civile. Les principaux sont : le droit d'*acheter*, de *vendre*, de *donner*, de *recevoir*, d'*hériter* ou de *léguer* par testament, d'exercer les fonctions de *tuteur*, de faire partie d'un *conseil* de famille, etc.

Tout citoyen français, majeur et non *interdit*, jouit de tous ses droits civils.

3º **Droits politiques.** — Les droits politiques sont les droits que chaque citoyen exerce comme membre de la société politique; ils varient selon les diverses formes de gouvernement. — Les principaux sont : le droit de *suffrage* ou de *vote*, c'est-à-dire le droit de choisir les représentants de la nation; le droit d'être *éligible*, c'est-à-dire de faire partie de toute assemblée investie d'une autorité publique; le droit d'être *témoin* dans un acte notarié; le droit d'*exprimer sa pensée*, ou la liberté de la presse et de la parole, etc. — La dégradation civique encourue par une faillite, une interdiction, une condamnation à trois mois de prison, fait perdre les droits politiques.

Devoirs des citoyens. — Les citoyens ont des *devoirs* à remplir comme membres de la société civile.

Les principaux devoirs des citoyens envers l'État sont : l'obéis-

---

[1] « L'homme n'est pas seulement un être intelligent, il est surtout un être moral, c'est-à-dire capable de vertu. La vertu est donc, bien plus encore que la pensée, le *but* de son existence. Or l'éducation est l'introduction nécessaire à toute vertu. Tout citoyen a donc droit à l'éducation morale. De là le devoir pour l'État de surveiller religieusement l'éducation des enfants, soit dans les écoles publiques, soit dans les écoles privées; de là aussi le devoir de venir en aide à ceux que la pauvreté priverait de ce grand bienfait. Qu'il leur ouvre ses écoles et qu'il les y retienne jusqu'à ce qu'ils sachent ce que c'est que *Dieu*, *l'âme* et le *devoir;* car la vie humaine, sans ces trois mots, n'est qu'une douloureuse énigme. » (COUSIN, *Histoire de la philosophie.*)

sance aux lois, le *respect des magistrats*, l'*impôt*, le *vote*, le *service militaire* et le *dévouement à la patrie*.

1º Obéissance aux lois. — Tous les citoyens, sans aucune exception, doivent l'*obéissance aux lois*, soit *constitutionnelles*, soit *civiles ;* car l'ordre social n'existe que par elles. Si une loi semble trop dure ou contraire au bien public, on peut en demander l'abrogation ; mais, en attendant, il faut obéir. Quiconque désobéit aux lois s'insurge contre la nation entière, qui les vote par ses représentants.

Les lois sont *obligatoires* à dater du jour de leur promulgation. S'il arrive qu'on promulgue des lois injustes et immorales, le citoyen doit s'abstenir, à ses risques et périls : une loi évidemment mauvaise [1] ne mérite pas le nom de loi ; elle ne possède aucune autorité morale et n'oblige pas en conscience. Mais l'abstention n'implique pas la révolte. « Saint Maurice et la légion Thébaine refusèrent d'exécuter les ordres impies de l'empereur Maximien Hercule ; ils pouvaient se défendre, ils avaient des armes ; ils se laissèrent égorger (l'an 286). » La résistance à des lois injustes ne peut être que *passive*, jamais active et insurrectionnelle.

2º Respect des magistrats. — Les magistrats sont les représentants de la loi. A ce titre, ils ont droit au respect de tous. « Beaucoup de personnes peu éclairées sont toujours portées à considérer le fonctionnaire comme un tyran, et tout acte d'autorité comme un acte d'oppression. C'est là un préjugé puéril et funeste. La plus grande oppression est toujours celle des passions individuelles, et le despotisme le plus dangereux est l'anarchie ; car c'est alors le droit de la force qui domine seul. L'autorité, quelle qu'elle soit, a toujours un intérêt général au maintien de l'ordre, et l'ordre est la garantie de chacun. » (P. JANET.)

3º Impôt. — Tous les citoyens doivent payer l'*impôt*, parce qu'il sert à rémunérer les magistrats et les services publics de tout ordre et de tout degré, à nourrir l'armée qui veille aux frontières et protège le pays, à entretenir les routes et les établissements publics. De là, pour les citoyens, le devoir de

---

[1] Nous entendons parler ici d'une loi qui contredit formellement la *loi morale* ou la *loi religieuse*.

payer l'impôt et de contribuer aux charges publiques, dans la mesure de leur fortune.

L'impôt, librement voté chaque année par les représentants de la nation, devient ainsi pour les citoyens une *dette sacrée* envers l'État. La morale défend de s'y soustraire par le mensonge ou la fraude.

4º **Vote**. — Le vote n'est pas un droit seulement, mais un devoir. Les citoyens placés dans les conditions exigées par la loi doivent se faire inscrire sur les listes électorales, et prendre part au scrutin toutes les fois qu'il s'agit d'élire les membres des assemblées politiques ou des conseils départementaux et municipaux. Dans un pays où règne le suffrage universel, il importe au plus haut point que la vraie majorité exerce son pouvoir. Dût-on succomber, l'obligation de voter subsisterait encore; car plus une minorité est imposante, plus un sage gouvernement devra tenir compte de ses opinions. Le vote doit être libre, éclairé, désintéressé, en un mot consciencieux. On peut déposer un bulletin blanc quand aucun candidat ne satisfait, mais on doit très rarement s'abstenir de voter. — Les élus doivent exercer consciencieusement leurs droits politiques : droit de pétition, d'interpellation, de discussion, de vote des lois et de l'impôt, pour empêcher les abus de pouvoir, procurer la bonne administration des affaires et garantir à tous la jouissance de leurs droits et de leurs libertés.

Il faut remplir exactement tous ses devoirs envers l'État, pour se conduire en vrai patriote.

5º **Service militaire**. — Tous les citoyens doivent le service militaire ou l'impôt du sang. Plût à Dieu que les grandes questions de politique extérieure pussent se résoudre, non par les armes, par ces luttes odieuses qui restent la honte des sociétés civilisées, mais par la *diplomatie* : c'était le projet de Henri IV. Mais, en attendant que cet idéal se réalise, chaque nation est obligée d'entretenir des armées permanentes, et la nation qui désarmerait sans que toutes les autres en fissent autant s'exposerait à de graves périls. De là, pour le citoyen appelé sous les drapeaux, le devoir de contribuer de sa personne au service militaire, pendant la durée fixée par la loi.

Celui qui, pour se soustraire au service militaire, se cache, se mutile, s'exile ou déserte, commet une lâcheté et encourt la sévérité des lois militaires.

Sont naturellement *exempts* du service militaire ceux que leur faiblesse ou leurs infirmités rendent impropres aux armes, et doivent en être *dispensés*, c'est justice, ceux qui rendent à la patrie d'autres services inconciliables avec le service militaire.

QUESTIONNAIRE. — Quels sont les droits des citoyens? — Que savez-vous des droits naturels? — des droits civils? — des droits politiques de l'homme? — Quels sont les principaux devoirs des citoyens? — Parlez du devoir d'obéir aux lois, — de respecter les magistrats, — de payer l'impôt, — de voter, — du service militaire.

III. — PATRIE ET PATRIOTISME

Définition de la patrie. — Le mot patrie désigne proprement le *lieu* de la naissance, et, par extension, le *pays* entier où nous avons des concitoyens, c'est-à-dire des hommes qui vivent sous le même gouvernement, parlent la même langue, partagent les mêmes sentiments et les mêmes croyances religieuses. Cette *communauté* de lois, de langue, d'intérêts, de traditions, de souvenirs, de mœurs et de croyance, forme le lien puissant qui distingue les États et constitue l'*unité nationale* [1].

Définition du patriotisme. — On appelle patriotisme l'amour du pays, le dévouement à la patrie.

Son principe. — Le patriotisme est un *sentiment naturel*, inséparable, en quelque sorte, de nos affections bienveillantes envers nos parents, amis et bienfaiteurs; c'est aussi un *sentiment de reconnaissance*, provoqué par les services que l'État peut nous rendre (sécurité, bien-être, etc.).

Comme toute affection humaine, le patriotisme a besoin de direction : sous l'empire de la raison, il devient une vertu héroïque; faussé par l'esprit de parti, par l'ignorance ou l'égoïsme, il n'est plus qu'une passion étroite et intolérante.

---

[1] « Un même sentiment, une même croyance, quels qu'en soient la nature ou l'objet, telle est la condition première de l'état social; c'est dans le sein de la vérité seulement, ou de ce qu'ils prennent pour la vérité, que les hommes s'unissent et que naît la société. Et, en ce sens, un philosophe moderne (l'abbé Lamennais) a eu grande raison de dire qu'il n'y a de société qu'entre les intelligences; que là où les intelligences n'ont rien de commun, la société n'est pas; en d'autres termes, que la société intellectuelle est la seule société, l'élément nécessaire et comme le fond de toutes les associations extérieures et apparentes. »

(GUIZOT, *Histoire de la civilisation en France*.)

Ses résultats. — Le patriotisme ne consiste pas dans un amour contemplatif et stérile, qui se traduit par des discours, des serments, des chansons. L'homme paresseux, égoïste, turbulent, vicieux, ne mérite pas le beau titre de patriote. « Si un homme fait outrage aux autels, à la sainteté du lien conjugal, à la décence, à la probité, et puis vient crier : *Patrie ! patrie !* ne le croyez pas, c'est un hypocrite de patriotisme et un mauvais citoyen : il n'y a de bon citoyen que l'honnête homme. » (Silvio Pellico*.)

Le patriotisme est un *devoir;* c'est l'amour qu'une nation a pour elle-même et qu'éprouve pour elle chacun de ses membres ; c'est le dévouement à la chose publique qui se manifeste, en temps de paix, par l'obéissance aux lois et par l'accomplissement des devoirs professionnels ; en temps de guerre, par les sacrifices que réclame la patrie ou que l'on fait spontanément.

Sacrifier l'intérêt particulier à l'intérêt général ; défendre, même au prix de sa vie, les intérêts matériels et moraux de la patrie ; aimer et faire aimer et respecter la loi, parce que la loi, c'est la justice parlant par la bouche de la patrie ; contribuer au maintien de l'ordre, condition de la vie sociale comme de la vie individuelle ; prendre part aux votes ; respecter les droits de ses concitoyens ; ne se prêter au despotisme ni d'un individu, ni d'une classe, ni d'un parti ; demander les réformes utiles non aux révolutions, mais aux progrès du temps et à l'éducation morale, voilà le vrai patriotisme.

Le faux patriotisme, au contraire, celui qui ne connaît que le bien-être privé et la crainte de le voir troubler ; qui s'inspire de la maxime : « Le salut du peuple est la suprême loi, » produisit des crimes chez les anciens, parce qu'il était exclusif, étroit, borné à l'enceinte d'une cité, aux frontières d'une province.

Les peuplades et les villes voisines, sans cesse menaçantes les unes pour les autres, voyant toujours le danger présent à leur porte, vivaient presque nécessairement en état de guerre. « Albe et Rome, Sparte et Athènes, etc., n'avaient de repos que lorsque l'une avait absorbé l'autre, ou du moins réduit sa rivale à l'impuissance. » Triste patriotisme que celui-là, puisqu'il contredisait la justice et l'humanité.

Le christianisme, dont la mission divine est d'*unir les hommes*, a rendu au monde la véritable notion de l'amour de la patrie; il en fait un amour *principal* et non un amour *exclusif*; il nous ordonne avant tout la justice; il veut que nous chérissions l'humanité tout entière, tout en reconnaissant à nos concitoyens le premier droit à notre attachement[1].

QUESTIONNAIRE. — Qu'est-ce que la patrie? — Qu'appelle-t-on patriotisme? — Quel est son principe? — Quels en sont les résultats? — Parlez du vrai et du faux patriotisme.

IV. — RELATIONS INTERNATIONALES

Principes des droits et des devoirs des nations entre elles. — Les nations entretiennent entre elles de nombreuses relations, et ces relations, comme tout ce qui est humain, sont dominées par les mêmes *principes d'équité* qui règlent la conduite des individus entre eux : ce que chaque homme doit à ses semblables, chaque peuple le doit aux autres peuples. Les États ne doivent donc jamais, dans leurs relations, perdre de vue cette maxime : *Le droit prime la force.*

Droit des gens naturel et droit des gens positif. — Il y a deux sortes de relations internationales : — 1° les relations de *convenance* et de *justice*, c'est-à-dire fondées sur la loi naturelle et qui constituent le *droit des gens naturel*; — 2° les relations basées sur des *conventions écrites* et qu'on appelle le *droit des gens positif.* — Ici le mot *gens* (du latin *gentes*) signifie nations.

1° Droits naturels. — Les principaux droits naturels d'une

---

[1] Il faut distinguer le patriotisme du *chauvinisme*, qui exprime l'idée du fanatisme patriotique. — Ce mot vient du nom de Chauvin, héros du *Soldat laboureur*, de Scribe, que le crayon spirituel de Charlet a surtout rendu populaire. Chauvin, « exprimant des sentiments d'un patriotisme étroit et aveugle au sujet des succès et des revers de Napoléon Ier, est devenu le nom de celui qui a des sentiments exagérés et ridicules de patriotisme et de guerre. » Il faut aussi distinguer le patriotisme du fanatisme qui pousse l'amour de la patrie jusqu'à la transgression des droits de la nature. — Fanatique, le patriotisme du consul Brutus présidant au supplice de ses enfants, coupables de conspiration contre Rome : cette exécution était l'affaire du bourreau. Fanatiques, le patriotisme de Jacques Clément et celui de Charlotte Corday, se traduisant par un assassinat politique. Fanatique, le jeune Horace, de Corneille, poignardant sa sœur Camille pour la punir de ses imprécations contre Rome. — Corneille apprécie ce patriotisme contre nature d'un mot qui est un principe :

« Je rends grâces aux dieux de n'être pas Romain,
Pour conserver encor quelque chose d'humain. »

nation civilisée sont : le droit à l'existence, à l'honneur, à l'indépendance, au respect du territoire. De ces droits dérivent des devoirs : le devoir de respecter l'existence, la liberté, l'honneur et le territoire des autres nations.

2° **Droits positifs.** — Les principaux droits positifs d'une nation sont : l'inviolabilité de ses représentants, le respect de la vie de ses sujets, l'observation des traités de paix, d'alliance, de neutralité, de commerce, d'extradition, etc.

Lorsque la nécessité de faire respecter leurs droits oblige les nations de recourir à la force, elles sont en *état de guerre*.

Droit de guerre. — Les nations ont le droit d'user de la force pour défendre leur existence, leur honneur, leur indépendance, leur territoire, etc. : c'est ce qu'on appelle le droit de guerre; droit incontestable, qui répond à celui de légitime défense reconnu aux individus lorsqu'ils se trouvent hors d'état de recourir à la force publique. Il est même plus étendu, parce qu'il n'existe pas de tribunal supérieur, reconnu par toutes les nations pour juger entre elles et trancher leurs différends [1].

Trois sortes de guerre. — La guerre est, ou offensive, ou défensive, ou réparatrice : *offensive*, quand on attaque sans motif une nation en repos; — *défensive*, quand on repousse un

« [1] Il fut un temps où la philosophie de l'Évangile gouvernait les États. A cette époque, l'influence de la sagesse chrétienne et sa divine vertu pénétraient les lois, les institutions, les mœurs des peuples, tous les rangs et tous les rapports de la société civile. Alors la religion instituée par Jésus-Christ, solidement établie dans le degré de dignité qui lui est dû, était partout florissante, grâce à la faveur des princes et à la protection légitime des magistrats. Alors le sacerdoce et l'empire étaient liés entre eux par une heureuse concorde et l'amical échange des bons offices. Organisée de la sorte, la société civile donna des fruits supérieurs à toute attente, dont la mémoire subsiste et subsistera, consignée qu'elle est dans d'innombrables documents que nul artifice des adversaires ne pourra corrompre ou obscurcir. — Si l'Europe chrétienne a dompté les nations barbares et les a fait passer de la férocité à la mansuétude, de la superstition à la vérité; si elle a repoussé victorieusement les invasions musulmanes; si elle a gardé la suprématie de la civilisation, et si, en tout ce qui fait honneur à l'humanité, elle s'est constamment et partout montrée guide et maîtresse; si elle a gratifié les peuples de la vraie liberté sous ses diverses formes ; si elle a très sagement fondé une foule d'œuvres pour le soulagement des misères, il est hors de doute qu'elle en est grandement redevable à la religion, sous l'inspiration et avec l'aide de laquelle elle a entrepris et accompli de si grandes choses. — Tous ces biens dureraient encore, si l'accord des deux puissances avait persévéré, et il y avait lieu d'en espérer de plus grands encore si l'autorité, si l'enseignement, si les avis de l'Église avaient rencontré une docilité plus fidèle et plus constante. »

(LÉON XIII, Encyclique *Immortale Dei*, 1885.)

ennemi qui attaque injustement, ou qui abuse de sa victoire pour maltraiter son ennemi vaincu ; — *réparatrice*, quand on prend les armes pour obtenir la réparation d'un dommage, d'un préjudice matériel ou moral.

Quelles sont les guerres légitimes ? — Il n'y a de *légitimes* que les guerres *défensives* ou *réparatrices*. — Même dans ces conditions, la prudence et la sagesse demandent qu'un État ne déclare la guerre que pour des raisons très graves ; car toute guerre expose la patrie à de grands dangers, et traîne toujours à sa suite des deuils, des pertes et des calamités que la victoire elle-même ne suffit pas à réparer.

Devoirs en temps de guerre. — Toute guerre doit être précédée d'une *déclaration*, et cette déclaration ne doit venir qu'après des négociations reconnues infructueuses : tomber à l'improviste sur un ennemi désarmé serait agir en pirate et non en homme civilisé qui exerce un droit.

On ne doit pas causer à l'ennemi plus de *préjudice* qu'il n'en faut pour le repousser et l'obliger à réparer le droit violé. — On ne doit pas bombarder les *villes ouvertes*, ni se servir de balles empoisonnées ou d'armes dont les blessures sont inguérissables. — On doit *cesser* le feu dès que les troupes ennemies posent les armes ; — épargner toute personne désarmée ; — respecter le territoire et les bâtiments des États neutres, et les propriétés privées ; — observer fidèlement les armistices ; — éviter le pillage, mais procéder par réquisitions régulières, payables après la guerre ; — relever et soigner les blessés, sans distinction de nationalité ; — respecter la vie des prisonniers ; — tenir les engagements, exprès ou tacites, pris envers l'ennemi, etc.

La *Convention de Genève* (1867) stipule des privilèges en faveur des ambulances, des bâtiments hospitaliers, des infirmiers, des médecins, des habitants qui recueillent et soignent des blessés dans leurs maisons. — L'insigne particulier qui doit les faire reconnaître est une croix rouge sur fond blanc.

QUESTIONNAIRE. — Quels sont les principes des droits et des devoirs des nations ? — Combien distingue-t-on de sortes de relations internationales ? — Parlez des droits naturels, — des droits positifs, — du droit de guerre. — Combien y a-t-il de sortes de guerres ? — Quelles sont les guerres légitimes ? — Quels sont les devoirs des nations en temps de guerre ?

CONDUITE A TENIR A L'ÉGARD DES ÊTRES INFÉRIEURS

L'homme a-t-il des devoirs envers les êtres qui lui sont inférieurs? — Aucun devoir proprement dit n'oblige l'homme envers les êtres inférieurs : les animaux et les objets inanimés, car le devoir suppose le droit, et le droit suppose un être libre et moralement obligé de tendre à sa fin. Or rien de semblable n'existe, ni chez les animaux ni dans les objets inanimés. Ces êtres, n'ayant aucun devoir à remplir, ne possèdent aucun droit. Donc, l'homme ne leur doit rien. Mais l'homme doit à sa dignité personnelle, à ses semblables et à l'ordre établi par le Créateur, de n'user qu'avec sagesse, modération et toujours dans un but raisonnable, des animaux et des objets inanimés créés pour son usage.

Animaux domestiques. — L'homme a le droit de domestiquer les animaux, de s'en servir pour sa subsistance, et d'en tirer tous les services qu'ils peuvent rendre. Mais il ne doit jamais les faire souffrir inutilement. Les actes de cruauté exercés publiquement contre les animaux domestiques violent la loi naturelle et l'ordre, affaiblissent le sentiment de la pitié chez ceux qui en sont témoins, accusent chez ceux qui les exercent des instincts féroces, provoquent à des actes de brutalité, même contre l'homme, et deviennent ainsi des délits publics que la société peut et doit réprimer. La loi du 2 juillet 1850, dite *loi Grammont*, frappe de peines sévères ceux qui, chez nous, maltraitent « publiquement et abusivement » les animaux domestiques. Une autre loi, du 22 janvier 1874, autorise les préfets à prendre des arrêtés contre la destruction des nids.

Animaux nuisibles. — Les animaux nuisibles (loups, renards, lions, tigres, serpents, etc.) ont leur raison d'exister : « Ils donnent à l'homme l'occasion d'exercer l'empire qui lui est attribué sur tous les habitants de la terre. L'homme a la haute police de la nature, c'est à lui d'y établir l'ordre et de conquérir la terre sur les animaux malfaisants ; mais les mêmes raisons d'*ordre* et de *dignité* lui interdisent toute cruauté à l'égard d'un insecte ou d'un animal quelconque. »

QUESTIONNAIRE. — L'homme a-t-il des devoirs envers les êtres qui lui sont inférieurs? — Comment doit-il se conduire à l'égard des animaux domestiques? — des animaux nuisibles?

III. — MORALE RELIGIEUSE

Objet de la morale religieuse. — La morale religieuse traite des *devoirs* de l'homme envers Dieu [1].

Devoirs envers Dieu ; leur fondement. — Nos devoirs envers Dieu, les plus grands de tous, — puisque Dieu est infiniment supérieur à tout, — peuvent se résumer dans cette formule : *L'homme doit agir envers Dieu suivant ce que Dieu est pour lui, et suivant ce qu'il est lui-même pour Dieu.* Or, qu'est-ce que Dieu pour nous, et que sommes-nous pour lui ?

Dieu nous a donné l'*existence* ; il nous la donne à chaque instant, puisqu'il nous conserve la vie dont il est le maître absolu ; nous devons donc l'adorer et respecter son saint nom, pour reconnaître son domaine souverain de créateur. — Nous appartenons à Dieu ; nous devons donc lui *obéir* et le *servir* comme notre maître, et lui *demander pardon* quand nous l'avons offensé. — Dieu est la vérité même ; nous devons donc *croire à sa parole*. — Dieu est tout-puissant et infiniment bon ; nous devons donc *espérer en lui* et lui *adresser nos prières* dans nos besoins. — Dieu nous a comblés de tous les biens spirituels et corporels dont nous jouissons, et finalement il veut se donner lui-même à nous ; nous devons donc l'*aimer*, lui *offrir nos actions*, nos biens, et nous offrir nous-mêmes en sacrifice.

Ces différents devoirs constituent la *religion*, dont le principal objet est le *culte d'adoration*, culte suprême qu'on doit rendre à Dieu seul.

QUESTIONNAIRE. — Quel est l'objet de la morale religieuse ? — Quel est le fondement de nos devoirs envers Dieu ?

I. — LA RELIGION

Définition. — La religion (du latin *religare*, relier) peut être définie un *lien sacré* qui unit la créature raisonnable à son Créateur. Elle est *naturelle* ou *révélée*.

Religion naturelle. — La religion naturelle comprend l'ensemble des devoirs de l'homme envers Dieu connus par la

---

[1] Tous nos devoirs sont, en définitive, des devoirs envers Dieu, puisque la loi morale est l'expression de sa volonté.

raison. Ainsi la raison dit à l'homme qu'il doit *hommage* et *soumission* à Dieu, son créateur et son maître; *amour* et *reconnaissance* à Dieu, son père et son bienfaiteur. — L'homme naît *religieux*, comme il naît raisonnable et sociable ; c'est un de ses caractères essentiels.

Religion révélée. — La religion révélée comprend l'ensemble des vérités et des devoirs que la raison seule ne connaissait pas ou ne connaissait qu'imparfaitement et que Dieu a révélés à l'homme. Dieu, par lui-même ou par ses mandataires, les anges, les prophètes et les apôtres, et en dernier lieu par Jésus-Christ, a fait connaître au monde entier sa *nature*, ses *mystères* et la *manière dont il voulait être honoré*. (V. l'*Évang.*)

Origine de la religion. — « La religion est une institution *divine;* elle a Dieu pour auteur ; une religion qui serait l'ouvrage des hommes, une fois reconnue pour telle, tomberait avec l'imposture qui lui aurait donné le jour. Cette institution est *naturelle*, c'est-à-dire fondée sur les rapports naturels, essentiels et nécessaires de la créature au Créateur... C'est en même temps une institution *positive;* quoique le culte que nous rendons à Dieu lui soit naturellement dû, il était nécessaire que Dieu en déterminât lui-même les *principaux actes*. » (Cardinal GOUSSET, *Théol. dogm.*)

Époques de la révélation. — On distingue trois révélations principales.

1º **Révélation patriarcale.** — Dès les premiers jours, Dieu, parlant à Adam, lui révéla l'existence des bons et des mauvais anges, et, après la chute, la venue d'un libérateur et la manière d'offrir des sacrifices. Cette première révélation fut confirmée à Abraham, à Jacob et aux autres patriarches.

2º **Révélation mosaïque.** — Sur le mont Sinaï, Dieu renouvela à Moïse les révélations antérieures et imposa des préceptes nouveaux au peuple hébreu : le plus vénérable des livres, la *Bible*, en conserve le témoignage qu'on ne saurait contester sans détruire, par là même, la valeur de tous les témoignages historiques.

3º **Révélation chrétienne.** — Enfin, Dieu a parlé aux hommes par celui qui s'était chargé d'expliquer et d'accomplir la loi et les prophètes, *Jésus-Christ*, la seconde personne de la très sainte Trinité, et il continue à leur parler par l'intermédiaire de l'*Église*, seule gardienne et interprète infaillible de la vérité religieuse [1]. Dieu, pour donner aux hommes une preuve de l'authenticité de la révélation, l'a fait accompagner d'un signe irréfragable : le *miracle*.

Nécessité de la révélation. — L'homme ne pourrait se passer de la révélation qu'autant que sa raison lui suffirait pour connaître tous ses devoirs. Or l'expérience prouve qu'elle ne suffit pas. Pour s'en convaincre, il n'y a qu'à jeter un coup d'œil sur toutes les nations de la terre à l'époque où parut Jésus-Christ. On verra les hommes, hormis les Juifs, plongés dans les plus affreuses ténèbres, ignorer profondément ce qu'ils devaient à Dieu, à leurs semblables et à eux-mêmes, s'égarer dans des religions *absurdes* (pluralité des dieux) et *infâmes* (déification de tous les vices). Il y a d'ailleurs des vérités religieuses qui dépassent nécessairement notre intelligence et que cependant nous devons connaître : les mystères.

La religion, qui nous met en rapport avec Dieu, doit nécessairement renfermer des mystères : car l'être fini ne peut ni s'élever de lui-même à la connaissance de l'infini, ni décider lui-même les devoirs qu'il lui rendra. Le mystère d'ailleurs nous entoure de toutes parts, dans l'ordre naturel; comment pourrions-nous acquérir par notre seule intelligence la science des choses surnaturelles? — Qu'est-ce que l'air que nous respirons, le feu qui nous réchauffe? Qu'est-ce que l'électricité, le magnétisme, l'attraction des corps? Qu'est-ce que le sommeil, la fatigue, la douleur, le froid, le chaud? Comment expliquer la germination des plantes, l'assimilation des aliments, l'action de l'âme sur le corps et réciproquement, etc? « L'homme, dit Pascal, est à lui-même le plus prodigieux objet de la nature ; l'homme passe infiniment l'homme. »

Il est donc évident que la raison seule ne peut donner à l'homme une pleine connaissance de la vérité surnaturelle et

---

[1] Jésus-Christ dit à ses apôtres : « Enseignez toutes les nations; voici que je suis avec vous tous les jours jusqu'à la consommation des siècles. » (Matth., XXVIII) — « Dieu, dit saint Paul, a donné à son Église des apôtres, des pasteurs, des docteurs, afin que nous parvenions tous à l'unité d'une même foi, et que nous ne soyons point comme des enfants flottant à tout vent de doctrine. » (Éphés., IV.)

de ses devoirs; donc, l'homme a besoin de la révélation[1]. — De là, pour lui, l'obligation de croire fermement à la parole divine ou d'avoir la *foi*.

L'homme n'est pas seulement capable de sentir, de penser, de juger et de vouloir; il est encore capable de croire : il est naturellement un être soumis à la foi, comme il est un être soumis à la raison.

Ces considérations permettent de juger, une fois de plus, de l'insuffisance et de l'impuissance de la *morale rationaliste* ou *indépendante,* fondée uniquement sur la dignité humaine, ainsi que de la valeur de cette maxime des indifférents et des incrédules : « La religion est pour chacun affaire de conscience! » C'est une grossière erreur. Le christianisme est la seule religion possible; car, depuis la faute originelle, il n'y a point de religion sans médiateur, et il n'y a point d'autre médiateur entre Dieu et les hommes que Jésus-Christ, parce qu'il n'y a point d'autre Homme-Dieu que Jésus-Christ[2]. « Penser qu'il est indifférent que la religion ait des formes disparates et contraires équivaut simplement à n'en vouloir ni choisir ni suivre aucune. C'est l'athéisme moins le nom. Quiconque, en effet, croit en Dieu, s'il est conséquent et ne veut pas tomber dans l'absurde, doit nécessairement admettre que les divers cultes en usage entre lesquels il y a tant de différence, de disparité et d'opposition, même sur les points les plus importants, ne sauraient être tous également vrais, également bons, également agréables à Dieu. » (Encyclique *Immortale Dei,* 1885.)

Pratique de la religion. — La pratique de la religion porte le nom de *culte.*

QUESTIONNAIRE. — Comment peut-on définir la religion? — Qu'est-ce que la religion naturelle? — la religion révélée? — Quelle est l'origine de la religion? — Dieu a-t-il parlé aux hommes? — L'homme a-t-il besoin de la révélation? — Quel nom porte la pratique de la religion?

---

[1] Le *déisme,* doctrine de ceux qui admettent un Dieu, mais qui repoussent toute révélation, « est basé sur cette idée fausse que tout homme a dans sa raison un moyen suffisant de connaître la vérité; que tout homme doit croire et pratiquer ce qui lui paraît le plus juste, sans tenir compte de ce que pensent ses semblables. Il ouvre ainsi la porte à toutes les erreurs et à toutes les passions. » (L'AB. ARNAULT.) « Ce n'est qu'un système d'irréligion mal raisonné, ou le privilège de croire et de faire tout ce qu'on veut. » (BERGIER.)

[2] Voyez saint Paul, I *Tim.*, II, 5.

II. — LE CULTE

Division du culte. — Dieu étant le créateur de l'*âme* et du *corps*, le bienfaiteur de l'*individu* et de la *société*, a droit au triple culte : *intérieur*, *extérieur* et *public*.

Culte intérieur. — Le culte intérieur s'exerce par des actes purement spirituels, et principalement par la *prière*.

Par la **prière**, l'âme s'élève vers Dieu pour l'*adorer*, le *remercier*, lui demander *pardon* et *secours*.

La prière est un besoin pour l'homme. L'histoire nous montre partout l'humanité priant et, par conséquent, croyant à l'efficacité de la prière. « La plus belle formule de prière qui existe est incontestablement le *Pater*. Analysez, en effet, cette admirable prière, et vous y découvrirez d'abord la reconnaissance de la paternité divine, *Pater;* son universalité, *noster;* sa majesté, *qui es in cœlis;* vous y trouverez ensuite l'adoration, *sanctificetur nomen tuum*, et, comme conséquence, l'accord de la volonté humaine avec la volonté supérieure, *adveniat regnum tuum, fiat voluntas tua;* puis les demandes : le pain d'abord, le pain de l'âme et le pain du corps, la force morale, *panem nostrum quotidianum da nobis hodie;* la restitution de l'intégrité morale, *et dimitte nobis debita nostra;* le sacrifice volontaire, la charité envers les autres, *sicut et nos dimittimus debitoribus nostris;* la préservation enfin des occasions du mal moral et du mal lui-même quel qu'il soit, *et ne nos inducas in tentationem, sed libera nos a malo.* Il n'est pas possible d'être à la fois plus simple, plus clair, plus concis et plus profond. » (G. FONSEGRIVE.)

Culte extérieur. — Le *culte extérieur* (individuel) consiste dans les pratiques, attitudes, paroles, chants, cérémonies, par lesquels se manifeste au dehors la piété intérieure envers Dieu.

Ce culte repose sur une *loi de justice* : l'homme doit rendre hommage à Dieu par tout son être, par son corps aussi bien que par son âme ; et sur une *loi psychologique :* en vertu de l'union en l'homme du physique et du moral, tout sentiment a son expression dans une attitude externe. — C'est un fait d'expérience que certaines attitudes favorisent ou même suggèrent les idées de religion et de piété, tandis que d'autres les éloignent.

Le culte extérieur tire toute sa valeur du culte intérieur qu'il exprime ; sinon, il tombe sous l'anathème de Jésus-Christ : « Ce peuple m'honore des lèvres, mais son cœur est loin de moi. »

Culte public. — Le *culte public* (ou social) est rendu à Dieu au nom de la société.

La raison de ce culte, c'est que Dieu est l'auteur de la société comme il l'est de l'individu : il a fait l'homme social. De là, pour l'homme, le devoir d'honorer Dieu d'un culte social aussi bien que d'un culte individuel. Il s'acquitte de ce devoir par l'assistance aux cérémonies religieuses et aux prières publiques [1].

Liberté du culte. — On entend ordinairement par liberté du culte la faculté accordée par l'autorité civile d'avoir des temples, des ministres et des cérémonies religieuses publiques.

La liberté du culte ou *liberté extérieure de conscience* est réclamée, dans les pays divisés de croyances, par la liberté individuelle et par la paix sociale. Mais un seul culte est voulu et agréé de Dieu : c'est le culte catholique (V. l'*Évangile*). Tout homme a le droit et le devoir d'embrasser ce culte.

Aucune autorité (ni l'Église, ni l'État) n'a le droit de contraindre par la violence un homme à professer telle religion plutôt que telle autre : l'homme peut même n'en professer

---

[1] « Je crois, écrivait Donoso Cortès, que ceux qui prient font plus pour le monde que ceux qui combattent, et que si le monde va de mal en pis, c'est qu'il y a plus de batailles que de prières. Si nous pouvions pénétrer dans les secrets de Dieu et de l'histoire, nous serions saisis d'admiration devant les prodigieux effets de la prière, même dans les choses humaines. Pour que la société soit en repos, il faut qu'il y ait un certain équilibre, que Dieu seul connaît, entre les prières et les actions, entre la vie contemplative et la vie active. S'il y avait une seule heure d'un seul jour où la terre n'envoyât aucune prière au ciel, ce jour et cette heure seraient le dernier jour et la dernière heure de l'univers. »

« Prions : j'ai toujours vu, dans une rude carrière,
Que l'arme la meilleure est encor la prière. »

(H. de Bornier prête cette belle parole à Charlemagne, v. *la Fille de Roland*, acte III, sc. 5.)

aucune; il a cette liberté, ce pouvoir, en fait, mais non en droit; car le pouvoir ne constitue pas le droit[1].

Pour obéir aux préceptes de l'Évangile, les catholiques peuvent et doivent chercher à éclairer ceux qui sont dans l'erreur et à leur faire partager une croyance dont ils connaissent la vérité; mais ils ne doivent jamais se départir de la charité qui convient à des disciples du Christ.

QUESTIONNAIRE. — Combien distingue-t-on d'espèces de culte? — Comment s'exerce le culte intérieur? — le culte extérieur? — Qu'est-ce qu'on entend par liberté des cultes?

NOTE COMPLÉMENTAIRE

(PROGRAMME DU BREVET SUPÉRIEUR)

Vie morale. — Faire l'*éducation* des enfants, les *élever*, c'est précisément les arracher à l'empire des sens et les établir dans la dignité de la vie morale, c'est en faire des hommes qui agissent toujours en vue du bien.

Tout ce que l'on ôte aux sens, aux sensations, on le donne aux sentiments, à la volonté, à la force du caractère. L'excès de sensibilité physique étouffe la sensibilité morale : le sensuel n'a point de cœur, il n'a point de sentiments, il n'a que des sensations. « Le devoir à l'égard de nous-mêmes, c'est l'indépendance des sens. » (JOUBERT[*].)

Pour procurer aux enfants cette salutaire indépendance, il faut leur faire acquérir de bonnes habitudes d'esprit, de cœur, de conduite, et empêcher les mauvaises de naître et de durer; car, ainsi que l'a déclaré l'Écriture : « L'adolescent suivra sa voie; et lorsqu'il sera vieillard, il ne la quittera pas. » (*Prov.*, XX, 6.)

La tâche est d'autant plus difficile qu'il en coûte davantage au début pour obéir à la loi morale et pour accomplir le devoir : « S'il doit y avoir dans la vie humaine quelque chose d'indépendant de nos goûts, de nos fantaisies, de notre volonté, c'est le devoir. » (JOUBERT[*].) D'où la nécessité de saisir toutes les occasions « d'allumer dans l'âme des enfants la flamme du sacrifice, sans laquelle tout homme n'est rien qu'un misérable, quel que soit son rang. » (LACORDAIRE.) —

---

[1] « Il n'y a point de liberté de conscience vis-à-vis de Dieu. En présence du bien et du mal, révélés, connus, il y a la possibilité du choix, il n'y a jamais le droit... Tout homme naît sujet de la vérité, soumis à ses lois et, dans la mesure où il la connaît, obligé de la professer. Voilà pourquoi l'Église baptise l'enfant qui vient de naître, sûre de ne supprimer en lui aucune liberté légitime, et de ne lui faire aucun tort; sûre, au contraire, de lui faire un grand bien, en le plaçant le plus tôt possible dans le royaume de la vérité. » (E. BOUGAUD.)

« On n'est converti, a dit quelqu'un, que par les prédications dont on ne se défie point. Aussi se laisse-t-on surtout conduire et diriger par ceux qui ont l'air de laisser faire tout ce qui agrée, mais qui s'arrangent de manière à ce qu'on trouve de l'agrément dans ce qui est bon, utile et moral. » (H. JOLY.)

Dès le premier éveil de sa raison, l'enfant discerne le *bien* du *mal*, le *juste* de l'*injuste*. On lui expliquera, par des exemples pris dans la vie ordinaire, pourquoi le bien est bien, pourquoi le mal est mal.

Il reconnaît qu'il est digne d'*approbation* ou de *blâme*, d'*estime* ou de *mépris*, de *récompense* ou de *châtiment*, suivant qu'il fait ou ne fait pas ce qu'il doit faire. On lui fera comprendre que la *responsabilité* de nos actes, le *mérite* et le *démérite* sont les conséquences de la liberté morale.

On enseignera aux enfants que la liberté est restreinte par la loi morale; que celle-ci nous oblige à faire le bien en dehors de toute considération d'intérêt ou de plaisir; que le bien obligatoire s'appelle le *devoir;* que la puissance inviolable que nous avons d'agir sans blesser notre devoir s'appelle le *droit moral;* qu'une action libre et volontaire est bonne quand elle est conforme à la loi morale; mauvaise, quand elle est opposée à cette loi; que nous *connaissons* la loi morale par notre raison, et que nous l'*appliquons* par notre conscience; que la vertu donne la *paix* et le *bonheur;* que le vice produit le *trouble* et la *tristesse;* que la première *embellit* l'âme et le corps, parce qu'elle augmente notre ressemblance avec Dieu; que le second les *enlaidit*, parce qu'il efface cette ressemblance.

Enfin on insistera sur les principaux devoirs *individuels, sociaux, civiques* et *religieux*.

COMPLÉMENT DE LA MORALE

NOTIONS D'ÉCONOMIE POLITIQUE [1]

Définition et division. — L'économie politique est la *science de la richesse sociale*, ou, plus explicitement, la science relative à la *production*, à la *circulation*, à la *répartition* et à la *consommation* de la richesse.

But de l'économie politique. — Cette science a pour but d'améliorer le sort des hommes, en leur apprenant à se procurer, avec le moins d'efforts possible, les choses nécessaires à la satisfaction de leurs besoins physiques, intellectuels et moraux.

Ses rapports avec la morale. — L'*utile* est l'objet de l'économie politique, comme le *bien* celui de la morale; mais la pratique du bien favorise toujours la production de l'utile. Ainsi, par exemple, la morale nous commande la *modération* dans la satisfaction des besoins, l'*activité raisonnable* dans le travail, la *justice* et l'*honnêteté* dans les relations, etc. Ces préceptes s'accordent parfaitement avec les règles économiques. A son tour, l'économie politique vient efficacement en aide à la morale; car elle nous montre les avantages qui résultent de la pratique du bien, et les maux résultant du vice. D'où l'on peut conclure que, sans se confondre, l'économie politique et la morale sont inséparables.

I. — PRODUCTION DE LA RICHESSE

Définition de la richesse. — En économie politique, on appelle richesse tout ce qui concourt à satisfaire les besoins

---

[1] Ici *Économie politique* (du grec *oikos*, maison; *nomos*, lois, et *polis*, cité) signifie *administration de la maison appliquée à la société*.

de l'homme. La valeur d'une chose est en raison de son utilité et de sa rareté.

Agents de production de la richesse. — Les trois agents de production de la richesse sont : la *nature*, le *travail* et le *capital*.

1º La nature. — La nature nous donne du blé, des végétaux, des minéraux ; le soleil, de la lumière et de la chaleur ; l'atmosphère, du carbone et de l'eau ; le vent et l'eau mettent leurs forces à notre disposition. Ces matériaux et ces forces sont les premiers agents de la production.

2º Le travail. — Le travail est l'action de l'homme sur la nature. Livrée à elle-même, celle-ci ne pourrait satisfaire à tous nos besoins. Il faut cultiver la terre pour lui faire produire du blé ; bâtir des moulins et des fours pour approprier ce blé à nos besoins ; creuser le sol pour en extraire les minéraux ; transformer le fer en outils et armes ; l'argent et l'or en monnaies et en bijoux, etc. C'est donc en mettant en œuvre les matières premières, les forces naturelles, et aussi ses facultés physiques et intellectuelles, que l'homme augmente l'utilité ou la valeur des choses, et qu'il produit la richesse.

3º Le capital. — En économie politique, on entend par capital tout *produit* du travail, conservé, épargné en vue d'une production nouvelle. Ainsi le blé mis en réserve pour ressemer, les animaux et les instruments de culture, l'argent employé à l'amélioration d'une terre ou d'une industrie, représentant le produit d'un travail antérieur, sont des capitaux.

Le capital et le travail ont besoin l'un de l'autre : plus le premier est considérable, plus le second est rémunéré. Il n'y a donc pas d'hostilité entre le capitaliste et le travailleur. « Ce qui fait concurrence au capital, c'est le travail ; ce qui fait concurrence au travail, c'est le travail. C'est la rareté des capitalistes qui fait hausser le taux de l'intérêt ; c'est le trop grand nombre de travailleurs qui fait baisser le prix du travail. » (J. GARNIER.)

Formes diverses du capital. — On distingue : 1º le *capital fixe* ou de production : machines, instruments et animaux de travail, bâtiments, améliorations des terres, galeries des mines, etc.; 2° le *capital circulant* ou de profit, qui reparaît transformé : agents naturels, matière première, combustibles, salaires, etc.; 3° le *capital improductif*, absorbé par les faux besoins ou le luxe : boissons alcooliques, tabac, bijoux, etc.

Formation du capital. — L'épargne est la source principale du capital. Épargner consiste à dépenser moins qu'on ne produit. L'épargne est une condition du *bien-être,* de la *dignité,* de l'*indépendance.*

Établissements d'épargne. — On appelle établissements d'épargne certains *bureaux* qui reçoivent en dépôt les petites épargnes et les font valoir au profit des déposants. Les deux principaux sont : les *caisses d'épargne ordinaires* ou *postales* et les *banques.* « Le développement du capital par l'épargne sera d'autant plus grand, que le travail est plus productif et l'homme doué de plus de qualités intellectuelles et morales. »

Conditions de profit. — Les principales conditions de profit sont : l'*association,* la *division du travail,* la *liberté du travail.*

1° Association. — L'association est l'union du *travail* et du *capital* en vue de la production. L'association augmente considérablement la puissance des travailleurs, et rend possible ce qui était impossible à l'homme isolé. Grâce à l'association on peut entreprendre et mener à bonne fin les grands travaux d'intérêt général, tels que *routes, chemins de fer, ports, exploitation de mines,* etc. On distingue les associations de *production,* de *crédit* et de *consommation.* Ces associations sont utiles à tout le monde : aux capitalistes, aux savants, aux ouvriers.

2° Division du travail. — Par division du travail on entend la *séparation* des diverses industries, ou la *division* des tâches dans la même industrie. La division du travail, qui est la conséquence de l'association, présente de grands avantages : elle développe l'habileté des ouvriers, utilise mieux les aptitudes spéciales, économise le temps en dispensant l'ouvrier de changer d'occupation, de place et d'outils, fait découvrir des procédés de production plus expéditifs, ce qui diminue le prix de revient et, partant, le prix de vente; mais elle présente aussi quelques inconvénients pour l'ouvrier : il ne sait faire qu'une chose, et, si cette besogne ordinaire vient à lui manquer, il peut se trouver sans moyen d'existence.

3º **Liberté du travail.** — La liberté du travail est de *droit naturel* : la liberté naturelle de la personne humaine comporte nécessairement le libre usage de ses facultés, et par conséquent la liberté du travail. Cette *liberté du travail,* substituée au système corporatif du moyen âge, « a eu pour conséquence la *libre concurrence,* qu'il ne faut pas confondre avec l'antagonisme déloyal, qui procède par fraude et par contrefaçon. La vraie concurrence n'est autre chose que l'émulation, qui est le principe le plus actif du progrès. » (P. JANET.)

Classification des industries. — On distingue, par ordre d'importance : — 1º les industries *agricoles* (culture et élevage, qui s'exécutent de trois manières : culture par le propriétaire, métayage, fermage); — 2º les industries *textiles* (coton, laine, lin, chanvre, soie); — 3º les industries *alimentaires* (sucre, etc.); — 4º les industries *extractives* (mines, carrières, chasse, pêche); — 5º les industries des *bâtiments* et *ameublements;* — 6º les industries *manufacturières;* — 7º les industries *commerciales;* — 8º les industries des *transports.*

QUESTIONNAIRE. — Qu'est-ce que l'économie politique? — Quel est le but de l'économie politique? — Quels sont ses rapports avec la morale? — Qu'appelle-t-on richesse en économie politique? — Quels sont les agents de production? de la richesse? — Quelles sont les formes diverses du capital? — Quelle est la source principale du capital? — Qu'appelle-t-on établissements d'épargne? — Quelles sont les conditions de profit? — Comment classe-t-on les industries.

II. — CIRCULATION DE LA RICHESSE : ÉCHANGE

Définition. — La circulation de la richesse est un acte de commerce, librement consenti entre deux personnes, qui fait passer une chose utile de la première à la seconde, et réciproquement. Cette communication réciproque de mille choses indispensables à la vie, conséquence obligée de la division du travail et des productions spéciales de chaque pays, constitue l'*échange.*

Utilité de l'échange. — L'homme ne peut produire lui-même tout ce qui est nécessaire à ses besoins; mais grâce à l'échange des services et des produits qu'il fait avec ses semblables, « il est nourri, vêtu, logé, meublé, voituré, pourvu de toutes les satisfactions que comportent sa fortune particulière et l'état général de la société. » L'échange est donc une source de bien-être pour l'individu, d'union et de prospérité pour les peuples. Le meilleur moyen de le favoriser, c'est de permettre à chacun d'acheter et de vendre où il peut le faire le plus avantageusement, dans son pays ou hors du pays.

Cependant la protection (droit de douane sur les produits étrangers) est quelquefois nécessaire, soit pour favoriser une industrie nationale importante, soit pour user de représailles contre l'étranger, soit pour des raisons purement fiscales.

Le troc. — La forme primitive de l'échange est le *troc* des services ou des produits; chez les peuples civilisés, les échanges se font au moyen de la monnaie.

La monnaie et le prix. — Le prix est la valeur d'une chose exprimée en monnaie. — La *monnaie* est le terme de comparaison, la mesure de toutes les valeurs (si, par exemple, une montre vaut 60 francs et que 12 mètres de drap soient estimés aussi 60 francs, la montre vaut 12 mètres de drap).

La monnaie d'or et d'argent est devenue l'*intermédiaire universel* des échanges, parce qu'elle est plus que toute autre substance : — 1º facile à transporter; — 2º presque inaltérable; — 3º homogène; — 4º divisible (jusqu'à 20 centimes); — 5º facilement reconnaissable : l'or par son poids, l'argent par le son; — 6º parce qu'elle a une valeur réelle et non de convention. Le *billon* n'est qu'une monnaie d'appoint.

L'offre et la demande. — Le *prix* d'une même chose varie continuellement; il se détermine, dans chaque cas particulier, par ce qu'on appelle la loi de l'*offre* et de la *demande*.

L'*offre* est la quantité de marchandise qu'on désire vendre; la *demande*, la quantité qu'on en désire acheter. Or il est évident que si l'offre dépasse la demande, le prix baisse (ex. : beaucoup de grains à la halle et peu d'acheteurs); si, au contraire, la demande dépasse l'offre, le prix s'élève (ex. : peu de bétail au marché et beaucoup d'acheteurs).

Le crédit. — Le crédit est une avance de capitaux ou de marchandises contre promesse de remboursement ou de payement. La promesse de payer peut être verbale entre amis, le plus souvent elle est écrite. Sa rédaction constitue ce qu'on appelle les *papiers de crédit : billet au porteur, billet à ordre, lettre de change, chèque, warrant, obligation, titre de rente, billet de banque.*

Deux sortes de crédit. — On distingue le *crédit privé* et le *crédit public.*

Le **crédit privé** concerne les particuliers; il est *personnel*, lorsqu'il est basé sur l'honnêteté; *réel*, lorsqu'il est garanti par l'hypothèque.

Le **crédit public** concerne les particuliers et l'État; les prêts faits à l'État ou les dépôts effectués dans les caisses d'épargne se prouvent par des titres de rente et par des livrets. Il y a aussi le *Crédit foncier*, qui prête aux propriétaires sur hypothèque, et le *Crédit agricole*, dont les avances sont garanties par les instruments de culture et par les récoltes.

Utilité du crédit. — Le crédit active la production, fait valoir les épargnes, « offre au faible une ressource précieuse, établit une association entre le riche et le pauvre, entre celui qui a reçu de ses pères ou retiré de son travail un beau patrimoine, et celui qui débute dans la vie sans autre ressource que son intelligence, sa moralité, son application, et qui peut arriver à son tour à l'aisance [1]; » mais, par contre, il favorise les spéculations et les entreprises déloyales.

QUESTIONNAIRE. — Qu'est-ce que la circulation de la richesse? — Quelle est l'utilité de l'échange? — Quelle en est la forme principale? — Que savez-vous de la monnaie et du prix? — de l'offre et de la demande? — du crédit? — Combien y a-t-il de sortes de crédit? — Quelle est l'utilité du crédit?

III. — RÉPARTITION DE LA RICHESSE

Définition. — La répartition de la richesse est le mode de distribution par lequel ceux qui ont contribué à la production :

---

[1] Michel Chevalier (1806-1879), né à Limoges, ingénieur et économiste.

entrepreneurs ou *industriels, capitalistes* et *travailleurs*, s'en partagent les résultats.

Ce mode est des plus simples : les travailleurs reçoivent un *salaire ;* les capitalistes, un *intérêt* ou une *rente ;* et les entrepreneurs, le *profit* ou *bénéfice net.*

Le salaire. — Le salaire est la *rétribution* du travail (manuel ou intellectuel), stipulé d'avance pour un temps déterminé.

Ses variations. — Le salaire varie nécessairement selon la nature du travail, les temps et les lieux, la longueur de l'apprentissage, la vigueur corporelle, l'habileté professionnelle, les qualités morales de l'ouvrier, etc. Il est, de plus, soumis à la loi de l'*offre* et de la *demande :* il *baisse* quand il y a beaucoup d'ouvriers et peu de capital ou de travail ; il *monte* quand il y a peu d'ouvriers et beaucoup de capital ou de travail.

« Les ouvriers ont donc intérêt à ce que les capitaux augmentent et soient *le plus abondants possible*, à ce que l'industrie emploie des *instruments perfectionnés* et des *machines* qui rendent le travail de chaque ouvrier plus productif ; ils ont intérêt, par conséquent, à ce que la *science fasse des progrès*, à ce que rien ne détourne les propriétaires d'*employer leurs capitaux* dans l'agriculture, dans l'industrie, dans le commerce, à ce qu'il y ait *beaucoup d'entrepreneurs :* car ce sont autant de *causes d'élévation des salaires.* » (E. LEVASSEUR, *Notions d'économie politique.*)

Les coalitions et les grèves font tort à tout le monde, particulièrement aux ouvriers.

L'intérêt. — L'intérêt est la *rémunération* due au capital pour le concours qu'il apporte à la production. On distingue l'*intérêt* ou revenu des capitaux circulants, et le *loyer* ou revenu des capitaux fixes.

Sa légitimité. — La légitimité de l'intérêt est fondée sur les services rendus et sur les risques courus par les capitaux, circulants ou fixes, et, pour les derniers, sur les dépenses de l'entretien.

Variations du taux de l'intérêt. — Le taux de l'intérêt varie suivant l'abondance des capitaux et l'activité industrielle : il s'*élève* quand les capitaux sont rares et très demandés ; il *baisse* quand les capitaux sont abondants et peu demandés. C'est encore la loi de l'*offre* et de la *demande*. — En général, la baisse de l'intérêt indique prospérité et sécurité.

Le profit. — Le profit ou bénéfice net est le résultat de l'entreprise, déduction faite de toutes les dépenses. C'est la part de l'entrepreneur.

Sa légitimité. — Le salarié reste en dehors des chances de l'entreprise à laquelle il donne son concours; l'entrepreneur, au contraire, paye les ouvriers, les intérêts, les matières premières, avant d'avoir reçu lui-même le prix du travail effectué. Il court le risque de perdre son argent, son temps et sa peine, si l'entreprise échoue; il a bien le droit de se rémunérer par l'attribution du bénéfice, quand elle réussit.

QUESTIONNAIRE. — Qu'est-ce que la répartition de la richesse? — Que savez-vous du salaire? — de ses variations? — de l'intérêt? — des variations du taux de l'intérêt? — du profit?

IV. — CONSOMMATION DE LA RICHESSE

Définition. — Consommer utilement la richesse, c'est la faire servir à ses besoins physiques, intellectuels et moraux; en un mot, à l'amélioration de sa condition.

Diverses sortes de consommations. — On distingue :

1º Les **consommations productives**, c'est-à-dire celles qui se transforment pour produire une richesse plus grande. Ex.: la laine transformée en drap, les bois en meubles, le cuir en souliers, etc.

2º Les **consommations d'entretien**, c'est-à-dire celles qui conservent une richesse déjà produite ou une force productrice. Ex.: le fil et le drap employés à raccommoder les vêtements, la réparation des instruments de travail, la nourriture nécessaire à la conservation de la vie et des forces, les combustibles, les engrais agricoles, etc.

3º Les **consommations improductives**, c'est-à-dire : (a) celles qui n'ont que l'agrément pour objet. Ex.: les dépenses de luxe touchant le logement, le vêtement, la nourriture, et (b) celles qui sont absolument nuisibles. Ex.: usine qui ne paye pas ses frais, naufrage ou pillage de marchandises, incendies, etc.

4° Les **consommations de prévoyance**, c'est-à-dire celles qui ont pour but de se garantir contre certaines mauvaises chances de l'avenir. Ex. : primes aux compagnies d'assurances contre l'incendie et sur la vie, à la caisse de retraites pour la vieillesse, à une société de secours mutuels.

Remarques. — L'économie politique, l'hygiène et la morale nous recommandent de concert : 1° de régler les consommations d'entretien avec ordre et économie; 2° de supprimer toutes les consommations nuisibles ou qui ne satisfont que des besoins imaginaires; 3° de ne rien accorder au superflu avant d'avoir pourvu au nécessaire.

Consommations publiques. — Les consommations publiques sont celles que fait l'État pour les besoins de la société tout entière. L'État dépense aujourd'hui environ *trois milliards* par an, plus de huit millions par jour, pour le traitement des fonctionnaires, l'entretien des hôpitaux, des académies, de l'armée, les travaux publics, etc.

Impôts et emprunts. — Les deux moyens de subvenir aux dépenses publiques sont les *impôts* ou contributions et les *emprunts*.

L'impôt doit être *universel, égal* et, autant que possible, *proportionnel* au revenu des contribuables (contributions directes) et à leur consommation (contributions indirectes).

L'État ne peut légitimement emprunter que pour parer à des nécessités pressantes et d'intérêt général, telles que la *guerre*, les *travaux* d'utilité publique, la réparation des malheurs causés par une *disette* ou d'autres *calamités*.

Conclusion. — « L'homme, considéré comme producteur et consommateur, est toujours un être moral : il s'acquittera plus ou moins heureusement de sa tâche, suivant qu'il sera une *personne* plus ou moins accomplie, suivant qu'il connaîtra ou ignorera le vrai but de la vie, les lois des associations humaines, la liberté et la responsabilité individuelle, le devoir dans toutes ses formes et avec toutes ses sanctions. » (E. CHARLES.)

QUESTIONNAIRE. — Qu'est-ce que consommer la richesse? — Combien distingue-t-on de sortes de consommations? — Qu'appelle-t-on consommations publiques?

SUJETS

DE DEVOIRS ET DE DISSERTATIONS

Les questionnaires qui accompagnent les divers paragraphes du *Cours* pourraient servir de textes de *devoirs* ou de *dissertations*. Ce serait une excellente manière de faire récapituler et de s'assurer que les élèves ont compris.

1. — *Montrer par des exemples la distinction des faits physiques, physiologiques et psychologiques.*
2. — *Comment détermine-t-on les facultés de l'âme? Montrer comment elles s'unissent dans tous les phénomènes psychologiques.*
3. — *De la sensibilité. Ses caractères, ses formes, ses lois* (école de Cluny).
4. — *Indiquer les principales différences entre la sensation et le sentiment. Conséquences de ces phénomènes.*
5. — *Quel est le rôle du plaisir et de la douleur dans la vie humaine?*
6. — *Quelle différence y a-t-il entre les passions et les inclinations?*
7. — *Distinguer les facultés intellectuelles des opérations de l'intelligence.*
8. — *Les facultés et leurs rapports.* (Bacc. ès lett. et spéc.)
9. — *De la mémoire. Ses espèces. Ses qualités.*
10. — *Rôle de l'attention dans l'acquisition, l'élaboration et la conservation des connaissances.*
11. — *Montrer que, dans les données des sens, il y a toujours un élément sensible et un élément intellectuel.*
12. — *Distinguer l'idée de l'image dans la connaissance des corps.*
13. — *Quelles notions devons-nous à chacun de nos sens en particulier?*
14. — *Rapports entre la mémoire, l'association des idées et l'imagination.*

15. — *Le rôle de la mémoire dans l'éducation.*

16. — *Peut-on dire que l'imagination crée quelque chose? — En quoi consiste le travail créateur de l'art?*

17. — *Prouver que la conscience, ou au moins le sens intime, accompagne toutes les opérations des autres facultés.*

18. — *Différents rapports par lesquels s'enchaînent nos idées.*

19. — *Quelles sont les conditions requises pour que le témoignage des sens soit conforme à la réalité extérieure?*

20. — *Qu'entend-on par notions premières?*

21. — *Distinguer la perception de l'impression organique.*

22. — *Classer nos diverses connaissances et déterminer les facultés auxquelles nous les devons.*

23. — *De l'abstraction et des idées abstraites. — En donner des exemples dans les différentes sciences.*

24. — *Avantages et dangers de l'abstraction.*

25. — *De la comparaison. — Son importance dans la vie intellectuelle.*

26. — *De la généralisation. — Comment se forment les idées générales?*

27. — *Qu'appelle-t-on extension et compréhension des idées générales?*

28. — *Du jugement et de ses différentes espèces.*

29. — *Montrer que la parole est supérieure à toutes les autres formes du langage, par la facilité, la promptitude et surtout la précision.*

30. — *De l'importance du langage pour la formation et la fixation des idées abstraites.*

31. — *Le beau diffère-t-il de l'utile et de l'agréable? — En quoi consiste-t-il? — Quelles sont les diverses sortes de beau?*

32. — *Quel est l'objet de l'art?*

33. — *Prouver que le principe des faits psychologiques doit être un, simple et identique.* (Conc. lyc. et coll.)

34. — *Quels sont les différents sens du mot liberté?* (Brev. sup.)

35. — *Prouver l'existence de la liberté morale.*

36. — *Qu'est-ce que la conscience? — Les faits de conscience sont-ils certains?*

37. — *Locke* a dit : « L'âme est semblable à l'œil. — L'œil voit tous les objets qui l'entourent et ne peut se voir lui-même. » En est-il ainsi de l'âme?*

38. — *De l'instinct, de la volonté, de l'habitude.* (Bacc. spéc.)

39. — *Prouver que l'instinct diffère essentiellement de la volonté intelligente.*

40. — *Expliquer ce vers de la Fontaine :* « Quand l'eau courbe le bâton, la raison le redresse. »

41. — *Prouver l'existence de la raison comme faculté distincte de la conscience et de la perception externe.*

42. — *Influence de la volonté sur l'imagination, la mémoire, l'association des idées, la douleur, l'habitude, les passions.*

43. — *Montrer que si le tempérament, l'âge, l'éducation, le climat, prédisposent à la passion, les véritables causes dépendent de la volonté.*

44. — *Qu'est-ce que le fatalisme ? — Cette doctrine peut-elle se concilier avec la liberté morale ?*

45. — *L'influence des motifs sur la volonté est-elle une objection valable contre la liberté humaine ?*

46. — *Distinction du désir et de la volonté.*

47. — *La faculté motrice est-elle une quatrième faculté distincte des trois autres ?*

48. — *Distinguer par leurs caractères essentiels l'âme et le corps.* (Brev. sup.)

49. — *Exposer les principaux faits par lesquels se manifeste l'influence du physique sur le moral, et réciproquement.*

50. — *Expliquer, et, s'il y a lieu, critiquer les définitions suivantes de l'homme :* « Une âme qui se sert d'un corps » (Platon); « un animal raisonnable » (Aristote); « une intelligence servie par des organes » (de Bonald).

51. — *Exposer et discuter les objections du matérialisme contre la distinction de l'âme et du corps.*

52. — *Exposer les preuves de l'immortalité de l'âme.*

53. — *Quelles sont les principales analogies que l'on trouve chez l'homme et l'animal ? — Quelles sont les différences essentielles et irréductibles ?*

54. — *Dire pourquoi la logique doit être précédée de la psychologie.*

55. — *Qu'est-ce que le syllogisme, l'enthymème, l'épichérème, le sorite, le dilemme ? Donner des exemples.*

56. — *Distinguer l'induction de la déduction. Montrer par des exemples qu'on les emploie l'une et l'autre, et non à l'exclu-*

sion l'une de l'autre, dans la plupart des sciences, notamment dans les sciences morales et politiques. (Bacc. ès lett.)

57. — *Rapports et différences de l'induction et de l'analogie.*

58. — *Importance de la méthode.* — *Expliquer le mot de Descartes:* « Ce n'est pas assez d'avoir l'esprit bon; le principal, c'est de l'appliquer au bien. »

59. — *Qu'entend-on par méthode analytique et synthétique, expérimentale et rationnelle, à posteriori et à priori, d'invention et d'enseignement, d'induction et de déduction ?*

60. — *Méthode expérimentale. Ses règles.* — *Donner des exemples.*

61. — *Montrer par des exemples précis comment les sciences physiques appliquent dans leurs recherches l'observation, l'expérimentation, l'analyse et la synthèse, l'induction, l'hypothèse, l'analogie, la déduction et le calcul.* (Brev. sup. et Bacc. spéc.)

62. — *Distinguer l'observation de l'expérimentation.*

63. — *Valeur des classifications naturelles et des classifications artificielles.* — *Montrer leurs différences par des exemples détaillés.* (Bacc. ès lett. et spéc.)

64. — *Comparer la méthode des sciences physiques et celle des sciences historiques.* (Bacc. ès lett. et spéc.)

65. — *Le rôle des hypothèses dans la philosophie des sciences.* (Bacc. spéc.)

66. — « *Il n'y a guère d'esprits qui soient capables d'embrasser toutes les faces de chaque sujet, et c'est là, à ce qu'il me semble, la source la plus ordinaire des erreurs des hommes.* » (Vauvenargues.)

67. — *Des sophismes.* — *Quelles sont les principales sources des mauvais raisonnements ? Donner des exemples.*

68. — *Exposer les principales propriétés métaphysiques de l'être.*

69. — *Dites ce que vous savez sur les éléments constitutifs de la matière et sur les conceptions diverses des philosophes à ce sujet.*

70. — *Qu'est-ce que la vie ?* — *Quels sont les degrés de la vie ?* — *Quelles sont les hypothèses diverses sur la vie ?*

71. — *Développer cette pensée d'Aristote :* « Si rien n'est premier, il n'y a pas de causes. »

72. — *Part de l'expérience et part de la raison dans la preuve de l'existence de Dieu tirée du spectacle de l'univers.*

73. — *Providence divine.* — Comment se manifeste-t-elle dans la nature et dans l'histoire?

74. — *Preuves physiques de l'existence de Dieu.* (Dipl., Caen.)

75. — Quels sont les phénomènes moraux sur lesquels repose la conscience morale? — Qu'est-ce que la loi naturelle? — Pourquoi l'homme est-il capable de mérite ou de démérite? — Est-il par cela même susceptible d'être puni ou récompensé?

76. — *La loi morale et ses diverses sanctions.* (Conc. acad., Grenoble.)

77. — *De l'honnête et de l'utile;* caractères qui les distinguent l'un de l'autre. L'honnête et l'utile ne se confondent-ils pas en un certain sens? (Conc. acad., Caen.)

78. — *Le droit et le devoir.* — Qu'entend-on par ces deux mots? Quelle en est l'importance? Dites le rôle que remplissent le droit et le devoir dans la vie privée et dans la vie publique. (Brev. litt., Paris.)

79. — *Démontrer que l'âme humaine est libre et responsable de ses actes.* — Réfutation des principales objections soulevées, soit par l'école matérialiste, soit par l'école positiviste. (Brev. litt., Cluny.)

80. — *Du droit et du devoir.* — Quels sont les droits essentiels de l'homme, d'après la législation des peuples civilisés, dans les temps modernes? (Bacc. spéc., Douai.)

81. — *Établir la théorie de la responsabilité et de l'imputabilité morale.* — Montrer que les conditions de la responsabilité sont: la conscience de soi, la connaissance du bien et du mal, la liberté d'action, et que, ces divers éléments venant à varier, la responsabilité varie avec eux. (Conc. gén.)

82. — Qu'est-ce que la conscience morale? — Pourquoi, dès l'origine des sociétés, voyons-nous des lois positives qui prononcent des peines physiques contre la plupart des infractions à la loi naturelle?

83. — Qu'est-ce que la conscience morale? Que commande-t-elle? Comment se fait-elle obéir? Citer l'exemple d'un remords célèbre. (Bacc. mod.)

84. — Développer cette pensée de Rabelais : « La science sans la conscience est la ruine de l'âme. » (Conc. école norm.)

85. — Qu'y a-t-il à dire en faveur du principe: « Charité bien ordonnée commence par soi-même, » et comment faut-il l'entendre? (Bacc. mod., Toulouse.)

86. — *Montrer les rapports et les différences des lois positives et de la loi morale. Où les lois positives puisent-elles leur autorité? Où la loi morale puise-t-elle la sienne? Les codes des lois suffisent-ils pour assurer la moralité de l'homme ou d'un peuple?* (Bacc. spéc., Paris.)

87. — *Discuter cette pensée de Diderot:* « *A tout prendre, ce qu'il y a de mieux à faire pour être heureux, c'est d'être un homme de bien.* » (Brev. litt., Bordeaux.)

88. — *Maxime de la Rochefoucauld:* « *L'amour-propre est la base de nos actions.* » (Brev. litt.)

89. — *Analysez l'amour de soi, et montrez-le aux prises avec les principaux devoirs de l'homme et du citoyen.* (Conc. gén.)

90. — *Montrer que l'intérêt, même bien entendu, ne suffit pas pour fonder une doctrine morale. Vous insisterez sur le côté pratique de la question; la forme doit être vive et animée.* (Bacc. spéc., Paris.)

91. — *Pourquoi l'éducation morale doit-elle être plus développée à mesure que l'intelligence humaine fait plus de progrès et que l'homme dispose davantage des forces de la nature par la science?* (Brev. litt., Dijon.)

92. — *La bienfaisance est-elle de l'égoïsme parce qu'on trouve du plaisir à faire du bien à autrui?* (Aristote, Morale à Nicomaque, liv. IX, chap. VIII.) (Conc. lyc. et coll.)

93. — *Exposer sous forme de discours ou de lettre les avantages des exercices de gymnastique, non seulement pour la force et la santé du corps, mais encore pour l'éducation des facultés intellectuelles et morales.*

94. — *Exposer et discuter la morale de l'intérêt.* (Brev. litt., Bordeaux.)

95. — *Quelles seraient les conséquences d'une loi morale fondée sur la doctrine de l'utile?* (Bacc. ès lett., Paris.)

96. — *Exposer ce qu'il y a de vrai et ce qu'il y a de trop exclusif dans la morale du sentiment.*

97. — *Combien distingue-t-on de sortes de devoirs?* — *Quels sont les devoirs de l'homme envers lui-même?*

98. — *Devoirs de l'homme envers sa volonté.*

99. — *De la sincérité et de la véracité. Importance capitale de ces vertus; moyens pratiques de les développer chez les enfants et de combattre chez eux le mensonge.* (Éc. norm., Brev. élém.)

100. — *La modestie.* (Cert. d'apt. pédag.)

101. — *L'examen de conscience.* (Brev. sup., Bacc. mod., Bacc. ès lett.)

102. — *Pourquoi le suicide est-il défendu ? — En quoi celui qui se donne la mort blesse-t-il la société ? — Montrez qu'il outrage la nature. — Certains prétendent que le suicide est un acte de courage et qu'il est permis : que répondez-vous ?*

103. — *La vie de famille ; devoirs des fils envers leurs parents ; relations et devoirs des enfants entre eux.* (Conc. gén.)

104. — *De l'autorité paternelle, des variations qu'elle a subies chez les différents peuples.* (Bacc. mod., Dijon.)

105. — *La vie civile doit-elle absorber la vie de famille, ou en être le complément ? — Citer des exemples historiques.* (Bacc., spéc., Dijon.)

106. — *Du fondement du droit pénal. Comment les peines se sont adoucies chez les différents peuples avec la civilisation.* (Bacc. spéc., Dijon.)

107. — *Quelle est l'origine des devoirs du citoyen envers l'État ? Formuler et expliquer les plus importants de ces devoirs.* (Conc. gén.)

108. — *Y a-t-il plusieurs espèces de courage ? Et le courage n'est-il pas quelquefois de la prudence ? Citer quelques exemples.* (Brev. litt.)

109. — *Développer ce problème : L'homme est fait pour travailler, comme l'oiseau pour voler. C'est-à-dire que la loi du travail est à la fois naturelle et divine.* (Bacc. mod., Poitiers.)

110. — *Le travail est-il obligatoire ? Quelle est son influence sur la moralité humaine ?* (Brev. litt., Dijon.)

111. — *La loi du travail. Vous direz le rôle du travail dans les sociétés, sa place dans la morale, sa nécessité, sa dignité.* (Bacc. spéc., Paris.)

112. — *De la diversité des carrières ; montrer qu'elles ne doivent pas être toutes honorifiques, mais qu'elles sont toutes honorables dès qu'elles sont honorablement remplies.* (Dipl., Dijon.)

113. — *Démontrer, par des raisons tirées de la loi divine, de la morale sociale et de la morale individuelle, l'obligation du travail pour tous les hommes.* (Conc. gén.)

114. — *Du bien-être. — Le développement du bien-être qui résulte du progrès de l'industrie est-il contraire ou favorable à la moralité ?* (Bacc. spéc., Lille.)

115. — *Indiquer les devoirs de l'homme envers les animaux. La manière dont l'homme traite les animaux exerce sur son caractère et ses facultés morales une influence. Montrez et appréciez cette influence.* (Bacc. spéc., Poitiers.)

116. — *Indiquer rapidement les principaux devoirs de la morale sociale, en signalant, pour chacun de ces devoirs, les passages de nos grands écrivains dont la lecture peut être conseillée.* (Conc. gén., Paris.)

117. — *Rechercher en quelles circonstances il pourrait y avoir conflit entre nos différents devoirs envers la famille, la patrie et l'humanité, et comment on devrait essayer de les concilier.* (Conc. gén.)

118. — *Établir, avec des preuves à l'appui, les différences qui existent entre la justice et la charité.*

119. — *Qu'est-ce que la patrie? Que lui doit-on? Comment concilier les devoirs envers elle avec les devoirs envers l'humanité?* (Brev. litt., Paris.)

120. — *Exposer les sentiments que la patrie inspire, et les devoirs qu'elle prescrit au citoyen.* (Bacc. mod., Poitiers.)

121. — *Est-il vrai, comme l'ont prétendu les stoïciens, qu'on ne peut être attaché à une nation particulière sans haïr les autres?*

122. — *La guerre, trop maudite comme fléau, n'a-t-elle pas sa beauté morale? Les guerres justes et saintes ne sont-elles pas la forme la plus éclatante du dévouement et du sacrifice? Pouvons-nous douter aujourd'hui, en France, de la puissance de la guerre pour retremper une nation?* (Bacc. mod., Rennes.)

123. — *Du droit de légitime défense et de ses principales applications.* (Brev. litt., Grenoble.)

124. — *Prouver que la destinée de l'homme ne peut s'accomplir entièrement sur la terre.* (Bacc. ès lett., Sorbonne.)

125. — *Définir l'économie politique et déterminer l'objet de cette science.*

126. — *La division du travail, ses résultats.* (Bacc. ès lett. et spéc., Brev. sup.)

127. — *Expliquer par des exemples le sens des mots utilité, richesse, travail, circulation, répartition et consommation en économie politique.* (Brev. sup.)

128. — *Les institutions de prévoyance et leurs avantages.* (Bacc. spéc.)

129. — *Montrer comment le payement de l'impôt est une dépense de prévoyance.* (Brev. sup. et Bacc. spéc.)

130. — *Le rôle de la monnaie dans l'échange.* (Brev. sup. et Bacc. spéc.)

131. — *Les rapports de l'économie politique et de la morale.* (Bacc. spéc.)

132. — *Puissance du travail, de l'épargne et de l'association.*

133. — *Montrer pourquoi il convient d'avoir quelques notions de psychologie, de logique, de morale et d'économie politique pour recevoir avec fruit l'enseignement civique.* (Brev. sup.)

RÉSUMÉ

DES PRINCIPAUX SYSTÈMES DE PHILOSOPHIE

Les efforts tentés par l'esprit humain pour arriver à la connaissance de la vérité sur les grandes questions de la philosophie : l'*âme*, le *monde*, *Dieu*, *l'origine de nos idées*, la *nature de l'âme humaine*, la *possibilité de la science*, la *liberté morale*, le *principe de nos actions*, etc., ont donné lieu à une foule d'opinions, d'hypothèses, de systèmes qu'il est utile de résumer ici. Les principaux sont :

1° **En psychologie :** (*a*) Relativement à l'origine de nos idées : le *sensualisme*, l'*idéalisme*, le *spiritualisme*.

Le sensualisme, ou empirisme, prétend que toutes nos connaissances, même les notions et les vérités premières, viennent uniquement des sens ou de l'expérience.

L'idéalisme fait venir de la raison seule les notions et les vérités premières, à l'exclusion des sens et de l'expérience.

Le spiritualisme fait provenir nos idées des sens, de la conscience et de la raison.

(*b*). Relativement à la nature de notre âme : le *matérialisme*, le *fatalisme*, le *spiritualisme*.

Le matérialisme nie l'existence de l'âme : il croit seulement à l'existence de ce qu'on peut voir, toucher, peser.

Le fatalisme nie la liberté morale et soumet toute chose à une invincible nécessité : l'irrésistible loi du *Destin*, dont parlaient les stoïciens antiques, et dont parlent encore les traditions musulmanes : « Ce qui doit arriver arrivera, » telle est la formule du fatalisme oriental.

Le spiritualisme admet l'existence de l'âme et reconnaît entre elle et le corps une distinction réelle et substantielle.

2° **En logique :** le *scepticisme*, le *mysticisme*, le *dogmatisme*.

Le scepticisme nie la possibilité d'arriver à la certitude ; il désespère de rien connaître ni par la raison, ni par l'expérience.

Le mysticisme regarde l'intelligence humaine comme incapable de rien connaître par elle-même ; il explique les connaissances par des inspirations supérieures, résultant de communications directes entre l'âme et Dieu.

Le **dogmatisme** affirme que la verité existe, et que l'homme peut en acquérir la connaissance par l'effort de ses facultés intellectuelles.

3° **En théodicée :** (*a*) relativement à Dieu : les doctrines du *polythéisme,* du *dualisme,* du *panthéisme,* de l'*athéisme,* du *déisme,* du *monothéisme* ou *théisme.* (V. plus haut, p. 151.)

(*b*) Relativement à la création : les systèmes du *positivisme,* de l'*hétérogénisme,* de l'*évolutionnisme.* (V. plus haut, p. 151.)

4° **En morale :** les théories de l'*égoïsme* ou du *plaisir* et de l'*intérêt;* les théories du *sentiment* et du *devoir* ou de l'*honnêteté.* (V. plus haut, p. 179 et suiv.)

NOTICES BIOGRAPHIQUES

DES PHILOSOPHES, DES MORALISTES ET DES ÉCONOMISTES
LES PLUS CÉLÈBRES

Albert le Grand (1200-1280), né en Souabe, religieux dominicain, se distingua par son immense érudition, introduisit en Europe la philosophie d'Aristote, professa la philosophie et la théologie à Paris, eut saint Thomas d'Aquin d'abord pour disciple, ensuite pour collaborateur et successeur. Il a laissé des *Commentaires* sur les ouvrages d'Aristote et de nombreux *Traités de philosophie et de théologie*.

Ampère *André-Marie* (1775-1836), né à Lyon, mathématicien célèbre, a laissé, entre autres ouvrages, un *Essai sur la philosophie des sciences*.

Anselme [*saint*] (1033-1109), né à Aoste, archevêque de Cantorbéry, enseigna de vive voix et par écrit sur les matières les plus difficiles de la philosophie et de la théologie. Ses principaux ouvrages sont: le *Monologue* sur l'existence de Dieu, *de la Volonté*, *du libre Arbitre*, *de la vérité*, ses *Lettres*.

Aristippe (430 av. J.-C.), né à Cyrène (Afrique), fondateur de l'école *cynéraïque*, était disciple de Socrate, mais il altéra singulièrement la doctrine de son maître: sa morale se ramène à rechercher le plaisir du moment et à fuir la douleur.

Aristote (384-320), né à Stagire, en Thrace, le plus vaste génie des temps anciens, précepteur d'Alexandre le Grand. Il enseignait à Athènes sous les galeries du temple d'Apollon Lycien, d'où le nom de *Lycée* donné à son école, ou de *Péripatéticienne*, parce qu'il donnait ses leçons en se promenant.

Arnauld (1612-1694), né à Paris, théologien et philosophe, janséniste de Port-Royal, a publié un *Examen des Méditations de Descartes*, le *Traité des vraies et des fausses idées*, etc.

Augustin [*saint*] (354-430), né à Tagaste, en Numidie, le plus illustre des Pères de l'Église latine, personnifie la glorieuse alliance de la raison et de la foi. Il a éclairé d'un jour nouveau les facultés de l'âme, ses penchants et ses passions. Ses principaux ouvrages sont: les *Dialogues contre les académiciens*, le *Traité de l'immortalité de l'âme*, le *Traité de la Trinité*, ses *Confessions*, et la *Cité de Dieu*.

Bacon *Roger* (1214-1294), né dans le comté de Somerset, entra chez les franciscains, étudia les sciences physiques et naturelles et fit d'importantes découvertes. En philosophie, il substitua un des premiers l'autorité de l'expérience à celle des philosophes. On l'a surnommé le *Docteur admirable*.

Bacon *François* (1560-1626), né à Londres, s'adonna surtout aux sciences physiques et traça les règles de l'observation et de l'induction. Il a aussi écrit des *Essais de morale et de politique*. Son principe de philosophie est que l'esprit n'opère que sur les données des sens. Ce principe mal entendu a fait triompher les doctrines positivistes et matérialistes du XVIIIe et du XIXe siècle.

Bain *Alexandre* (1800-...), né à Aberdeen (Écosse), philosophe matérialiste, fait de la biologie l'unique base de la connaissance de la pensée. Il a composé : *les Sens et l'entendement*, *les Emotions et la volonté*, *l'Esprit et le corps*, etc.

Balmès *Jacques* (1810-1848), né à Vich, en Catalogne, écrivain et philosophe, a laissé des ouvrages très estimés : *le Protestantisme comparé au catholicisme*, une *Philosophie fondamentale*, *l'Art d'arriver au vrai*, excellent traité de logique et de philosophie pratique.

Bastiat *Frédéric* (1801-1850), né à Bayonne, célèbre économiste, combattit avec beaucoup de vigueur le système protectionniste et le socialisme dans les *Sophismes économiques*, les *Harmonies économiques*, le *Protectionnisme et Communisme*, etc.

Berkeley *Georges* (1684-1755), né en Irlande, philosophe sceptique, a publié les *Principes de la connaissance humaine*.

Bautain *Louis* (1796-1867), né à Paris, élève de l'École normale supérieure, professeur de philosophie à Strasbourg et de théologie morale à Paris, adversaire des systèmes de Condillac et de l'éclectisme de Cousin, entra dans les ordres, prêcha dans les principales églises de la capitale, et donna des conférences à Notre-Dame. Il a composé de nombreux ouvrages : une *Psychologie expérimentale*, une *Philosophie du christianisme*, la *Morale de l'Évangile comparée à la morale des philosophes*, etc.

Bayle *Pierre* (1647-1706), né au Carlat (Ariège), protestant, a laissé un *Dictionnaire historique et critique*, où il plaide pour l'hérésie et même pour l'athéisme.

Bentham *Jérémie* (1748-1832), né à Londres, auteur d'une *Introduction aux principes de morale et de jurisprudence*. Selon Bentham, l'art de la vie consiste à s'assurer la plus grande somme de jouissance possible avec le moins de mal possible.

Bonald, *vicomte de* (1754-1840), né à Milhau, écrivain et philosophe, chef de l'école traditionaliste, a combattu les doctrines philosophiques et politiques du XVIIIe siècle et de la Révolution française dans la *Théorie du pouvoir politique et religieux*, la *Législation primitive*, le *Traité du divorce*, etc.

Bonaventure [saint] (1221-1274), né en Toscane, général de l'ordre de Saint-François, proclame dans ses *œuvres ascétiques* que l'union de l'âme avec Dieu est le but de la science comme de la vertu. On l'a surnommé le *Docteur séraphique*.

Bossuet (1627-1704), né à Dijon, évêque de Meaux, génie incomparable comme orateur, comme écrivain, comme controversiste. Ses principaux ouvrages philosophiques sont : le *Discours sur l'histoire universelle*, la *Logique*, le *Traité de la connaissance de Dieu et de soi-même* et le *Traité du libre arbitre*.

Buridan (1295-1360), né à Béthune, philosophe très connu par l'argument dit de l'*âne de Buridan*.

Caro *Émile* (1826-1889), né à Poitiers, auteur de plusieurs ouvrages estimables : l'*Idée de Dieu*, le *Matérialisme et la science*, des *Études morales sur le temps présent*.

Chrysippe (282-207 av. J.-C.), né en Sicile, philosophe stoïcien, eut la réputation d'être un dialecticien subtil et raffiné. C'est lui principalement qui a constitué et vulgarisé le stoïcisme. — Sa morale est pure et élevée ; la raison doit gouverner la vie et mettre le sage au-dessus des passions, des souffrances et des joies.

Cicéron (106-44), né à Arpinum, homme d'État, orateur et moraliste, a prouvé la spiritualité et l'immortalité de l'âme, expliqué l'idée de la loi morale et a toujours flétri les doctrines épicuriennes ; mais, en pratique, il se montrait stoïcien mitigé. Il a composé un grand nombre d'ouvrages philosophiques : les *Questions académiques*, les *Tusculanes*, le *Traité de la nature des dieux*, *des Devoirs*, *de l'Amitié*, etc.

Clément d'Alexandrie (150-217), de païen qu'il était devint un des plus illustres apologistes de la religion chrétienne. « Je ne donne point, disait-il, le nom de philosophie à la doctrine particulière du Portique, d'Épicure, de

Platon ou d'Aristote, mais à ce que tous ces divers instituts ont enseigné de conforme à la science religieuse et à la justice. »

Cobden *Richard* (1804-1865), né dans le comté de Sussex, économiste anglais, propagateur de la doctrine du libre échange, a laissé de nombreux *Discours*.

Comte *Auguste* (1798-1857), né à Montpellier, philosophe inventeur du système *positiviste*, a composé un *Cours de philosophie positiviste*, un *Catéchisme positiviste*, un *Discours sur l'esprit positif*, etc.

Condillac (1717-1780), né à Grenoble, chef de l'école sensualiste au XVIII° siècle, a écrit l'*Essai sur l'origine des connaissances humaines*, le *Traité des sensations*, l'*Art de raisonner*, etc.

Condorcet (1743-1794), né à Ribémont (Aisne), fut tour à tour mathématicien, écrivain, philosophe, homme politique. Proscrit par la Convention, il se cacha pendant huit mois et composa son plus célèbre ouvrage, l'*Esquisse d'un tableau historique des progrès de l'esprit humain*.

Confucius ou *Koung-Fou-Tseu* (551-479), philosophe chinois, voyagea pour s'instruire, puis commença la réforme morale de la Chine. Sa doctrine, recueillie par ses disciples, forme trois livres : *Ta-hio*, la Grande étude ; *Tchoûng-Young*, l'Invariable dans le milieu ; *Quen-Yu*, Entretiens philosophiques.

Cousin *Victor* (1792-1867), né à Paris, professeur de philosophie à la Sorbonne, est le chef de l'éclectisme et du rationalisme contemporain. Il a composé entre autres ouvrages le livre *du Vrai, du beau et du bien*, et l'*Histoire de la philosophie*.

Darwin *Charles* (1809-1882), naturaliste et physiologiste anglais, auteur de l'*Origine des espèces*, de la *Descendance de l'homme*, etc., où il a exposé ses doctrines bizarres, — le transformisme, — souvent réfutées.

Descartes (1596-1650), né à la Haye, en Touraine, attaqua les doctrines d'Aristote et se proposa de créer une nouvelle philosophie basée sur l'autorité de la raison. Avec la raison seule il voulut établir sa propre existence, puis la spiritualité de son âme et sa distinction d'avec le corps ; enfin, de l'idée d'être fini, s'élever à la connaissance de Dieu. Il a commis de graves erreurs touchant la certitude, la substance, l'union de l'âme et du corps, etc. En refusant la certitude aux sens pour ne l'accorder qu'à la conscience et à la raison, Descartes a frisé l'idéalisme et favorisé le rationalisme contemporain. Ses ouvrages philosophiques sont : le *Discours sur la Méthode*, les *Méditations métaphysiques*, les *Principes de philosophie* et le traité des *Passions de l'âme*. Tous sont à l'*index*.

Donoso Cortès *Jean-François* (1809-1853), né à Valle de la Sarena, dans la province de Badajoz, fit de sérieuses études de droit, de philosophie et d'histoire, se lia vite avec les principaux écrivains du temps, et se mêla de bonne heure à la politique. Publiciste distingué, orateur éloquent, il fut le principal champion du parti catholique en Espagne. On a de lui, entre autres écrits : des *Esquisses historiques et philosophiques* et un *Essai sur le catholicisme, le libéralisme et le socialisme*.

Dupanloup *Félix* (1802-1878), né à Saint-Félix, en Savoie, orateur, écrivain et polémiste de premier ordre, a laissé, entre autres ouvrages : un traité sur l'*Éducation*, l'*Athéisme et le péril social*, et les *Lettres sur Voltaire*.

Duns Scott *Jean* (1274-1308), élève de l'université d'Oxford, entra dans l'ordre des franciscains, enseigna la théologie et la philosophie avec un grand succès. Il mourut à Cologne.

Épictète (1ᵉʳ siècle de notre ère), né en Phrygie, esclave affranchi, ouvrit à Rome une école de philosophie stoïcienne. On a de lui des *Entretiens*, des *Discours* et un *Manuel* de maximes stoïciennes.

Épicure (340-270), né près d'Athènes, enseignait que l'univers a été produit par la rencontre fortuite des atomes, que l'âme meurt avec le corps. Sa morale était celle du plaisir, mais du plaisir choisi, du plaisir durable et sans suites fâcheuses. Cette doctrine a produit les plus pernicieuses conséquences : après avoir corrompu les Grecs, elle a « gâté le cœur et l'esprit des Romains ». (MONTESQUIEU.)

Fénelon (1651-1715), né en Périgord, archevêque de Cambrai, grand orateur, habile écrivain, profond penseur, a laissé des *Lettres sur la métaphysique*, le *Traité de l'existence de Dieu*, la *Réfutation du système de Malebranche*, le *Télémaque*, etc.

Fichte *J.-Théophile* (1702-1814), né à Rammenau (Allemagne), disciple de Kant, philosophe panthéiste, a publié l'*Essai d'une critique de toute révélation*, *Revendication de la liberté de la pensée*, *Destinée de l'homme*.

Franklin (1706-1790), né à Boston, s'instruisit lui-même, fut successivement ouvrier imprimeur, publiciste, homme d'État. Son almanach, intitulé *le Bonhomme Richard*, est un recueil de préceptes de morale et de connaissances utiles, surtout aux gens de la campagne.

Gassendi (1592-1655), né près de Digne, philosophe, admirateur de F. Bacon et adversaire de Descartes, a publié des *Commentaires* sur le système d'Épicure.

Gratry *Auguste* (1805-1872), né à Lille ; brillant élève de l'École polytechnique, entra dans les ordres, fut directeur du collège Stanislas, aumônier de l'École normale supérieure, professeur de morale à la Sorbonne. On a de lui une *Logique*, la *Connaissance de Dieu*, la *Connaissance de l'âme*, les *Sources*, etc.

Hegel *G.-W.-Frédéric* (1770-1831), né à Stuttgart, diversement expliqué par ceux mêmes qui ont eu la prétention de le mieux comprendre. Il semble flotter entre deux abîmes : l'athéisme et le panthéisme. On a de lui la *Phénoménologie de l'esprit*, la *Logique*, la *Philosophie du droit*, etc.

Helvétius (1715-1771), né à Paris, philosophe matérialiste, auteur d'un livre intitulé : *de l'Esprit*, qui fut condamné par le Parlement.

Hobbes *Thomas* (1588-1679), né à Malmesbury (Angleterre), philosophe matérialiste, a laissé un *Traité de la nature humaine*, du *Citoyen*, du *Corps politique*, etc.

Hume *David* (1711-1776), né à Édimbourg, historien et philosophe sceptique, mit en question l'existence de Dieu et l'immortalité de l'âme.

Hutcheson (1694-1747), né en Irlande, adversaire du système de l'intérêt, qu'il remplace par celui du *sens moral* ou du *sentiment*, auteur d'un *Système de philosophie morale*.

Jacobi *Frédéric* (1713-1819), né à Dusseldorf, admirateur de Rousseau, adversaire de Kant, auteur des *Lettres sur la doctrine de Spinosa*.

Joubert *Joseph* (1754-1824), né à Montignac (Dordogne), littérateur et moraliste, a laissé des *Pensées et maximes* qui se distinguent par la force et la justesse d'observation.

Jouffroy (1796-1842), né aux Pontets (Doubs), professeur de philosophie à la faculté des lettres de Paris, a traduit Th. Reid et composé le *Cours d'esthétique*, les *Mélanges philosophiques*, etc.

Justin [saint] (103-168), né en Palestine, philosophe, d'abord païen, demanda inutilement la vérité aux stoïciens, aux péripatéticiens, aux pythagoriciens. La lecture de l'Évangile résolut toutes ses difficultés et le convertit au christianisme. Il a laissé deux *Apologies de la religion*, un *Dialogue* et divers *fragments*.

Kant (1724-1804), né à Kœnigsberg, philosophe rationaliste, tout en admettant l'existence de Dieu, la liberté et l'immortalité de l'âme. Sa doctrine renferme de graves erreurs. Kant prétend que toutes nos connaissances sont purement subjectives, ce qui aboutit à l'idéalisme ; comme il soumet à la critique toutes les connaissances humaines, son système porte le nom de *criticisme*. Il a écrit : la *Critique de la raison pure*, la *Critique de la raison pratique*, la *Critique du jugement*, les *Principes métaphysiques des mœurs*, etc.

La Bruyère (1645-1696), né à Paris,

célèbre moraliste, auteur du livre des *Caractères*. (Voy. notre *Précis d'hist. litt.*)

Lacordaire *Henri* (1802-1861), né à Recey, près de Châtillon-sur-Seine, célèbre orateur sacré. On a de lui : les *Conférences de Notre-Dame*, des *Sermons*, des *Lettres à des jeunes gens*, etc.

Lamarck (1744-1829), né en Picardie, naturaliste et philosophe matérialiste, précurseur de Darwin, l'un des premiers propagateurs de la doctrine du *transformisme*.

Lamennais *Félicité* (1782-1854), né à Saint-Malo, écrivain et philosophe, s'engagea dans les ordres sans vocation décidée et publia divers ouvrages, entre autres, l'*Essai sur l'indifférence*, en deux volumes. Dans le premier volume, il montre que l'indifférence religieuse est une folie et un crime ; dans le second, il se laisse entraîner dans l'erreur traditionaliste touchant la certitude. Dans les *Paroles d'un croyant*, il prêche le socialisme ; enfin, dans l'*Esquisse d'un philosophe*, il tombe dans le panthéisme. La plupart de ses ouvrages sont condamnés.

La Mettrie (1709-1752), né à Saint-Malo, philosophe matérialiste, publia une *Histoire naturelle de l'âme*, l'*Homme machine*, etc., qui furent condamnés.

La Rochefoucauld (1613-1680), né dans l'Angoumois, moraliste satirique, a laissé des *Maximes* dans lesquelles il rapporte toutes les actions à l'amour-propre, toutes les vertus à l'intérêt.

Laromiguière *Pierre* (1756-1837), né à Livignac, dans l'Aveyron, professeur de philosophie à la faculté des lettres de Paris, a préparé le mouvement spiritualiste du XIXe siècle. On a de lui des *Leçons de philosophie sur les principes de l'intelligence*, demeurées longtemps classiques.

Leibnitz (1646-1716), né à Leipsick, génie universel, a réagi contre le sensualisme de Locke et contre certains principes de Descartes. On lui doit : des *Essais de théodicée*, les *Nouveaux essais sur l'entendement*, la *Monadologie*, etc.

Le Play *Frédéric* (1806-1882), né près de Honfleur, ingénieur des mines, économiste, auteur des *Études sociales*.

Locke (1632-1704), né près de Bristol, chef de l'école sensualiste moderne en Angleterre, auteur de l'*Essai sur l'entendement humain*, de *Lettres sur la tolérance*, de *Pensées sur l'éducation* qui ont inspiré l'*Émile* de J.-J. Rousseau.

Lucrèce (95-53 av. J.-C.), poète latin et philosophe athée et matérialiste, a chanté la doctrine épicurienne dans son poème didactique *de la Nature des choses*. Il se donna la mort à quarante-quatre ans.

Maine de Biran (1766-1824), né à Bergerac, philosophe dont les théories indécises ont plus d'un point de ressemblance avec la métaphysique de Leibnitz et le mysticisme de Fichte.

Maistre *Joseph, comte de* (1754-1821), né à Chambéry, philosophe et publiciste distingué, auteur des *Considérations sur la France*, des *Soirées de Saint-Pétersbourg*, etc.

Malebranche *Nicolas* (1638-1715), né à Paris, entra dans la congrégation de l'Oratoire. La lecture du *Traité de l'homme*, de Descartes, lui révéla sa vocation de philosophe. Il publia la *Recherche de la vérité*, les *Entretiens sur la métaphysique et sur la religion*, les *Méditations chrétiennes et métaphysiques*, etc. Selon M. Cousin, Malebranche a été le Platon du christianisme.

Mill *Stuart* (1807-1873), né à Londres, économiste et philosophe positiviste, disciple de Bentham, a laissé le *Système de logique déductive et inductive* et des *Fragments sur le socialisme*.

Moïse (1605-1475), né en Égypte de parents israélites, aida les Hébreux à sortir de la servitude, et demeura leur chef pendant soixante-dix-huit ans. Inspiré de Dieu et instruit par les traditions des patriarches, Moïse a écrit le *Pentateuque*, comprenant la *Genèse*, l'*Exode*, le *Lévitique*, les *Nombres* et le *Deutéronome*, qui nous font connaître la création du monde, l'origine et la chute de l'homme, la promesse du Rédempteur, l'unité de l'espèce humaine, etc. C'est donc là que se trouve nettement consignée la *révélation primitive* et le point de départ saisissable de la *tradition religieuse* dans le monde. « Moïse est le plus ancien des historiens, le plus sublime des philosophes et le plus sage des législateurs. » (BOSSUET.)

Montaigne *Michel* (1533-1592), né au château de Montaigne en Périgord, philosophe moraliste, auteur des *Essais*, œuvre remarquable par le style, mais à laquelle on reproche justement des principes trop faciles et des opinions trop hardies en religion. (V. notre *Précis d'hist. litt.*)

Montesquieu, *baron de* (1689-1755), né à La Brède, non loin de Bordeaux, magistrat, publiciste et philosophe, auteur des *Considérations sur les causes de la grandeur et de la décadence des Romains*, de l'*Esprit des lois*, etc. Son érudition superficielle et ses jugements surtout laissent beaucoup à désirer.

Nicole *Pierre* (1625-1695), né à Chartres, philosophe et théologien, janséniste ardent, a composé des *Essais de morale*, la *Logique de Port-Royal*, etc.

Pascal (1623-1662), né à Clermont-Ferrand, célèbre écrivain, se laissa entraîner dans le jansénisme par Arnauld, dont il prit la défense dans les fameuses *Provinciales*, dirigées contre les jésuites. Citons encore de Pascal : les *Pensées*, fragments épars qui promettaient une apologie du christianisme « digne des temps primitifs », l'*Art de persuader*, de l'*Autorité en matière de philosophie* et de l'*Esprit géométrique*.

Pellico *Silvio* (1789-1854), né à Saluces (Italie), littérateur et moraliste, a écrit *Mes prisons*, *Françoise de Rimini* et les *Devoirs des hommes*.

Platon (430-348 av. J.-C.), né dans l'île d'Égine, philosophe, disciple de Socrate, fonda, dans le jardin d'Académus, son ami, la plus célèbre école de philosophie de la Grèce : l'*Académie*. Ses *Dialogues* contiennent d'admirables aperçus sur Dieu, l'âme et la morale; mais il croyait à l'éternité de la matière et approuvait l'esclavage, le croyant naturel et nécessaire. A côté de vérités sublimes, on trouve dans ses œuvres, principalement dans sa *République*, des erreurs monstrueuses.

Plutarque (mort vers 140 ap. J.-C.), né à Chéronée, biographe et moraliste. « Ses ouvrages ont tout embrassé : l'histoire, la métaphysique, la morale, la politique, la religion. C'est le philosophe ancien le plus rapproché de la morale chrétienne. »

Puffendorf *Samuel* (1632-1694), né près de Chemnitz, en Saxe, publiciste et historien, a soutenu en morale le système de l'intérêt général.

Pyrrhon (384-288 av. J.-C.), né à Elis (Péloponèse), philosophe, fondateur de l'école des *sceptiques*. Sa doctrine consiste à ne rien affirmer et à douter de tout : *Ni ceci, ni cela*, était sa devise.

Quatrefages de Bréau *J.-L.-Armand* (1810-1892), né à Berthezène, dans le Gard, célèbre naturaliste et anthropologiste.

Reid *Thomas* (1710-1796), né à Glasgow, philosophe, réfuta les théories de Locke et de Hume, et rétablit la certitude sur des *bases terrestres*. Reid est surtout psychologue; il se recommande par la finesse de ses observations et l'exactitude de ses analyses.

Rousseau *J.-J.* (1712-1778), né à Genève, littérateur et philosophe, a composé des ouvrages que déparent l'hypothèse, le sophisme et le paradoxe : le *Discours sur les sciences et les arts*, le *Discours sur l'origine de l'inégalité parmi les hommes*, le *Contrat social*, l'*Émile*, dans lequel se trouve la *Profession de foi du vicaire savoyard* (contre les athées et les matérialistes).

Say *J.-B.* (1767-1832), né à Lyon, célèbre économiste, fut d'abord destiné au commerce; mais la lecture des ouvrages d'Adam Smith détermina sa véritable vocation. Il a laissé plusieurs *Traités d'économie politique*.

Sénèque (3-65 ap. J.-C.), né à Cordoue, en Espagne, philosophe stoïcien, précepteur puis ministre de Néron, eut pour cet empereur des complaisances coupables, qui ne sauvèrent point ses jours : compris dans la conjuration de Pison et condamné à mort, il se fit ouvrir les veines. Sénèque parle de Dieu, de la Providence, de l'âme, de la destinée ; mais, pour lui, Dieu ou la nature c'est tout un, la Providence n'est que la nécessité, l'âme ne survit pas au corps, la destinée est toute stoïcienne. Ses principaux ouvrages sont les *Lettres à Lucilius*, les traités sur la *Colère*, la *Clémence*, la *Vie heureuse*, la *Brièveté de la vie*, la *Tranquillité d'âme*, etc.

Smith *Adam* (1723-1790), né à Glasgow, économiste et philosophe : il pose la *sympathie* comme le principe de nos actions morales. Smith a publié une *Théorie des sentiments moraux* et des *Recherches sur la nature et les causes de la richesse des nations*.

Spencer *Herbert* (1820-...), né à Derby, philosophe matérialiste, fait dériver nos connaissances des habitudes héréditaires ; sa morale est l'utilitarisme, et sa religion semble consister « à maintenir toujours élevé, dans la conscience, un autel au Dieu inconnu ». Il a publié l'*Essai sur le progrès*, les *Principes de sociologie*, etc.

Spinosa (1632-1677), né à Amsterdam, philosophe cartésien ; mais il abusa tellement du système de Descartes, qu'il fut conduit au *panthéisme matérialiste* (système qui consiste à n'admettre qu'une seule substance : la substance divine, dont les deux attributs essentiels seraient l'étendue et la pensée, c'est-à-dire les corps et les esprits). On a de lui une *Morale* et un *Traité de politique*.

Socrate (470-400 av. J.-C.), né à Athènes, est le véritable fondateur de la philosophie spéculative. Dans ses *Entretiens*, que deux de ses disciples, Xénophon et Platon, nous ont transmis, il s'appliqua surtout à remettre en honneur quelques vérités fondamentales sur l'âme humaine, sur Dieu et sa justice éternelle. « Connais-toi toi-même, » était sa maxime favorite, qu'il répétait souvent ; accusé par ses ennemis de ne pas reconnaître les divinités nationales et de corrompre la jeunesse, le sage Socrate fut condamné à boire la ciguë.

Thomas d'Aquin [*saint*] (1225-1274), né à Aquin, près de Naples, religieux dominicain, enseigna la philosophie et la théologie à Paris, où il vécut dans l'intimité de saint Louis, son cousin germain. Son génie et ses vertus l'ont fait surnommer l'*Ange de l'école* ou le *Docteur angélique*. Dans sa *Somme théologique*, on trouve résolues, « avec une précision, une vigueur et une exactitude admirables, au point de vue de la raison comme au point de vue de la foi, toutes les questions les plus difficiles de la théologie, de la métaphysique et de la morale. »

Vauvenargues *Luc de* (1715-1747), né à Aix, en Provence, composa d'excellents ouvrages qui lui valurent un rang distingué parmi nos grands moralistes : l'*Introduction à la connaissance de l'esprit humain*, les *Réflexions et Maximes*, etc.

Voltaire (1694-1778), né à Paris, lutta toute sa vie contre les croyances religieuses et les institutions du passé, fut un des principaux collaborateurs de l'*Encyclopédie*. Il a laissé de nombreux morceaux de critique et de philosophie, « dans lesquels la plaisanterie et la fausse interprétation des doctrines religieuses et politiques tiennent souvent lieu de raison. »

Xénophane (620 ? avant J.-C.), né à Colophon, en Lydie, philosophe, adversaire du polythéisme, le premier qui, au sein du paganisme, ait entrepris de démontrer l'unité, l'immatérialité, l'éternité et l'immutabilité de Dieu.

Zénon (340-260), né en Chypre, philosophe, réunissait ses disciples sous un portique d'Athènes, d'où le nom de *Portique* ou de *Stoïque* (*stoa*, portique) donné à son école. Il admettait dans la nature deux principes : la matière inerte et un principe qui anime tout. La formule générale de sa morale est que l'homme doit vivre conformément à sa nature raisonnable et pratiquer la vertu. Sa maxime était : *Soutiens et abstiens-toi* : *soutiens*, c'est-à-dire souffre ; car les maladies, la mort, ne sont ni bien ni mal ; *abstiens-toi*, c'est-à-dire étouffe toutes les passions, car toutes sont mauvaises. La morale stoïcienne, toute gâtée qu'elle est par l'orgueil, fut, pendant plusieurs siècles, la seule barrière contre la corruption des mœurs et les débordements du vice.

Zoroastre (VII° s. av. J.-C.), législateur des Perses au temps de Darius, avait étudié sous le prophète Daniel. Sa doctrine est contenue dans le *Zend-Avesta*. Il admet un premier principe éternel, invisible, spirituel, auteur d'Ormuzd, le bon principe, et d'Arhiman, le mauvais principe. Les serviteurs d'Ormuzd, après leur mort, vont dans la béatitude éternelle; ceux d'Arhiman sont précipités dans l'enfer, etc. Le *Zend-Avesta* renferme, « parmi des erreurs, certaines vérités empruntées à la révélation primitive, conservée chez les Juifs ».

TABLE DES MATIÈRES

Avertissement. v
Introduction 1

PSYCHOLOGIE

Préliminaires 5

I. — PSYCHOLOGIE EXPÉRIMENTALE. 7
I. — Faits psychologiques. — Classification des faits psychologiques. 7
II. — Facultés de l'âme. 10
I. — *Sensibilité*. — Sensations. — Sentiments. — Inclinations. Passions. 11
II. — *Intelligence*. — Perception externe. — Perception interne ou conscience. — Raison. — Notions premières. — Vérités premières. — Mémoire. — Association des idées. — Imagination. — Attention. — Abstraction. — Comparaison. — Généralisation. — Jugement. — Raisonnement 21
Complément de l'étude de l'intelligence : origine des idées . . . 45
III. — *Activité et volonté*. — Instinct. — Volonté. — Habitude — Liberté. — Démonstration de la liberté. — Systèmes qui nient la liberté. — Influences réciproques des facultés de l'âme 47
Expressions des faits psychologiques. — Les signes et le langage. 59
Esthétique. — Du beau. — De l'art 63

II. — PSYCHOLOGIE RATIONNELLE. 68
Nature de l'âme. — Distinction de l'âme et du corps. — Union de l'âme et du corps. — Conséquences de l'union de l'âme et du corps. — Origine et destinée de l'âme. — Immortalité de l'âme. 68
Complément de la psychologie rationnelle : Étude comparative des divers états de l'homme. — Étude comparative de l'homme et de l'animal. 83
Note complémentaire. 86

LOGIQUE

Préliminaires 88

I. — LOGIQUE FORMELLE 89
Termes. — Propositions. — Arguments. — Syllogismes. — Règles du syllogisme — Diverses sortes de syllogisme. — Autres arguments formés du syllogisme. 89

II. — LOGIQUE APPLIQUÉE. 99
I. — *Méthode générale.* — Analyse et synthèse. 99
II. — *Méthodes particulières.* — Sciences mathématiques. — Axiomes. — Définitions. — Démonstrations. 102
Sciences physiques et naturelles. — Observations. — Expérimentation. — Induction. — Analogie. — Hypothèse. — Division. Classification. 108
Sciences morales. 117
Sciences historiques 119
Complément de la logique : erreur, sophisme. — États de l'esprit par rapport au vrai. — Valeur objective de la connaissance. Fondement de la certitude. 124
Note complémentaire. 133

MÉTAPHYSIQUE ET THÉODICÉE

Préliminaires. 134
De l'être en général. — De la nature en général. — Des corps vivants. 135
Existence de Dieu. — Nature et attributs de Dieu. — Providence. 141
Complément de la théodicée : objections contre la Providence. — Erreurs sur Dieu et la création. 149
Note complémentaire. 153

MORALE

Préliminaires. 155

I. — MORALE GÉNÉRALE. 156
Existence de la loi morale. — Caractères de la loi morale. — Principe de la loi morale. — Le droit et le devoir. — Responsabilité morale. — Motifs d'action. — Vertu et vice, mérite et démérite. — Fonction de la loi morale. — Insuffisance des sanctions terrestres. 156
Erreurs relatives à la loi morale : systèmes qui font dériver la loi morale d'une cause extérieure. — Système qui font dériver la loi morale d'un principe intérieur. 176

II. — MORALE PARTICULIÈRE.	186
I. — *Morale individuelle*. — Devoirs envers l'âme. — Devoirs envers le corps. — Travail	186
II. — *Morale sociale*. — Société domestique. — Devoirs de famille. — L'autorité paternelle et les lois civiles.	199
Société humaine en général. — Devoirs de justice. — Devoirs relatifs à la vie d'autrui. — Devoirs relatifs à l'âme d'autrui. Devoirs relatifs aux biens d'autrui.	208
Devoirs de charité	221
Société civile ou État. — Droits et devoirs de l'État. — Droits et devoirs des citoyens. — Patrie et patriotisme.	223
Relations internationales	233
Conduite à tenir à l'égard des êtres inférieurs	236
III. — *Morale religieuse*. — La religion. — Le culte.	237
Note complémentaire.	243
Complément de la morale. — Notions d'économie politique. — Production de la richesse. — Circulation de la richesse : échange. — Répartition de la richesse. — Consommation de la richesse.	245
Sujets de devoirs et de dissertations.	254
Résumé des principaux systèmes de philosophie.	263
Notices biographiques.	265

www.ingramcontent.com/pod-product-compliance
Lightning Source LLC
Chambersburg PA
CBHW070752170426
43200CB00007B/748